suhrkamp taschenbuch 1650

Alexander Gauland, geboren 1941, Doktor der Rechte, leitet heute als Staatssekretär die Staatskanzlei des Landes Hessen in Wiesbaden. Veröffentlichungen: *Legitimationsprinzip in der Staatenpraxis seit dem Wiener Kongreß;* verschiedene Beiträge zur englischen Literatur, Politik und Geschichte in der *Frankfurter Allgemeinen Zeitung, Frankfurter Rundschau* und in *Criticon.*

Geographische Lage, wirtschaftliche Entwicklung und glückliche Umstände haben ihren Anteil am Erfolg der englischen Nationalgeschichte, doch sie erklären nicht die Klugheit der politischen Klasse Englands. Erziehung und Ausbildung, das Ideal des Gentleman und die Landhauskultur haben eine Aristokratie geformt, der sich nur die venezianische an die Seite stellen kann. 200 Jahre, von der »Glorious Revolution« bis zum Ausbruch des Ersten Weltkriegs, hat diese Aristokratie das Land regiert, ein Weltreich gebaut, Positionen verteidigt und – schwerer noch – rechtzeitig geräumt. Sie hat das Land ohne Bruch aus einer Insel von Schafzüchtern zum ersten Industrieland der Welt entwickelt, und sie ist nach Erfüllung ihrer Aufgabe – freiwillig – von der weltgeschichtlichen Bühne abgetreten. Der aristokratische Parlamentarismus Englands hat die Französische Revolution wie den Ansturm von Faschismus und Kommunismus unbeschadet überstanden. Mehr noch als Mirabeau und Danton haben Pitt und Canning, Grey und Melbourne, Disraeli und Gladstone eine neue Welt gebaut – die angelsächsische Weltzivilisation.

Alexander Gauland
Gemeine und Lords

*Porträt einer
politischen Klasse*

Suhrkamp

suhrkamp taschenbuch 1650
Erstausgabe
Erste Auflage 1989
© Suhrkamp Verlag Frankfurt am Main 1989
Suhrkamp Taschenbuch Verlag
Alle Rechte vorbehalten, insbesondere das
des öffentlichen Vortrags, der Übertragung
durch Rundfunk und Fernsehen
sowie der Übersetzung, auch einzelner Teile.
Satz: IBV Satz- und Datentechnik GmbH, Berlin
Druck: Nomos Verlagsgesellschaft, Baden-Baden
Printed in Germany
Umschlag nach Entwürfen von
Willy Fleckhaus und Rolf Staudt

1 2 3 4 5 6 – 94 93 92 91 90 89

Inhalt

Vorwort 7
Die Steine sterben................................. 9
George Savile, Marquess of Halifax (1633-1695) 17
Henry St. John, Viscount Bolingbroke (1678-1751) 27
Robert Walpole (1676-1745)........................ 35
William Pitt der Ältere (1708-1778) 42
Edmund Burke (1729-1797) 52
William Pitt der Jüngere (1759-1806)................. 61
Charles James Fox (1749-1806)...................... 70
Robert Stewart, Lord Castlereagh (1769-1822) 78
George Canning (1770-1827) 87
Lord Grey (1764-1845) 96
William Lamb, Lord Melbourne (1779-1848) 106
Sir Robert Peel (1788-1850)........................ 117
Lord Palmerston (1784-1865) 124
William Ewart Gladstone (1809-1898)................ 134
Benjamin Disraeli (1804-1881) 146
Lord Salisbury (1830-1903)........................ 155
Arthur James Balfour (1848-1930).................. 164
Lord Randolph Churchill (1849-1895)................ 171
Herbert Henry Asquith (1852-1928) 181
The Souls.. 191
Stanley Baldwin (1867-1947)....................... 201
Winston Churchill (1874-1965)..................... 209

Anmerkungen 215
Personenregister 217

Vorwort

Der relative Erfolg der englischen Nationalgeschichte im Gegensatz zum totalen Mißerfolg der deutschen hat viele Ursachen. Geographische Lage, wirtschaftliche Entwicklung und glückliche Umstände haben ihren Anteil, doch sie erklären nicht die Klugheit der politischen Klasse Englands. Erziehung und Ausbildung, das Ideal des Gentleman und die Landhauskultur haben eine Aristokratie geformt, der sich nur die venezianische an die Seite stellen kann. Zweihundert Jahre, von der »Glorious Revolution« bis zum Ausbruch des Ersten Weltkrieges, hat diese Aristokratie das Land regiert, ein Weltreich gebaut, Positionen verteidigt und – schwerer noch – rechtzeitig geräumt. Zweihundert Jahre war sie allen Konkurrenten überlegen, den habsburgischen Kaisern wie den französischen Königen, dem großen Korsen wie den russischen Gewaltherrschern. Sie hat das Land ohne Bruch aus einer Insel von Schafzüchtern zum ersten Industrieland der Welt entwickelt und sie ist nach Erfüllung ihrer Aufgabe – freiwillig – von der weltgeschichtlichen Bühne abgetreten. Manche haben geirrt und schwere politische Fehler begangen. Doch es fanden sich immer andere, die diese Fehler korrigiert und der Geschichte eine neue Richtung gegeben haben. Sie haben gegeneinander nach festen Regeln gekämpft und dabei eine politische Kultur entwickelt, die noch heute vorbildlich ist. Der aristokratische Parlamentarismus Englands hat die Französische Revolution wie den Ansturm von Faschismus und Kommunismus unbeschadet überstanden. 1810 und 1940 stand England allein einer Welt von Feinden gegenüber, gestützt und gehalten von seinen Institutionen, die es dieser Aristokratie verdankt. Wir feiern in diesem Jahr den 200. Jahrestag der Französischen Revolution. Vergleicht man, was von diesem welterschütternden Ereignis geblieben ist mit den Fundamenten der britischen (und amerikanischen) Demokratie, so ist es Zeit, sich an Pitt und Canning, an Grey und Melbourne, an Disraeli und Gladstone zu erinnern, die – mehr noch als Mirabeau und Danton – eine neue Welt gebaut haben – die angelsächsische Weltzivilisation.

    Eine Auswahl ist immer subjektiv. Sie spiegelt die Sichtweise des Autors wider und kann schon deshalb jederzeit in Frage gestellt werden. Wenn dieses Buch die Zeitspanne von 1688 bis zum Ersten Weltkrieg umfaßt, dann deshalb, weil diese Zeitspanne allem

Wandel zum Trotz eine geschichtliche Einheit bildet. Mit der »Glorious Revolution« wird England zum modernen Staat. Es läßt das Mittelalter wie das Zeitalter der Bürgerkriege hinter sich. Das Land wird von einer Aristokratie geführt, deren Macht allerdings beschränkt ist. König und Gemeine bilden die beiden anderen Fixpunkte eines stabilen Gleichgewichts. Diese Zeit endet in den Schützengräben Flanderns.

Halifax ist der erste moderne Politiker dieses aristokratischen Zeitalters, Asquith sein letzter Repräsentant. Doch Epochen enden nicht abrupt. Während Lloyd George schon vor dem Krieg die alte Welt zerstören wollte, versuchte Baldwin nach dem großen Schlachten die untergegangene Zeit wieder heraufzuholen. Nachklang mag dafür nicht das rechte Wort sein, zumal auch spätere Premierminister wie Eden, Macmillan und natürlich Churchill Erben dieser Epoche sind. Dennoch gehört ihr Wirken einer anderen Zeit an, in der an die Stelle der Aristokratie die organisierte Arbeiterbewegung als Machtfaktor tritt. Nur der berühmte Kriegspremier schlägt eine Brücke vom aristokratischen Zeitalter seines Ahnen Marlborough zum Labour-Sozialismus. Auch ist er eine so herausragende Persönlichkeit dieses Jahrhunderts, daß er in einem solchen Band nicht fehlen darf.

Alexander Gauland

Die Steine sterben

»Von all den großen Dingen, die Engländer erfunden haben und die Teil ihres Nationalcharakters geworden sind, ist das am besten gelungene, das für sie charakteristischste, das, was sie am vollkommensten beherrschen, so daß es geradezu eine Illustration ihres Wesens wie ihrer Sitten geworden ist – das wohlbestellte, wohlgeführte und gut eingerichtete Landhaus.« Das Urteil von Henry James hat nichts von seiner Gültigkeit verloren. Auch wenn die meisten Landhäuser heute Museen sind und ihre ehemaligen Eigentümer sich in den Dienstbotenflügel zurückgezogen haben, ihre Popularität, ihre kulturelle Anziehungskraft ist ungebrochen. Sie herrschen nicht mehr über das Land, doch sie beherrschen weiter die Einbildungskraft der Briten. In jedem Reihenhaus mit Vorgarten lebt etwas fort von dieser Tradition, die außerhalb der Britischen Inseln nur noch Venedigs »terra ferma« kennt.

Das Leben der politischen Klasse Englands ist ohne ihre Landhäuser nicht zu denken. Aus dem Dunkel der mittelalterlichen Feudalschlösser treten die Überlebenden der Rosenkriege ins helle Licht des elisabethanischen England. Reich geworden durch die Auflösung der Klöster, bauen sie sich Landsitze, die nicht mehr der Selbstbehauptung in feudalen Fehden dienen. Hatfield und Hardwick Hall, Montacute und Burghley House, Knole und Longleat stehen am Beginn einer langen Reihe von über 5000 Häusern, die im Laufe von Jahrhunderten für Generationen gebaut, erweitert, niedergerissen und neu errichtet wurden.

Knole, der Geburtsort von Vita Sackville-West, ist einer der ältesten, vornehmsten und schönsten Landsitze Englands. Das Schloß mit den 7 Höfen, den 52 Treppen und den 365 Räumen wurde 1556 von Königin Elisabeth ihrem Cousin und späteren Schatzkanzler Thomas Sackville geschenkt. Thomas Sackville war ein begabter Dichter und ein kluger Politiker. Als er Maria Stuart das Todesurteil überbrachte, tat er das mit so viel Takt, daß sie ihm dafür ein Triptychon schenkte, das heute noch in der Kapelle von Knole hängt. Das Schloß ist fast eine kleine Stadt und war es früher noch mehr, mit eigenen Maler- und Zimmermannswerkstätten, mit einer Schmiede, einer Mühle und einer Bäckerei. Zwar ist es eine phantastische Übertreibung, wenn Virginia Woolf in ihrem Roman *Orlando* schreibt, daß von einem bestimmten Punkt in Knole »19 englische Grafschaften drunten erspäht werden konnten; und an klaren Tagen 30 oder vielleicht 40, wenn das Wetter sehr schön war. Manchmal konnte man den Ärmelkanal sehen und seine einander wiederholenden Wellen«.

Doch wenn man durch die Gründe von Knole wandert, so hat man auch heute noch das Gefühl, daß dieses Haus und seine früheren Herren die Grafschaften Englands beherrschten, und wenn man die Staatsräume durchwandert, mit den soliden Silbermöbeln im königlichen Schlafzimmer und den herrlichen Wandteppichen im Raum des venezianischen Botschafters, so verstärkt sich der Eindruck eines königlichen Schlosses.

Die »Glorious Revolution« von 1688 machte die Herren dieser Häuser für 150 Jahre zu den Herren des Landes. Während der Adel Frankreichs an den Hof von Versailles strömte, bauten sich die aristokratischen Revolutionäre von 1688 königliche Schlösser auf dem Lande. England wurde zu einer gekrönten Landhaus-Republik, in der Plätze wie Blenheim und Chatsworth, Woburn, Wentworth und Stowe »großen Eichen gleich das sie umgebende Land beschatteten«. Für Edmund Burke, der dieses Wort geprägt hat, war es das goldene Zeitalter eines harmonischen gesellschaftlichen Gleichgewichts, einer göttlichen Ordnung, die zugleich aristokratisch und demokratisch war. Die großen Häuser waren Zentren der Macht und des Wohlstandes. Sie versorgten sich selbst mit allem, was gebraucht wurde, und bildeten mit ihren Verwaltern, Pächtern, Jagdhütern, Zimmerleuten, Schmieden, Bäckern, Müllern und Malern einen Mikrokosmos der englischen Gesellschaft. Die gesellschaftliche Hierarchie des Landhauses erschien als moralische Ordnung, in der jeder seinen Platz kannte und ihn mit Freuden einnahm. Die Herren dieser Häuser waren nicht länger ungebildete Schlagetots, sondern Kenner und Sammler, die von ihrer »Grand Tour« etruskische Vasen, griechische Statuen und die Bilder Longhis und Canalettos mitbrachten. Neue landwirtschaftliche Produktionsformen vergrößerten den Reichtum und machten Geld für die großartigen Parkanlagen eines Capability Brown und eines Repton verfügbar. Das 18. Jahrhundert sah die Aristokratie als Träger einer Zivilisation, deren Ursprünge in Griechenland und Rom lagen. Das römische Britannien schien wiedererstanden.

Jane Austen hat in ihrem Roman *Mansfield Park* dem Landhaus als einer geordneten moralischen Welt ein literarisches Denkmal gesetzt. Im Gegensatz zur Frivolität städtischer Zivilisation verkörpert das Landhaus hier die tugendhafte, gesittete, die richtige Ordnung. Bei einem Besuch in ihrem chaotischen und lauten Elternhaus räsoniert die Heldin Fanny Price über die Welt von Mansfield Park: »Und doch – in Mansfield wäre es anders gewesen. Nein, im Hause ihres Onkels hätte man Tag und Stunde in Betracht gezogen, alles wäre pünktlich zu seiner Zeit getan worden, es hätte Ordnung geherrscht, Rücksicht und Aufmerksamkeit für jedermann. ... Ihre jetzige Umgebung stand dazu in jeder Beziehung im schärfsten Gegensatz. Die Vornehmheit und Eleganz, die Pünktlichkeit und Harmonie, die in Mansfield herrschten – und vielleicht vor allem anderen seine Friedlichkeit und Stille wurden ihr durch reine Kontrastwirkung täglich und stündlich in Erinnerung gerufen.« Doch dies ist keine formale Ordnung, die hier beschworen wird – dies ist eine moralische Ordnung. Die Arbeit hat Vorrang vor der Zerstreuung, die Stille triumphiert über das Vergnügen. Daß eine junge Dame aus London während der Heuernte ein Fuhrwerk zum Transport ihrer Harfe sucht, beweist, daß sie die Ordnungsprinzipien des Landhauses nicht verinnerlicht hat. »Sie hatten natürlich nie Anlaß, darüber nachzudenken, aber wenn sie es bedenken, sehen sie sicher ein, wie wichtig es ist, Heu hereinzubringen... mitten in der Heuernte ist wirklich keiner in der Lage, einen Tag lang ein Pferd zu entbehren.« Die ewigen Werte der Landhauskultur sind nicht käuflich, da sie Teil einer gottgewollten Ordnung sind: »Mit der Zeit werde ich das alles lernen. Aber da ich mit der echten Londoner Überzeugung hergekommen bin, daß für Geld alles zu haben ist, hat mich die imponierende Unerschütterlichkeit ihrer ländlichen Sitten etwas in Verlegenheit gebracht.« Doch Mary Crawford ist durch den Einfluß der großen Welt bereits zu sehr korrumpiert. Moral ist für sie Schein, die Ehe eine Konvention zur Erhöhung der gesellschaftlichen Stellung. Als sie den Ehebruch eine Narrheit nennt, hat sie sich endgültig aus der moralischen Ordnung von Mansfield Park ausgeschlossen. Sie hat für Jane Austen das Recht verwirkt, ein Teil dieser Welt zu sein.

Das goldene Zeitalter der Landhauskultur wird eröffnet von den Barockbaumeistern Vanbrugh, Kent und Burlington. Blenheim, Castle Howard, Chatsworth, Holkham Hall und Houghton zitieren Versailles, um den Sieg Marlboroughs und der Whig-Familien über Ludwig XIV. und die absolute Monarchie zu feiern.

Der venezianische Baumeister Palladio wird zum Mittler zwischen antikem Lebensgefühl und englischer Landschaft. Die klassische Symmetrie seiner Bauten – wie der Villa Rotonda bei Vicenza – paßt zum protestantischen Rationalismus des 18. Jahrhunderts. Locke, Shaftesbury und Newton – die Gesetze der Gesellschaft, der Schönheit und der Natur finden ihre Ergänzung in Palladios *Vier Büchern über die Architektur*. Der englische Baumeister Inigo Jones wurde nur wenige Jahrzehnte nach Palladios Tod zum Begründer und Wegbereiter des Palladianismus in England. Sein Triumph hat damit zu tun, daß die englische Aristokratie des 18. Jahrhunderts in ihren ökonomischen Bedürfnissen wie in ihrem Bildungsideal der venezianischen Aristokratie des 16. Jahrhunderts ähnlich war: »ökonomisch dem Lande verbunden, besaß sie gleichzeitig eine städtische Geschmackskultur sowie eine hochentwickelte klassische Bildung.« England hatte von Venedig seine aristokratische Verfassung wie seine meerbeherrschende Weltrolle übernommen. Nicht von ungefähr sind Mereworth Castle und Chiswick House leicht abgewandelte Nachbildungen der Villa Rotonda. Mit dem Fortschreiten des 18. Jahrhunderts verliert sich das Zeremoniöse des Palladianismus. Mittelklassen und englischer Radikalismus erzwingen die Öffnung der Aristokratie zu einer informellen Gesellschaft. Als Beau Nash, der Präzeptor der vornehmen Welt von Bath, der Herzogin von Queensberry in den Assembly-Rooms die nachlässig vergessene Schürze abnimmt und sie ihrer Begleiterin vor die Füße wirft, ist das ein Zeichen dafür, daß auch die Aristokratie sich den Regeln und Konventionen einer nicht mehr nur aus zweihundert Familien bestehenden Gesellschaft zu fügen hat.

Die Brüder Adam richteten die Landhäuser jener Zeit ein, in der das aufstrebende Bürgertum der Aristokratie den ästhetischen Alleinvertretungsanspruch streitig machte. Osterley Park, Kedleston Hall, Syon House und Mellerstain in Schottland sind Beispiele für jenes verfeinerte klassische Ideal, das die Ausgrabungen von Pompeji in die Landhäuser brachten. Vor den pompejanischen Wandmalereien versammelte sich die späte Blüte einer freiheitsliebenden Aristokratie – die »Grand Whiggery« – um die Freunde und Schüler von Fox, deren Ideal eine Gesellschaft der Gebildeten und Freien war, zu der Herzoginnen und Schauspielerinnen, Dichter und Philosophen Zugang hatten.

Vor dem Ausbruch des bürgerlichen Zeitalters war dies die

Apotheose der Landhauskultur, in deren immer matter werdendem Glanz die großen Häuser noch fast einhundert Jahre leuchten sollten.

Die romantische Rückwendung, die schon vor dem Ausbruch der Französischen Revolution begonnen hatte, erlebte nach Englands Sieg über Napoleon einen neuen Höhepunkt. »The Gothic Revival« war nicht nur die »folly« eines englischen Exzentrikers wie Horace Walpole. In Türmen und Zinnen drückte sich auch Furcht vor einem gesellschaftlichen Umbruch aus. Das goldene Zeitalter war zu Ende, Napoleons Kontinentalsperre, Industrialisierung und Demobilisierung schufen eine neue Armut, für die das Landhaus keine Lösung war. Es verwandelte sich wieder in eine mittelalterliche Festung, hinter deren Mauern die Aristokratie Schutz suchte. Die Wahlrechtsreform von 1832 brachte die Machtteilung mit dem Bürgertum, den viktorianischen Kompromiß. Die Landhäuser verloren an politischer Macht und wirtschaftlichem Einfluß. Die Aristokratie verbürgerlichte. Sie übernahm die ethischen und ästhetischen Werte des Mittelstandes. Sie wurde ernsthaft, nüchtern, häuslich und gläubig. Die Einrichtung von Hatfield unterschied sich in nichts mehr von den bürgerlichen Wohnzimmern Londoner Kaufleute. Das klassische Design machte dem Troddel-Stil Platz. Die Landhäuser versanken im Historismus. Die territoriale Aristokratie baute sich Tudor-Häuser als Ausdruck einer Hinwendung zum gläubigen Squire[1] des elisabethanischen England.

Römische Klassik und pompejanische Eleganz hatten keinen Platz mehr im aristokratischen England. Die Landsitze wurden Schauplätze viktorianischer Prüderie. Sie hatten nach ihrer politischen und wirtschaftlichen Macht ihre kulturelle Führungsrolle eingebüßt; die große Depression der achtziger Jahre zerstörte ihre wirtschaftlichen Grundlagen. Billiger amerikanischer Weizen ließ die Einkünfte zurückgehen, viele Familien mußten das Land, das über Generationen hinweg durch das Erstgeburtsrecht mit dem Haus verbunden war, verkaufen. Diejenigen, die überlebten, verloren das Gefühl der Sicherheit. Die Fundamente, auf denen sie gebaut hatten, waren brüchig geworden. Das Ende des viktorianischen Zeitalters kündigte sich an.

Vita Sackville-West hat in ihrem Roman *The Edwardians* diese Welt im Abendsonnenschein geschildert. Das Buch ist ein Sittengemälde aus der Fin de siècle der englischen Aristokratie. Es zeichnet das Bild einer Klasse, die sich zelebriert und deren Werte ästhetische und nicht moralische sind. Vor dem Hintergrund ihres geliebten Knole zeigt sie die Anmut der Formen und die Kälte der Herzen jener Schicht, aus der sie selbst kam. Das Landhaus verkörpert noch eine Ordnung, doch es ist nur noch eine formale, keine moralische mehr. Die Heuchelei, das Wahren des Scheins ist an die Stelle moralischer Überzeugungen getreten; die überkommene Ordnung hält zwar noch, doch sie ist nicht mehr selbstverständlich, und auf die Frage: warum alles so sein muß, weiß niemand mehr eine überzeugende Antwort.

Für den Zimmermann, dessen Familie seit Generationen auf Chevron (Knole) ansässig ist, bricht eine Welt zusammen, als er seinem jungen Herrn berichten muß, daß sein Sohn das Haus verlassen und in den Autohandel gehen will. »Das Holz, das ich jetzt auf dem Holzhof gestapelt habe, wird in vierzig Jahren so reif wie eine Violine sein, gerade richtig für Frank, es zu bearbeiten, wenn er sechzig ist. Ich habe es Frank gezeigt und zu ihm gesagt: ›Wenn du sechzig bist und ein schönes Stück Holz brauchst, wirst du es hier finden, und dann vergiß deinen Vater nicht, der es hier für dich gelagert hat.‹ Und jetzt will er in den Autohandel gehen.«

Edmund Burke hat die Nation als eine Gemeinschaft bezeichnet zwischen denen, die leben, denen, die schon gestorben sind, und denen, die noch geboren werden. Als das Bewußtsein vom Wert dieser Kette verlorenging, zerbrachen die geistigen Grundlagen der Landhauskultur. Industrialisierung, Arbeitsteilung und Vereinzelung zerstörten das Gefühl der Zusammengehörigkeit von Herren und Dienern. Die demokratische Industriegesellschaft war für viele eine Chance, doch die Verluste waren unübersehbar. Sebastian, der Erbe von Chevron, verteidigt das Alte, Untergehende in den *Edwardians* mit den Worten: »Ich weiß, daß Chevron, ich und der Zimmermann Wickenden, ja der ganze Organismus hier ein Anachronismus sind, ein Wachsfigurenkabinett, wenn dir das lieber ist. Die Umstände haben uns sinnlos gemacht. Doch ich denke, daß es schade ist. Ich denke, wir haben alles in allem ein gutes System geschaffen, das dem Verständnis zwischen den Klassen gedient hat. Nichts wird mich davon abbringen, daß die Beziehungen zwischen dem Squire und dem Handwerker oder dem Squire und dem Arbeiter oder dem Squire und dem Farmer nicht auch Elemente von Anstand, Ehrlichkeit und gegenseitigem Respekt enthalten. Ich wünschte nur, unsere Zivilisation hätte sich in diese Richtung weiterentwickelt. Wir haben längst die Tage hinter uns gelassen, da wir den Arbeitern wenig bezahlt und ihnen Ohren und Nasen abgeschnitten haben, wenn sie ein Stück Holz gestohlen hatten. Und wir hätten in Zukunft anständig miteinander in einem System leben können, das in besonderer Weise auf die Engländer paßt. Doch es gibt zu viele Menschen, zu viel Industrie. Mein idyllisches England verschwindet, und Leute wie ich und Wickenden stehen mit dem Rücken zur Wand.«

Die Entmachtung des Oberhauses zog den verfassungsrechtlichen Schlußstrich unter das aristokratische England. Die Erben der Landhäuser starben gemeinsam mit den Söhnen der Zimmerleute und Gärtner in den Schützengräben Flanderns. Als der Krieg zu Ende war, gab es im politischen Leben des grauen Nachkriegsenglands nur noch wenige Repräsentanten der untergegangenen Epoche. Lord Curzon war einer der letzten. Die Familie war mit Wilhelm dem Eroberer ins Land gekommen, und seine Vorfahren saßen seit 800 Jahren auf Kedleston Hall in Derbyshire. Ein Curzon hatte sich Georg III. zur Verfügung gestellt und war dafür Lord Scarsdale geworden. Als Lord Curzon den Titel erbte und in das entmachtete Oberhaus verbannt wurde, zerstob sein Traum, an des »glatten Mastes Spitze« zu gelangen. Als Vizekönig von Indien hatte Curzon mit großer Liebe indische Tempel restauriert, als Außenminister richtete er sein antiquarisches Interesse auf englische Landsitze, die er in alter Pracht neu erstehen ließ. Montacute, Hackwood und sein Geburtshaus Kedleston Hall zeugen noch heute von dem ästhetischen Empfinden eines Spätlings, eines Dilettanten im klassischen Sinne, der seine Zeit überlebt hatte. Curzon besaß alle Vorzüge seiner Klasse und war im politischen Kampf doch den Stanley Baldwin und Lloyd George unterlegen. Winston Churchill hat diesen Mangel Curzons in die Worte gefaßt: »Everything was in his equipment. You could unpack his knapsack and take an inventory item by item. Nothing on the list was missing, yet somehow or other the total was incomplete. ... He could expound a case with precision and deliver a rejoinder with effect. He wielded the Parliamentary small-sword with style and finish. ... Simpler people with rugged force within them and convictions quarried by experience made homely, halting speeches which counted far more than his superfine performances. ... On paper, and if only it could have been settled by an examination, he had much in common with the younger Pitt. In fact, however, he was brushed aside.«

Curzon war eine Proustsche Figur, eine späte Blüte, deren Kraft nicht ausreichte, sich in dem rauhen Nachkriegsklima zu behaupten. Churchills Urteil über sein Leben ist zugleich ein Verdikt über die Landhauskultur, der er entstammte: »Der Morgen war golden gewesen, der Mittag bronzen und der Abend bleiern.« Die bleierne Zeit war auch für die Landhäuser Englands gekommen. Evelyn Waugh hat Zerstörung und Verfall in *Brideshead revisited* beschrieben. Das Leben ist aus den Häusern entwichen, die Familien sind entzweit und leben verstreut in aller Welt. Nur zum Sterben kehrt man in das Landhaus zurück. Niemand fühlt sich verantwortlich, allein die Kinderfrau verbindet die Generationen. »Von dem alten Wein sollte eine ganze Menge unbedingt getrunken werden. Die Achtzehner und Zwanziger hätten wir umlegen sollen. Ich habe schon einige Anfragen von den Weinhändlern bekommen, aber ihre Ladyschaft sagt, man soll Lord Brideshead fragen, und er sagt, man muß seine Lordschaft fragen, und seine Lordschaft sagt, man soll die Anwälte fragen. Auf die Art verkommt langsam alles.« Das Haus ist zu groß für seine Bewohner, seine Erben haben den Sinn für seinen Organismus verloren. Es ist unpraktisch und unbequem; ein Fossil, ragt es aus einer entschwundenen Zeit in unser demokratisches Zeitalter, bestaunt, bewundert, doch unverstanden. Evelyn Waughs Trauer gilt dem Unwiederbringlichen: »Die Erbauer wußten nicht, zu welcher Benutzung ihr Werk erniedrigt werden würde, sie machten ein neues Haus aus den Steinen der alten Burg; Jahr um Jahr, Generation um Generation bereicherten und vergrößerten sie es; Jahr um Jahr wuchs die große Ernte an Holz im Park zur Reife heran; bis in plötzlichem Frost das Zeitalter Hoopers kam; die Stätte war wüst und öde, und alle Arbeit wurde zunichte gemacht.«

Die großen Häuser sind heute Museen, ihre Erben Mieter des National Trust.

George Savile, Marquess of Halifax
1633-1695

Die Geschichtsbücher bewahren die Taten der großen Beweger, der Feldherren und Revolutionäre. Sie erzählen von geschichtsmächtigen Veränderungen und Umbrüchen. Die englische Revolution von 1642, der Bürgerkrieg, die Vertreibung Jakobs II. stehen für tiefe Zäsuren, für den gewaltsamen Umsturz alter Ordnungen. Nur selten wird dagegen der klugen Lotsen gedacht, die das Staatsschiff in bewegter Zeit sicher durch die Stromschnellen steuern. Die Staatskunst eines Talleyrand eignet sich nicht für das Pantheon der Nation. Es ist deshalb ein Akt historischer Gerechtigkeit, sich eines Mannes zu erinnern, dessen einzige politische Leidenschaft es war, ein Gegner aller Leidenschaften in der Politik zu sein, ein Mann, dem Maß und Mitte keine Phrasen waren, sondern der kühl die Seiten wechselte, wenn das Staatsschiff wegen Überlastung auf einer Seite zu kentern drohte. Die Rede ist von George Savile, Marquess of Halifax, genannt »Halifax der Trimmer«, der vor 350 Jahren, am 11. November 1633, in Yorkshire zur Welt kam. Staatsmann und Philosoph, Aristokrat und Schriftsteller, erhielt er den Beinamen »der Trimmer« nach seiner berühmten Flugschrift *The Character of a Trimmer,* in der er über sich selbst und seine politischen Überzeugungen das folgende schrieb:

»Das unschuldige Wort Trimmer heißt nichts anderes als dies, daß, wenn Männer zusammen in einem Boot sind und der eine Teil der Besatzung das Boot auf der einen Seite niederdrückt und der andere Teil der Besatzung es auf der entgegengesetzten Seite niederdrückt, es zuweilen eine dritte Gruppe gibt, die der Meinung ist, es wäre das beste, wenn das Boot gleichmäßig ginge, ohne die Passagiere zu gefährden.«

Halifax war das seltene Beispiel eines Staatsmannes, der über sein Handeln nachdachte und der sich des Zweifelhaften seines Tuns bewußt war. Er besaß die Fähigkeit, von sich selbst Abstand zu halten. Halifax war das Ideal eines philosophischen Staatsmannes: »Ein Mann, der sich von der Welt zurückzieht und die Muße hat, sie interessiert und ohne Ziel zu beobachten, hält die gesamte Menschheit für ebenso verrückt, wie diese ihn für verrückt hält, weil er nicht in ihre Fehler einstimmt.« Und an anderer Stelle heißt es in seinen *Moralischen Betrachtungen und Reflexionen*: »Die Regierung der Welt ist eine große Sache. Aber sie ist auch eine sehr grobe, verglichen mit der Feinheit des spekulativen Wissens.« Der Zeitgenosse von Hobbes und Locke war beiden darin überlegen, daß er nicht den Versuch machte, philosophische Systeme zu schaffen, um es dann seinen Lesern zu überlassen, diese auf die Politik und das Geschehen der Zeit anzuwenden. Halifax versuchte, seine eigenen Erfahrungen und politischen Beobachtungen zusammenzufassen und daraus Schlüsse zu ziehen für die politische Wirklichkeit. Die Verfassung war nach seiner Überzeugung für die Menschen da, nicht die Menschen für die Verfassung. Sein Denken ist näher bei Montaigne und Tocqueville, als bei seinen großen philosophischen Zeitgenossen. Sein literarisches Werk ist schmal, aber von sprachlicher und spekulativer Meisterschaft. Ranke nannte ihn einen der größten Pamphletisten, die jemals gelebt haben.

Halifax stand selten im Zentrum der Politik, denn er fand die tägliche mühevolle Kleinarbeit lästig. Ihm lag das langsame Bohren harter Bretter mit Leidenschaft und Augenmaß nicht, und er hätte vor diesem Politikbegriff Max Webers kaum bestanden. Doch an einer entscheidenden Wende der englischen Geschichte hat er die Richtung des Geschehens bestimmt, und mit zarter, aber fester Hand Bürgerkrieg und Revolution verhindert.

Dieser Mann läßt sich nur schwer einordnen. Monarchist aus praktischer Vernunft, war er theoretisch ein Republikaner. Aus den Erfahrungen des Bürgerkrieges wußte er, daß die absolute Monarchie »den Menschen keine Freiheit und die Republik ihnen keine Ruhe gewährt«, und klug beobachtend fügte er hinzu: »Die Monarchie wird von den Menschen geliebt wegen der Glocken und des Flitters, des Pomps und des Goldprunks. Und es muß halt Milch für die Babys geben, da der größte Teil der Menschheit immer in diesem Zustand bleiben wird.«

Seine politische Karriere begann er als Parteimann, dem klar war, daß »Fraktionen und Parteien wie Piraten mit falschen Flaggen sind, die, wenn sie sich der Beute nähern, die Religion unter Deck packen«. Und so hielt er sich nach seinen eigenen Worten an »diejenige der beiden Parteien, die er am wenigsten verabscheute, obwohl er mit ihr nicht übereinstimmte«, wohl wissend, »daß es die Narren und die Gauner sind, die das Rad der Welt drehen«. So wechselte er von den Whigs zu den Tories, wenn es ihm die politische Vernunft gebot.

Halifax war ein Pessimist, der wußte, daß »es nur wenig freie Menschen auf der Welt geben würde, wenn allein diejenigen die Freiheit genießen würden, die verstehen, was sie bedeutet«.

Ein Weiser unter Narren, ein Vernünftiger unter Toren in einer Zeit der Leidenschaften und der Narrheiten. Der englische Historiker Macaulay, der ihn nicht mochte wegen seiner kühlen Rationalität und seiner angeblichen Genußsucht, hat ihm doch in seiner »History of England« ein schönes Denkmal gesetzt, als er über ihn schrieb: »Er hatte nichts gemein mit jenen, die von einem Extrem zum anderen wechseln und die die Partei, die sie verlassen haben, mit mehr Abscheu betrachten, als die bisherigen Gegner. Sein Platz war zwischen den feindlichen Teilungen der Gesellschaft, und er ging niemals sehr weit über eine dieser Grenzen hinaus. Die Partei, zu der er im Moment gehörte, war die Partei, die er am wenigsten mochte, weil es zugleich die Partei war, in die er den besten Einblick hatte. Er war deshalb immer streng mit seinen eifernden Verbündeten, und er stand immer in freundlichen Beziehungen zu seinen gemäßigten Gegnern.«

Die Zeit, in der dieser Mann schrieb und handelte, die Zeit der Restauration zwischen 1660 und 1688, war eine Zeit des Umbruchs, in der alles Neue noch in den Anfängen steckte, es war eine Zwischenzeit, unausgegoren, die Zukunft, wie hinter einem Vorhang verborgen, noch nicht zu erkennen. England wußte noch nicht, wohin es sich wenden sollte.

Zwar war die Monarchie restauriert, aber die republikanische Drohung stand immer am Horizont. Karl II. war sich seines Thrones so wenig sicher, daß er drei geheime Verträge mit Ludwig XIV. schloß, um von der parlamentarischen Kontrolle unabhängig zu werden. Und in den Jahren von 1678 bis 1682 standen Revolution und Republik unmittelbar vor den Stufen des Thrones.

Auch war es keineswegs ausgemacht, ob England protestantisch bleiben würde. Zwar hatte die Restauration die evangelische Staatskirche in ihrer Vormachtstellung bestätigt, doch war der Hof von der Emigration her katholisch geprägt, und Karl II. hatte sich im geheimen Vertrag von Dover im Jahre 1670 verpflichtet, das Land in den Schoß der katholischen Kirche zurückzuführen.

Der Weg sollte über ein Toleranzedikt für alle Konfessionen führen, das 1673 von ihm erlassen, kurze Zeit später vom Parlament rückgängig gemacht wurde.

Auch Parteien gab es zu Beginn der Regierungszeit Karls II. noch nicht, während am Ende Whigs und Tories feste Bestandteile des öffentlichen Lebens waren. Gegen den Versuch des Hofes, sich parlamentarische Unterstützung zu verschaffen, bildete sich eine Landpartei derjenigen, die nicht an den Stellen, Pfründen und Geldern beteiligt waren.

Richtungslosigkeit war auch das Hauptmerkmal der Außenpolitik. Von Oliver Cromwell hatte das Land die Rivalität zur See mit Holland geerbt und in zwei holländischen Kriegen, 1665/1667 und 1672/1673, hatte man die protestantische Brudernation unter schweren eigenen Verlusten bekämpft. Doch vorausschauende Männer am Hof erkannten in dem aufsteigenden Frankreich eine Gefahr und schlossen deshalb 1668 mit Holland und Schweden eine Allianz gegen diese neue Bedrohung. Der schon erwähnte Vertrag von Dover mit Ludwig XIV. machte dieser zukunftsweisenden Politik ein Ende, England geriet erneut ins Schlepptau des Sonnenkönigs. Doch 1677 verheiratete der König überraschend die protestantische Tochter seines zum Katholizismus übergetretenen Bruders, des späteren Jakobs II., mit Wilhelm von Oranien, dem Vorkämpfer gegen die französische Expansion.

Selten ist eine historische Epoche so unübersichtlich, sind die Wege der handelnden Personen so verschlungen gewesen. Nur einmal wurde der Vorhang, der das moderne England verhüllte, plötzlich zerrissen, bündelten sich die Interessen und standen sich klar getrennt in scharf umrissenen Fronten gegenüber.

Die sogenannte »papistische Verschwörung«, eine Erfindung zweier Dunkelmänner, die die Jesuiten und die Königin beschuldigten, die Ermordung des Königs, den Sturz der Regierung und die Wiedereinführung der katholischen Religion zu betreiben, löste das verworrene Knäuel. Auf der einen Seite stand der König, der die Erbfolge und damit auch die Verfassung sichern wollte, auch wenn sein Nachfolger ein katholischer König sein würde. Auf der anderen Seite stand die überwiegende Mehrheit des Landes, die sich vor einer katholischen Monarchie fürchtete und den Ausschluß Jakobs II. von der Thronfolge verlangte. Führer dieser zu Beginn die Mehrheit bildenden Partei, der man erstmalig den Namen Whigs gab, war Lord Shaftesbury, ein leidenschaftlicher eloquenter aristokratischer Volkstribun, ein Vorläufer Mirabeaus, der die gekrönte Republik und alle Macht für sich selbst wollte. Sein Sekretär und politischer Berater war John Locke.

Drei Parlamente ließ der König in den Jahren 1679, 1680 und

1681 wählen. Dreimal stand ihm eine radikale protestantische Mehrheit, geführt von Shaftesburys Anhängern, gegenüber. Das zweite Parlament verabschiedete – noch ehe es der König auflösen konnte – in zweiter Lesung ein Gesetz, das den katholischen Thronfolger von der Thronfolge ausschloß. Das Schicksal der Monarchie hing an einem seidenen Faden. Im Oberhaus sollte es sich entscheiden.

An dieser Stelle tritt der große Trimmer ins Rampenlicht der Öffentlichkeit. In sechzehn Reden vor einer Tribüne, besetzt mit leidenschaftlichen Gegnern, verteidigte Halifax die legitime Erbfolge und damit die konstitutionelle Monarchie und die britische Verfassung. Der katholische König sollte nach seiner Überzeugung ein konstitutionell beschränkter Monarch sein, aber er sollte König sein. Mit 63 zu 30 Stimmen widerstanden die Lords dem Unterhaus. Halifax hatte die Monarchie gerettet. Der Mann, der von dieser Stelle aus in die Geschicke seines Landes eingriff, war 1660 das erste Mal ins Parlament gewählt worden, 1668 Mitglied des Oberhauses und 1672 Mitglied des Staatsrates geworden.

1676 hatte ihn der König entlassen, weil er seine pro-französische Politik offen kritisiert hatte. 1679 kehrte er in den Staatsrat zurück, 1682 wurde er Marquess und Lordsiegelbewahrer. 1684 veröffentlichte er anonym *The Character of a Trimmer*. Die kleine Schrift ist das Ergebnis seiner Erfahrungen aus den Fraktions- und Parteikämpfen seiner Zeit. Halifax faßte in ihr seine Gedanken über den Wert der Gesetze, der konstitutionellen Monarchie, über Freiheit und Ordnung, über den Sinn der Parlamente und über den Nutzen der Religion zusammen. Zum Schluß entwickelte er die für Jahrhunderte die englische Außenpolitik beherrschende Lehre vom Gleichgewicht.

Seine Beobachtungen hatten ihn dazu geführt, die Gesetze als »die Fesseln zu betrachten, die die Leidenschaften in Schach halten, die sonst wie losgelassene wilde Bestien das Staatswesen in eine Welt der Barbarei zurückverwandeln würden«.

Die Gesetze werden seiner Überzeugung nach am besten in einer konstitutionellen Monarchie gewahrt, da – wie er pessimistisch bemerkte – die Regeln einer Republik für die große Mehrheit der Menschen zu hart sind. Diese Regierungsform erfordere einen Geist, den man nur in wenigen findet, so daß die Republik in der Praxis nicht funktioniert.

Seine Vorstellungen von einer Freiheit in Ordnung bauten auf der bestehenden britischen Verfassung auf und sahen in dem Parlament, trotz aller Fehler und Exzesse, die dem englischen Volk gemäße Garantie für den Fortbestand seiner Freiheit.

Halifax hielt sich nicht lange mit einer theoretischen Begründung des Staates auf, von dem er meinte, daß es »einen natürlichen Grund für den Staat gibt«, nämlich seine Notwendigkeit für das zivilisierte Zusammenleben der Menschen. Deshalb werde der Staat auch alle Wechsel und Revolutionen überdauern. Seine Verfassungsvorstellungen sind durchdrungen von jenem konservativen Gradualismus, der jeder Utopie abhold ist, denn, so schreibt er an einer Stelle, »jene, die in der Welt nach Perfektion Ausschau halten, werden das so lange tun, wie die Juden auf ihren Messias warten«.

Seine grundlegende Skepsis gegenüber der menschlichen Natur kommt auch in seiner Einstellung zur Religion zum Ausdruck. Für ihn ist ein Mensch ohne Religion eine der gefährlichsten Bestien, die die Natur hervorgebracht hat, geeignet nur für eine Gesellschaft von Wölfen und Bären. Deshalb beruht für ihn der Gehorsam gegenüber den Gesetzen, ja jede Regierung, auf religiösen Überzeugungen, die allein geeignet sind, die Menschen innerhalb der Grenzen zu halten, die den Mitmenschen nicht schaden. Es ist eine Nützlichkeitsüberlegung. Es ist darin nichts von ewigen Wahrheiten oder göttlichem Licht. Das Zeitalter der Glaubenskämpfe hat ihn tief geprägt und ihm Verachtung für alles Eifern, für jede religiöse Intoleranz eingegeben. Sein Ratschlag an seine Zeitgenossen klingt sehr weltlich: »Die Zeit, die man damit verbringt, zu Gott zu beten, ist besser angewandt, indem man ihm gut dient.« Und »Der Eifer der meisten Menschen für die Religion ist ähnlich dem zweier Männer, die um eine Frau streiten, zu der keiner eine besondere Neigung hat.«

Sein Schluß aus allen diesen Überlegungen: Die Kirche von England hält die richtige Mitte zwischen den überspannten Visionen und der lethargischen Unwissenheit der katholischen Religion. Die Gesetze des Landes halten die richtige Mitte zwischen den Exzessen ausufernder Macht auf der einen und unbeschränkter Freiheit auf der anderen Seite.

Die wahre Tugend ist immer ein »Trimmer« zwischen den Extremen. So ist selbst Gott der Allmächtige geteilt in die Gnade auf der einen und die Gerechtigkeit auf der anderen Seite.

Ein Mann mit diesen Ansichten mußte es schwer haben, als im

Jahre 1685 jener Prinz, dem er den Thron gerettet hatte, König von England wurde. Jakob II. war in allem das genaue Gegenteil des großen Trimmer. Er wollte das Land katholisch machen, die absolute Monarchie wieder herstellen und England in ein Bündnis mit Frankreich führen. Er hatte nichts von der kühlen Vernunft seines obersten Ratgebers, er opferte seinen Überzeugungen, seinen Emotionen, seinem Glauben alles. Halifax wurde noch im gleichen Jahr aus dem Staatsrat entlassen. 1687, als der König mit einer Toleranzerklärung gegenüber allen Religionen die Rekatholisierung des Landes vorbereitete, veröffentlichte Halifax seinen berühmt gewordenen *Brief an einen Dissenter*. Dieses Pamphlet zeigte große Wirkung, denn es verhinderte, daß die englischen Nonkonformisten auf das königliche Toleranzgebot eingingen, da sie erkennen mußten, daß dies nur ein Übergang zu einer neuen, einer katholischen Staatskirche sein würde.

Halifax entwickelte in diesem Brief das Taktische dieses Angebotes, hinter dem nicht die Überzeugung wirklicher Toleranz, sondern nur die opportunistische Suche nach Verbündeten, nach trojanischen Pferden stand.

Trotz seiner Entfernung vom König und seiner inneren Distanz zur Stuart-Monarchie gehörte er nicht zu den »Unsterblichen Sieben«, die Wilhelm von Oranien aufforderten, nach England zu kommen. Ja er blieb, als dieser im November 1688 in England landete, bei Jakob II. und riet ihm dringend und gut zur Einberufung eines Parlaments, um Legalität und Legitimität auf seiner Seite zu halten. Er verhandelte sogar im Auftrag des Königs mit Wilhelm. Erst als der König floh, das Großsiegel in die Themse warf und das Land dem Chaos überantwortete, organisierte Halifax in London eine Art von Regierung, um die notwendigste Ordnung aufrechtzuerhalten. Obwohl er sich jetzt entschieden für Wilhelm von Oranien, gegen jede Art von Regentschaft, ja sogar für einen neuen Eid auf Wilhelm und Maria einsetzte und beides auch durchzusetzen vermochte, begegneten ihm die mit Wilhelm nach England zurückgekehrten Whigs mit Mißtrauen.

Halifax hatte als Minister Karls II. die konservative Reaktion gedeckt, er hatte die Ersetzung der protestantisch republikanischen Magistrate durch königstreue betrieben und er hatte schließlich nicht verhindern können, daß nach dem berühmten »Rye House Plot«[2] zwei Helden des liberalen England hingerichtet wurden, Russel und Sidney. Nun wurde auch Halifax Opfer des Rufs nach Vergeltung. Er stand einer Parteiherrschaft im Wege und so mußte er gehen. 1690 gab er das Großsiegel zurück, 1692 wurde er aus dem Staatsrat entlassen. Halifax kehrte zur Feder zurück. In seinen *Maximen vom Staat* und seiner Flugschrift *A Rough Draft of a New Model at Sea* warnte er Wilhelm III. vor einem Soldatenkönigtum, gestützt auf die neue Finanzoligarchie. Daß er mit diesen Warnungen recht behielt, machte ihn noch unbeliebter. Als er im Oberhaus eine Gesetzesvorlage unterstützte, die Wahlen alle drei Jahre und den Ausschluß aller bezahlten Beamten aus dem Parlament forderte, brachten die Whigs im Unterhaus einen Antrag mit dem Tenor ein, »daß es unbekömmlich für die Angelegenheiten seiner Majestät ist, daß der Marquess von Halifax in seiner Majestät Regierung sitzt«.

Es war das Ende einer politischen Karriere, die für Halifax immer Mühsal gewesen war, die ihn viel Selbstüberwindung gekostet hatte und aus der er – anders als die meisten Staatsmänner – keine persönliche Befriedigung gezogen hatte. Er bedauerte dieses Ende nicht, da er nun wieder Zeit fand, sich seinen philosophischen Betrachtungen zu überlassen.

Es ist nicht verwunderlich, daß ein Mann, der nur selten für eine Sache, hingegen immer gegen politischen Extremismus und gegen politische Leidenschaften gestanden hatte, von den nachfolgenden Generationen schnell vergessen wurde. Drydens, seinen Nachruhm sichernde Charakterisierung,

> »Jotham of pregnant wit and piercing thought,
> Endowed by nature, and by learning taught
> To move Assemblies, who but only tried
> The worse awhile, then chose the better side;
> Nor chose alone, but turned the balance too;
> So much the weight of one brave man can do.«

geriet bald in Vergessenheit, und David Hume konnte in seiner englischen Geschichte zu Recht feststellen, »dieser Mann von feinstem Geist und größten Fähigkeiten in allen öffentlichen Angelegenheiten neigte zu einer ausgeprägten Neutralität zwischen den Parteien... dieses Verhalten, das natürlicher ist für Männer von Integrität als von Ehrgeiz, hat ihm doch nicht die Schätzung als integrer Charakter gesichert, und er wurde immer eher als ein Intrigant denn als ein Patriot betrachtet«.

Auch Macaulays Einschätzung, die hier bereits früher zitiert wurde, enthält den unausgesprochenen Vorwurf des Lauen, des Halben. Doch gerade in einer Zeit, die die leidenschaftliche Hingabe an eine Sache wieder höher stellt als die praktische Vernunft, sollten wir uns dieses Mannes erinnern, der immer Maß zu halten wußte, für den geistige Führung keine politische Phrase war, der – eine seltene Eigenschaft bei Politikern – eine ausgesprochene Distanz zum eigenen Tun hatte und für den Privatheit wichtiger war als politischer Erfolg. Halifax hielt nichts von Geschäftigkeit. Seine Ansichten hierzu finden sich in seinen nachgelassenen *Gedanken und Reflexionen*: »Wenn die Menschen mehr nachdächten, würden sie weniger handeln« und »der größte Teil der Schwierigkeiten bei den Geschäften der Welt hat seine Ursache in nicht genügendem Nachdenken«. Dieser zivilisierte Aristokrat dachte über die Ergebnisse seines Handelns nach, innerliche Verfremdung und äußere Entfremdung waren ihm zutiefst zuwider. Er war gleich weit entfernt von jenem heilsgewissen Fanatismus, der um vorgeblich höherer Ziele willen die Regeln verletzt – »diejenigen, die nicht an die Gesetze gebunden sind, verlassen sich auf das Verbrechen. Ein dritter Weg ist in der Welt nicht gefunden worden, um eine Regierung zu sichern«, – wie von jener öden Funktionärsherrschaft, die sich im 20. Jahrhundert in allen Parteien breitgemacht hat.

Halifax war ein Politiker, der Handeln und Denken, philosophische Betrachtung und kluges Zugreifen in seiner Persönlichkeit zu vereinigen wußte, ein Ästhet der Politik, dessen Schwächen ihn als Menschen liebenswürdig machen. Er hat über den Tag hinaus jener staatsphilosophischen Überzeugung zum Siege verholfen, die Moral und Religion als »letzte« nicht mehrheitsfähige Fragen aus der politischen Praxis ausklammert und damit die Grundlage für den modernen liberalen Rechtsstaat gelegt hat.

Halifax hat in seinen Maximen als erster zwischen den mehrheitsfähigen und den, letzte Überzeugungen berührenden, nicht mehrheitsfähigen Fragen eine klare Grenze gezogen und damit den Staat von der Parteigängerschaft für eine religiöse Moral mit politischem Anspruch befreit.

Es ist heute noch – oder soll man besser sagen wieder – lesenswert, was er in einem ganz persönlichen Dokument, in einem *Rat an eine Tochter,* geschrieben zum Neujahrstag 1688, über die Religion sagt: »Es zeugt nicht von wahrer Hingabe, eine abweichende Überzeugung mit wütendem Eifer zu verfolgen... Religion ist eine fröhliche Sache. An ihr ist nichts Unerfreuliches. Ein weiser Epikureer würde allein um seines Vergnügens willen religiös sein. Religion ist erhabene Vernunft, verfeinert und befreit von den gröberen Teilen. Sie wohnt in der obersten Region des Verstandes, wo es die wenigsten Wolken oder Nebel gibt, die verdunkeln. Sie ist beides, die Begründung wie die Krönung aller Tugenden.« Und er empfiehlt seiner Tochter zum Abschluß, »da das so ist, mache die Religion Dir zur Wahl und nicht zu einer Zuflucht. Sorge dafür, daß Dein Leben einen ruhigen und stetigen Verlauf nimmt wie ein ruhig dahinfließender Strom. Deine Frömmigkeit sei immer eine fröhliche.«

Henry St. John, Viscount Bolingbroke
1678-1751

In der innerparteilichen Auseinandersetzung um die Politik Margaret Thatchers meldete sich 1976 eine Gruppierung der britischen Konservativen zu Wort, die sich für ihren Reformkonservativismus auf Beaconsfield, Burke und Bolingbroke berief. Während Disraeli und Burke in Deutschland keine unbekannten Namen sind, dürfte der Name Bolingbrokes kaum irgendwelche Assoziationen hervorgerufen haben. Allenfalls erinnert man sich in Deutschland noch des Films *Ein Glas Wasser* nach Eugène Scribe, in dem Gustaf Gründgens als witziger, charmanter und zynischer Henry St. John die Herzogin von Marlborough alias Hilde Krahl bei der Königin aussticht.

Gründgens damalige Darstellung Bolingbrokes traf diesen schillernden, von Scharlatanerie nicht freien Charakter ausgezeichnet. Es ist immer wieder verblüffend, die beiden ungewöhnlichsten, von der Norm des Landedelmannes am weitesten abweichenden Figuren der britischen Politik – Bolingbroke und Disraeli – in den Reihen der Konservativen zu treffen. Beide waren Literaten, Disraeli, bevor er politischen Einfluß erlangte, Bolingbroke, nachdem er von politischem Einfluß auf Dauer ausgeschlossen war. Beide haben versucht, dem britischen Konservativismus so etwas wie eine Ideologie zu geben, und beide fanden es äußerst schwierig, eine pragmatisch handelnde Interessengemeinschaft von Grundbesitzern vom Wert ideologischer Korsettstangen zu überzeugen.

Henry St. John, damals noch nicht Viscount Bolingbroke, wurde 1678 in Wiltshire geboren, sein Hintergrund war aristokratisch, seine Vorfahren hatten teils für König Karl I., teils für Cromwell gefochten. Hier mag eine der Ursachen für die ihm häufig vorgeworfene Inkonsequenz seiner politischen Entscheidungen liegen. Nach Oxford und der obligaten europäischen Bildungsreise wurde er 1701 das erste Mal ins Unterhaus gewählt.

Das Zeitalter der Königin Anna von 1702-1714 war gekennzeichnet durch die große weltpolitische Auseinandersetzung zwischen dem deutschen Kaiser, England und Holland auf der einen, und dem Frankreich Ludwigs XIV. auf der anderen Seite. Noch ehe die Linie der Habsburger in Spanien erloschen war, hatten Frankreich, England und das Reich für diesen Fall in einem Teilungsvertrag vereinbart, daß Erzherzog Karl, der zweite Sohn des deutschen Kaisers, Spanien mit seinen überseeischen Besitzungen unter der Bedingung erhalten sollte, daß sie niemals mit dem Reich vereint werden dürften. Frankreich sollte dafür die spanischen Besitzungen in Italien gewinnen. Um diese Aufteilung des spanischen Weltreiches zu verhindern, vermachte der letzte Habsburger, Karl II., in seinem Testament den Thron Spaniens dem Enkel Ludwigs XIV. Als Ludwig unter Bruch des Teilungsvertrages seinem Enkel Philipp von Anjou die Annahme der Krone gestattete, brach der Krieg aus. Unter Führung des Prinzen Eugen und des Herzogs von Marlborough bildete sich die große Allianz gegen Frankreich, deren Ziel es war, eine Vereinigung der Kronen Spaniens und Frankreichs zu verhindern. In mehreren glänzend geführten Feldzügen schlugen die vereinigten Armeen die Franzosen bei Blenheim (1704), Ramilles (1706), Oudenarde (1708) und Malpaquet (1709). Nur auf der spanischen Halbinsel waren die alliierten Waffen nicht erfolgreich.

Parallel zu diesen kriegerischen Auseinandersetzungen auf dem Kontinent tobten in England heftige Parteikämpfe. Die Revolution von 1688 war von den Whigs, der Partei der Großgrundbesitzer, der Finanzinteressen und der Handelsgesellschaften herbeigeführt worden. Die Tories, die Gentlemen von England, hatten die Vertreibung Jakobs II. nur widerwillig akzeptiert. Ihre Haltung war zwiespältig. Sie verteidigten das Gottesgnadentum und die anglikanische Staatskirche, was jedoch, nachdem Jakob II. katholisch geworden war, einander ausschloß. Nachdem der einzige Sohn der Königin Anna gestorben war, war es abzusehen, daß sie sich entweder für das Gottesgnadentum und die Heimholung des Stuart-Prätendenten oder für die protestantische Thronfolge der Hannoveraner entscheiden mußten. Einig war sich die Tory-Partei nur in ihrer Ablehnung der Finanzinteressen, für deren Aufstieg sie nicht ohne Grund den Krieg verantwortlich machten. Sie fürchteten die Korruptionsmöglichkeiten der neuen Klasse von Kaufleuten und Börsianern und damit den Verlust ihrer traditionellen Machtstellung.

Bolingbroke schloß sich im Unterhaus den Tories an und, da Talente in dieser Partei rar waren, wurde er bereits 1704 Kriegsminister. Er war ein glänzender Redner und ein vorzüglicher Organisator. Unter seiner Leitung entwickelte sich das Kriegsministerium aus einem Sekretariat beim Oberbefehlshaber der Armee zu einem echten Ministerium.

Der Krieg wurde zu Beginn von beiden Parteien getragen, die Regierung bestand aus gemäßigten Tories und Whigs unter der Führung des Herzogs von Marlborough und des Lordschatzkanzlers Godolphin, die beide eher Tories als Whigs waren. Ihre Stärke erhielt diese Koalition durch die Freundschaft der Marlboroughs mit Königin Anna, die noch aus den Tagen Wilhelms von Oranien herrührte. Es ist oft erzählt worden und bildet auch den Hintergrund für die Komödie Scribes, wie sich die Gunst der Königin, der Bevormundung müde, von der aufbrausenden und rechthaberischen Herzogin von Marlborough ab und einer jungen Kammerfrau zuwandte, die als arme Verwandte von der Herzogin einst an den Hof gebracht worden war. So sehr der Gedanke einer Kammerjungfer, die Weltgeschichte macht, die Schilderer dieser Epoche einschließlich Churchills immer wieder fasziniert hat, die Gründe für das schließliche Ausscheiden Englands aus der Koalition liegen tiefer. Die Führer der Tories, Harley, der spätere Earl of Oxford, und Bolingbroke gerieten im Parlament zunehmend unter den Druck ihrer Anhänger, den Krieg zu beenden. Nach dem Mißerfolg der Alliierten in Spanien war klar, daß sich die Vertreibung von Ludwigs Enkel aus Spanien trotz aller Siege Marlboroughs nicht erreichen ließ. Zudem verschlang der Landkrieg viel Geld, das von den englischen Grundbesitzern in Form von Steuern aufgebracht werden mußte. Das stetige Anwachsen der Nationalschuld förderte außerdem genau jene Finanzinteressen, die die Tories bekämpften. Sie forderten daher von der Regierung, zur Seekriegführung zurückzukehren, wie sie England in den glorreichen Tagen der großen Elisabeth so erfolgreich betrieben hatte. Als Marlborough und die Whigs dies ablehnten, verließen Harley und Bolingbroke die Regierung. Marlborough war zur Fortsetzung des Krieges nun völlig auf die Unterstützung der Whigs angewiesen, die die Königin Anna aus tiefstem Grunde ihres Stuart-Herzens haßte.

Trotz der Einflüsterungen der Kammerfrau, die nicht nur mit den Marlboroughs verwandt, sondern auch eine Cousine des Tory-Führers Harley war, hätten sich die siegreichen Whigs wohl noch lange behauptet, wenn sie nicht zwei entscheidende Fehler begangen hätten. Obwohl Ludwig XIV. in den von ihm gewünschten Friedensverhandlungen bereit war, seinen Enkel zu opfern und die militärische Unterstützung seiner Sache in Spanien einzustellen, bestanden die Whig-Minister auf einem Artikel, in dem Ludwig sich verpflichten sollte, seinen Enkel mit Gewalt aus Spanien zu vertreiben. Dieser Zumutung begegnete der französische König mit den berühmt gewordenen Worten: »Wenn ich schon kämpfen muß, dann lieber gegen meine Feinde als gegen meine Kinder.« Als die Londoner Regierung dann auch noch einen anglikanischen Geistlichen wegen einer kritischen Friedenspredigt verfolgen ließ, stand sie vor dem Lande als Kriegspartei da und Königin Anna konnte, gestützt auf die öffentliche Meinung, die Whigs entlassen. Die Wahlen von 1710 bestätigten die Friedensströmung im Lande, die Tories errangen einen gewaltigen Sieg. Harley wurde Premierminister, Bolingbroke Staatssekretär. Die Jahre von 1710 bis 1714 bezeichnen den Höhepunkt von Bolingbrokes politischer Laufbahn. Gestützt auf eine breite Tory-Mehrheit eröffnete er hinter dem Rücken der Alliierten Separatverhandlungen mit Frankreich.

Obwohl die Mittel zweifelhaft waren und der Verrat an den Alliierten schändlich, gebietet es die historische Gerechtigkeit zuzugeben, daß der Friede von Utrecht für England günstig war. Es erhielt große Teile des heutigen Kanada, Menorca und Gibraltar sowie kommerzielle Vorteile in Südamerika. Ludwigs Enkel blieb zwar König von Spanien, doch verpflichteten sich Frankreich und Spanien, die Kronen niemals zu vereinen. Bolingbroke stand auf dem Gipfelpunkt seines Ruhmes. Er war in der Tory-Partei jetzt populärer als der gemäßigte Harley, und er hatte Ohr und Gunst der Königin Anna. Um auch formell Führer der Tory-Mehrheit und damit Premierminister zu werden, brachte Bolingbroke, der selbst Freidenker und auf einer Dissenter[3]-Schule erzogen worden war, einen Gesetzentwurf ein, der den nicht der Hochkirche angehörenden Eltern die Erziehung ihrer Kinder aus der Hand nehmen sollte. Daß Harley, ein Mann der Mitte, sich für eine solche Maßnahme nicht einsetzen würde, hatte Bolingbroke wohl berechnet. Er wußte, daß die konservativen Hinterwäldler und die Königin an diesem Angriff auf den Nonkonformismus ihre Freude haben würden. Endlich war er am Ziel seiner Wünsche – Königin Anna entließ ihren ersten Minister Harley. Doch Bolingbrokes Triumph währte nur zwei Tage. Am 27. Juli mußte Harley den Stab des Lordschatzkanzlers zerbrechen, am 30. Juli war die Königin tot. Mit dem Kurfürsten von Hannover kehrten die nach Rache dürstenden Whigs zurück. Bolingbrokes politische Karriere war zu Ende. Er sollte nie mehr das Unterhaus betreten, nie mehr ein politisches Amt bekleiden. Was jetzt folgte, war blinde Reaktion. Bolingbroke hatte die Whigs aus Ämtern und Pfründen vertrieben, Marlborough unter Anklage gestellt und zum Verlassen des Landes gezwungen. Jetzt war es an ihm, angeklagt zu werden. Die siegreiche Partei kannte keine Gnade; Bolingbroke floh nach Frankreich und schloß sich dem Stuart-Prätendenten an. Es war der größte Fehler seines Lebens, und er hat viele Jahre in der politischen Wildnis Zeit gehabt, ihn zu bereuen. Bereits ein halbes Jahr später trennte er sich – tief enttäuscht – wieder von der Sache der Stuarts. Er hatte eingesehen, daß England eher den türkischen Sultan als einen katholischen Monarchen akzeptieren würde, und er widmete sich fortan der Aufgabe, die Tory-Partei vom jakobitischen Element zu befreien.

Bis zu diesem Zeitpunkt war Bolingbroke nur Parteimann gewesen, erst in der Opposition wurde er der Ideologe des Toryismus. Es dauerte fast zehn Jahre, ehe er nach England zurückkehren durfte. Bolingbroke nutzte diese Zeit zum Studium der Geschichte und der Philosophie seiner Zeit. Er las Descartes und Spinoza, Locke und Newton. Dabei wurde er ein pessimistischer Rationalist, der der Vernunft nicht traute, und ein Kritiker des Christentums, dessen milder Deismus nur schlecht zur Verteidigung der anglikanischen Hochkirche paßte.

Als Bolingbroke 1726 mit der von ihm gegründeten Zeitschrift *The Craftsman* wiederum in den politischen Kampf der Parteien eingriff, geschah dies von einer neuen Position aus. Bolingbroke hatte eingesehen, daß sein extremer Parteistandpunkt ihn zu Fall und die Whigs wieder an die Macht gebracht hatte. Sein Ziel war es, die gemäßigten Tories und Whigs zu einer nationalen Oppositionspartei gegen die korrupte Regierung Walpole zusammenzuschließen. Durch die Revolution von 1688 waren die alten Parteistandpunkte veraltet, da beide – Whigs und Tories – für die protestantische Thronfolge einstanden. Ein neuer Gegensatz hatte sich indessen zwischen »court« und »country« aufgetan, zwischen den korrupten königlichen Ratgebern um Walpole und den Gentlemen von England. Walpole verkörperte den Triumph der neuen Geldaristokratie, der City mit ihren Banken und Handelsgesellschaften. Dieser neue Finanzkapitalismus sprengte die traditionelle Ordnung, deren Rückgrat die mittleren Gutsbesitzer gewesen waren, korrumpierte das Parlament und bedrohte damit nach Bolingbrokes Auffassung den in der britischen Verfassung verkörperten Geist der Freiheit. Im Gegensatz zu Walpole verteidigte er eine Vorstellung von der Politik, die sich nicht im geschickten Management wirtschaftlicher Interessen erschöpft. Seine Opposition richtete sich gegen die Ökonomisierung des Politischen, gegen die Behandlung der Gesellschaft als eines Marktmechanismus, der von ökonomisch determinierten Individuen betätigt wird. Es ging ihm darum, die Überwältigung des politischen Handelns durch eine besitzindividualistische Marktgesellschaft zu verhindern. Sein Ideal war das elisabethanische England, in dem nach seiner Ansicht ein nationales Königtum im Zusammenwirken mit einem auf den Grundbesitz gestützten Parlament eine Politik für das gemeine Wohl aus dem Geist der Freiheit heraus verwirklicht hatte.

In seiner Schrift *The Idea of a Patriot King* versuchte Bolingbroke, den Sohn Georgs II., Prinz Friedrich, für eine solche Politik zu gewinnen. Dabei übersah er, daß es weniger der Freiheitsliebe der Elisabethaner als vielmehr dem geringeren wirtschaftlichen Entwicklungsstand zuzuschreiben war, wenn die von ihm verachteten Finanzleute damals nur geringen Einfluß auf die Formulierung der Politik hatten. Bolingbroke träumte von einer Gesellschaft im Gleichgewicht, die eine Opposition überflüssig machen würde. Keinesfalls beabsichtigte er, die Oppositionspartei zu einer Dauereinrichtung der Staatsverfassung werden zu lassen. Opposition war für ihn eine Ausnahmeerscheinung, die nach Beseitigung der sie bedingenden gesellschaftlichen Übel ihre Lebensberechtigung verlor. Der Begründer der modernen konservativen Partei verstand diese nur als Notlösung; er war sich nicht klar darüber, daß er der britischen Verfassung damit ein neues dauerhaftes Element einfügte.

Die Wiederbelebung des platonischen Philosophenkönigs ist schon von Burke als eine rückwärtsgewandte Utopie kritisiert worden. Nicht die Auflösung der Parteien, sondern gerade das Wechselspiel zwischen Regierung und Opposition bot die Chance, die Übel zu kurieren, die Bolingbroke im gesellschaftlichen Organismus ausgemacht hatte. Gerade das Beispiel von 1688 hatte gezeigt, daß die Krone wohl kaum der rechte Hüter der englischen Freiheiten war.

Die Zeitgenossen würdigten die staatsphilosophischen Arbeiten Bolingbrokes nicht gebührend. Der Kapitalismus war noch zu neu, als daß man seine Gefahren bereits klar erkannt hätte, und so sah man in seinen Schriften *Dissertation upon Parties* und den *Remarks on the History of England* nur politische Streitschriften und persönliche Rechtfertigungsliteratur. Auch die Nachwelt ist kritisch mit Bolingbroke ins Gericht gegangen. Sein Eklektiszismus, seine Inkonsequenz und seine literarische Nachlässigkeit haben so unterschiedliche Geister wie Burke, Voltaire, Dr. Johnson und Leslie Stephen gegen ihn eingenommen. Burke begann seine literarische Karriere mit einer Parodie auf Bolingbrokes Deismus. Seine größte Nachwirkung erzielte Bolingbroke ironischerweise mit einem Mißverständnis. Montesquieus Lehre von der Gewaltenteilung, die in der englischen Verfassung gerade kein Vorbild hat, geht auf einige nachlässig formulierte Sätze Bolingbrokes in seinen *Remarks on the History of England* zurück. Erst Disraeli begriff den Wert einer konservativen antikapitalistischen Doktrin, als es nach der Wahlrechtsreform darum ging, Kleinbürger und Arbeiter für die konservative Partei zu gewinnen. Doch auch er steht nicht wirklich in Bolingbrokes Schuld. Die von ihm behauptete Entwicklungslinie von Bolingbroke über Burke hin zu seiner Gedankenwelt war nur geschickte konservative Propaganda.

Es war Bolingbrokes Tragik, daß er kein Vertrauen einflößte. Sein Parteihaß in den Jahren der Macht, sein Verrat erst der Hannoverschen, dann der Stuart-Sache, seine vielen Affären, die Behandlung seiner ersten Frau und seine politisch-geschäftlichen Durchstechereien waren selbst den noch nicht von der viktorianischen Moral durchsäuerten Zeitgenossen Bolingbrokes zu viel. So blieb ihm der entscheidende Erfolg gegen Walpole versagt. Zwar vermochte er mit seinen glänzend formulierten Angriffen im *Craftsman* die Regierung mehrmals an den Rand einer Abstimmungsniederlage zu bringen, ihren Sturz konnte er jedoch nicht bewirken.

Das größte Verdienst hat sich Bolingbroke um die Literatur seiner Zeit erworben. Pope, Swift und Gay gehörten zu seinen Freunden, Popes *Essay on Man* ist ihm, »dem Führer, Philosophen und Freund« gewidmet. Swifts Gulliver ist Bolingbroke in märchenhafter Verkleidung und Gays *Bettleroper* eine Beschreibung der Zustände, die Bolingbroke Walpole anlastete. Was ihm in der Politik versagt blieb, hat ihm die Literatur reichlich vergolten. Doch Bolingbroke wollte nicht im Reich des Geistes herrschen – er wollte politische Macht und sah sich deshalb am Ende seines Lebens zu Recht als Gescheiterter.

Erst Disraeli sollte es unter veränderten gesellschaftlichen Voraussetzungen im 19. Jahrhundert gelingen, die verschiedenen Elemente des britischen Konservativismus zu einer nationalen Partei zusammenzuschweißen. Bolingbrokes Vermächtnis für diese Partei waren ein romantischer Konservativismus, erfüllt von tiefer Sehnsucht nach dem goldenen Zeitalter des elisabethanischen England, Wachsamkeit gegenüber dem korrumpierenden Einfluß des Finanzkapitals, der Glaube an eine aristokratische Regierung und die feste Überzeugung, daß Englands wahre Interessen auf dem Meer und in den Kolonien lägen.

Wenn die Anhänger des ehemaligen Premierministers Heath in der konservativen Partei dieses Erbe jetzt für sich in Anspruch nehmen, so kann das nur heißen, daß sie jener von der Parteiführerin Thatcher verkörperten Mischung aus Ordo-Liberalismus und romantischem High-Toryismus ein deutliches antikapitalistisches Element hinzufügen möchten. Nur in diesem Sinne ist die Tory-Philosophie Bolingbrokes auch heute noch aktuell.

Robert Walpole
1676-1745

Als Macaulay um die Mitte des vorigen Jahrhunderts seine Apotheose der Whig-Aristokratie schrieb, in der sich die englische Geschichte als ein Kampf zwischen den Lichtgestalten dieser Aristokratie und den konservativen Dunkelmännern darstellt, stieß er
sich an einem Mann, dessen Wirken so gar nicht in seine Aufteilung von Gut und Böse passen wollte. Auf halbem Wege zwischen
den Märtyrern Russell und Sidney und der hohen Zeit der »Grand
Whiggery« – jener späten Blüte der Aristokratie um Lord M. Palmerston und die Herzogin von Manchester – liegt wie ein unbe-
hauener Felsbrocken die Regierungszeit Walpoles. Die *Whig Interpretation of History,* die die englische Geschichte von der
»Glorious Revolution« bis zur Wahlrechtsreform im Jahre 1832
als eine – wenn auch immer wieder unterbrochene – Entwicklung
zu mehr Toleranz, mehr Freiheit und mehr Demokratie begreift,
mußte an einem Mann Anstoß nehmen, dem Menschheitsbeglük-
kung und Weltverbesserung so fern lagen wie die großen Tage der
athenischen Demokratie, auf die sich nach ihm Burke und Lord
Rockingham[4] berufen sollten. Robert Walpole war sein Leben
lang ein schlichter Landedelmann. Ungeschliffen, mäßig gebildet,
dem Wein wie der Jagd zugetan, liebte er den deftigen Witz und
das kräftige Lachen. Ein Bourgeois unter Aristokraten, ein Bauer
unter geistvollen Roués, hatte Walpole nichts von jener anmaßenden Arroganz, die die Angehörigen der großen Whig-Familien, die
»stolzen Herzöge« aus den Häusern Portland, Cavendish, Devonshire, Bedford, Newcastle und Rockingham, den Königen aus
dem Hause Hannover so verhaßt machten.

Auf niemanden trifft Disraelis Kennzeichnung der Whigs als der
»venezianischen Oligarchie« weniger zu als auf Walpole. Er war
dem Land verbunden, hatte common sense und war ein Feind aller
Heuchelei. Doch ein Mangel an innerer wie äußerer Würde, eine
Verachtung des Geistigen hinterlassen den Eindruck eines schalen
Materialismus und trugen Walpole die Verachtung der Schriftsteller des augusteischen Englands – Fielding, Gay, Pope und Swift –
ein. Das Urteil über Walpole ist schwankend geblieben. Die einen
– so Gladstones Paladin Morley – sehen in ihm den großen Frie-
densminister, den ersten wirklichen Premierminister Englands,

der die Hannoversche Dynastie und die protestantische Erbfolge sicherte, der das Verhältnis zwischen Krone, Oberhaus und Unterhaus zugunsten der gewählten Kammer veränderte und der schließlich das Kabinettssystem erfand, durch das England noch heute regiert wird. Die anderen – so vor allem sein Hauptkritiker Bolingbroke – sehen in ihm den geschickten parlamentarischen Manager, der die Macht so sehr liebte, daß er sie mit niemandem teilen wollte, der die Korruption zum Regierungssystem erhob und damit das Land und seine führenden Schichten erniedrigte. In zwanzig Regierungsjahren – so der Vorwurf der Kritiker – erreichte die öffentliche Moral einen nie gekannten Tiefstand. Die Jagd nach Geld, das ›Enrichissez-vous!‹ wurde zum obersten Prinzip einer korrupten Regierung. Die intelligentesten Köpfe wie Carteret, Pultney, Bolingbroke und Chesterfield, standen in Opposition zu einem Mann, der um sich nur Mittelmäßigkeit ertragen konnte. »So lange, wie die Firma Townshend und Walpole hieß, war die Harmonie ungestört – doch als daraus die Firma Walpole und Townshend wurde, ging die Sache schief«, hat Walpole selbst bemerkt, als auch sein Schwager, mit dem er am längsten die Macht geteilt hatte, seines Herrschaftsanspruchs überdrüssig war. Es ist in der Tat schwer zu verstehen, daß ein Mann an des »glatten Mastes Spitze« gelangen und sich dort fast zwanzig Jahre halten konnte, von dem Macaulay ein wenig ratlos einräumen muß, daß nicht *eine* große Maßnahme, nicht *eine* wichtige Veränderung auf ihn zurückgehen.

England erholte sich von den Kriegen Marlboroughs mit Ludwig XIV. und eine unaufgeregte, auf Wohlstandsmehrung bedachte Friedenspolitik entsprach am besten der Stimmung des Landes. Walpoles politische Anfänge reichen in jene Zeit der kriegerischen Auseinandersetzung mit Frankreich zurück, als Marlborough, Godolphin und Harley sich in wechselnden Kombinationen mit Whigs und Tories die Mittel für den Krieg im Parlament beschafften mußten. Als die Tories die Belastungen des Landkrieges nicht länger tragen wollten, brachten Marlborough und Godolphin gegen den Willen der Königin Anna die Whigs in die Regierung. Walpole wurde Kriegsminister. Doch die Kriegsmüdigkeit im Lande und das Mißtrauen der anglikanischen Staatskirche gegen die Whigs führten zu jener Reaktion im Jahre 1710, die die Tories an die Macht und Walpole wegen nachgewiesener Korruption in den Tower brachten. Der Tod der Königin und die Ankunft der Hannoverschen Dynastie zerstörten die Tory-Partei und machten die Whigs für ein halbes Jahrhundert zur beherrschenden Kraft. Jetzt, da sie ihre innenpolitischen Gegner nicht mehr zu fürchten hatten, zerfielen sie in Fraktionen, an deren Kämpfen Walpole beteiligt war, allerdings ohne Aussicht, selbst an die Spitze zu gelangen.

Ein unerwartetes Ereignis zerstörte Walpoles Konkurrenten. Die Kriege Wilhelms von Oranien und Marlboroughs hatten im Lande zu einem großen Geldbedarf geführt. Die Bank von England, eine Gründung aus jener Zeit, versuchte durch gewaltige Anleihen und Kreditgeschäfte den Krieg zu finanzieren und schuf damit eine Schicht von Neureichen, deren wirtschaftliches Interesse nicht mehr an das Land, sondern an den öffentlichen Kredit gebunden war. Spekulationsgesellschaften schossen wie Pilze aus dem Boden. Eine davon war die Südseegesellschaft, die das Geld ihrer Einleger durch Versprechen auf riesige Gewinne im Südseehandel anzog. Als die Aktien immer höher stiegen, bediente sich die Regierung dieser Spekulation, um die Nationalschuld zu tilgen. Inhaber von Staatsanleihen konnten diese in Südseeaktien umtauschen. Als das Unternehmen zusammenbrach und der Kredit des Landes auf dem Spiel stand, war es allein Walpole, der unbefleckt dastand, da er vor dem Spekulationstaumel gewarnt hatte. Walpole wurde Premierminister und Schatzkanzler. Er hielt sich in diesem Amt so erstaunlich lange, weil er geschickt alle Interessen bediente und seine Gegner teilte. Den Finanzinteressen empfahl er sich, indem er den öffentlichen Kredit sicherte, Handel und Export förderte und alle Ansätze zu gewerkschaftlicher Vereinigung und Streik unterdrückte. Direkte Steuern auf Salz und Kerzen belasteten die Armen stärker als die Reichen. Um die konservativen Landedelleute ruhig zu halten, wurde die Steuer auf Land allmählich gesenkt und durch die später von Pitt übernommene Einrichtung eines »sinking fund« die Nationalschuld verringert.[5] Der Hochkirche verpflichtete sich Walpole durch die Aufrechterhaltung der strengen Gesetze gegen die Dissenter; den Dissentern verpflichtete er sich durch jährliche Indemnitätsgesetze, die die religiöse Unterdrückung milderten. Seine Anhänger hielt er durch die Vergabe von Pfründen und Sinekuren zusammen. Um die Möglichkeiten der Parlamentsbeeinflussung durch königliche Gunsterweise zu erweitern, wurde der Bath-Orden wiederbelebt, der noch heute nach dem Hosenband-Orden eine der vornehmsten

Institutionen Großbritanniens ist. Nur ein einziges Mal mußte Walpole in den zwanzig Jahren seiner Herrschaft ein Gesetzesvorhaben fallenlassen – die Einführung einer Verbrauchssteuer auf Wein und Tabak. In diesem Fall gelang es der Opposition, die öffentliche Meinung, hinter der die Kaufleute aus London und Bristol standen, gegen Walpole aufzubringen. Das geschickte Management des Unterhauses, die verbreitete Korruption und die opportunistische Anpassung an die verschiedensten gesellschaftlichen Interessen machten es der Opposition schwer, eine glaubhafte Alternative zu formulieren. Die Tories waren gespalten zwischen jenen, die die Stuartkönige zurückführen wollten, und jenen, die die protestantische Thronfolge akzeptiert hatten. Immer wieder gelang es Walpole, seine Gegner, die sich um Bolingbrokes Zeitschrift *The Craftsman* zusammenfanden, mit dem Vorwurf des Landesverrates und der Zusammenarbeit mit dem katholischen Stuart-Prätendenten zu belasten. Die Whig-Opponenten waren trotz ihrer Opposition eine Fraktion der regierenden Partei, die die »französische Krankheit« mehr fürchtete als Walpole. So war es denn auch nicht die Innenpolitik, sondern die Außenpolitik, die Walpole zu Fall brachte.

Die außenpolitischen Manöver in der ersten Hälfte des 18. Jahrhunderts nach dem Frieden von Utrecht sind für uns heute weitgehend ohne Interesse. Da Frankreich ebenso wie England durch den Spanischen Erbfolgekrieg erschöpft war, entsprach Walpoles profranzösische Politik den Interessen wie der Stimmung des Landes. Doch die Neigung Frankreichs, sich an der Seite Englands zu halten, ging mit seiner wirtschaftlichen Erholung zurück. Gegen die Annäherung der beiden bourbonischen Nachbarländer Spanien und Frankreich suchte Walpole Halt in einer vermittelnden Neutralitätspolitik gegenüber Österreich auf der einen und Frankreich auf der anderen Seite, als die Interessen beider Länder in der polnischen Thronfolgefrage aufeinanderstießen. Da Walpole letztlich nicht entschlossen war zu kämpfen, erschien diese Politik nach innen wie nach außen schwächlich. Walpole verlor Frankreichs Unterstützung, ohne ein österreichisches Bündnis zu gewinnen. Das Land war des langen Friedens und der haushälterischen Politik des Norfolker Squires müde. Sein Wort zu Königin Caroline, »Madam, dieses Jahr sind 50000 Menschen in Europa gefallen, aber nicht ein Engländer«, vermochte die aufgeregten Gemüter nicht zu beruhigen. Als Spanien das Durchsuchungsrecht englischer Schiffe vor der südamerikanischen Küste, das ihm im Frieden von Utrecht zugestanden worden war, rücksichtslos in Anspruch nahm, kam es zum Krieg. Walpole versuchte, ihn bis zuletzt zu verhindern. Doch die öffentliche Meinung war von den Erzählungen britischer Seeleute über spanische Grausamkeiten – Kapitän Jenkins hatte sein abgeschnittenes Ohr im Unterhaus überreicht – so gefangengenommen, daß Walpole keine andere Wahl blieb.

Walpoles resignierende Prophezeiung: »They now ring the bells; they will soon wring their hands«, traf schneller ein als erwartet. Als Siege ausblieben, machte man Walpole verantwortlich. Die Wahlen von 1741 zerstörten seine Mehrheit. Walpole gab zögernd sein Amt auf und zog sich ins Oberhaus zurück. Doch sein Einfluß reichte noch aus, den Anhängern seiner Politik in der Whig-Partei die Nachfolge zu sichern.

Walpole hatte zwanzig Jahre eine fast unumschränkte Macht ausgeübt. Doch diese Macht beruhte auf seiner Stellung im Unterhaus, das in diesen Jahren auf Kosten der Lords und des Königs an Einfluß gewann. »Ich habe lange genug in der Welt gelebt, um zu wissen, daß die Macht eines Ministers in der Zustimmung dieses Hauses liegt. Frühere Minister haben dies vernachlässigt, und deshalb sind sie gefallen; ich habe es immer als meine wichtigste Aufgabe betrachtet, mir diese Zustimmung zu erhalten, und so hoffe ich zu gewinnen.« Nach dem Abtritt Walpoles war es dem König nicht mehr möglich, gestützt allein auf die Lords, das Land zu regieren. Walpole war der erste, der für Minister eine Kabinettsverantwortung[6] einführte und diejenigen, die sich ihr entzogen, entließ. Er war auch der erste, der den Versuch unternahm, die Regierungspartei zu organisieren. Vor jeder Parlamentssession versammelte er die ihn unterstützenden Abgeordneten, um ihnen die Regierungspolitik zu erklären. Königin Anna hatte Kabinettssitzungen noch selbst geleitet, seit Walpole wurde dies zur Ausnahme, die sich allmählich ganz verlor.

Das Zeitalter Walpoles war verfassungsrechtlich eine Übergangszeit. Das Unterhaus hatte auf Kosten des Königs gewonnen, doch es gab keine anerkannten Regeln, diese Macht zu organisieren und die Geschäfte des Königs zu führen. Da es Parteien in unserem Sinn noch nicht gab und der Einfluß der öffentlichen Meinung begrenzt war, war die Korruption, eine – wenn auch moralisch anfechtbare – Möglichkeit, die Regierungsgeschäfte zu befördern und die Unterstützung des Unterhauses für die Regierung des Königs zu sichern. Dies mußte zwangsläufig zum Verlust moralischer Standards, zum Tanz ums Goldene Kalb führen, wie ihn Samuel Johnson in seinem Gedicht »London« 1738 beschrieben hat:

»Here let those reign, whom pensions can incite
To vote a patriot black, a courtier white;
Explain their country's dear-bought rights away,
And plead for pirates in the face of day;
With slavish tenets taint our poison'd youth,
And lend a lye the confidence of truth.
Let such raise palaces and manors buy,
Collect a tax, or farm a lottery,
With warbling eunuchs fill a licens'd stage,
And lull to servitude a thoughtless age.«

Doch die Heilung dieser Übel, die auch Gay in seiner *Beggar's Opera* porträtiert hat, war nicht von der Wiederherstellung der Macht des Königs und der Abschaffung der Parteien zu erwarten; sie lag in der Ausbildung des modernen Verfassungsstaates. So war Walpole wohl ein Schuldiger, doch weniger schuldig als seine Kritiker uns glauben machen wollen. Bolingbroke hat den Frieden von Utrecht nur mittels Korruption im Parlament durchgesetzt und auch der große Pitt benötigte für seine Kriegsanstrengungen die Verteilung der königlichen Gelder durch den Herzog von New-castle. Walpole hat nicht mehr gesündigt als Henry Fox oder Lord North wenige Jahre später. Doch hatte er das Unglück geistreicher Gegner, die mit dem Wort fechten konnten und uns treffliche Karikaturen dieses Staatsmannes hinterlassen haben:

»Good people draw near
And a Tale you shall hear,
A Story concerning one Robin,
Who, from not worth a Groat,
A vast fortune has got,
By Politicks, Bubbles and Jobbing.

But a few Years ago,
As we very well know,
He scarce had a Guinea his Fob in;
But by bribing of Friends,

To serve his dark Ends,
Now worth a full Million is Robin.«

So ist der Eindruck geblieben, daß das England Walpoles von einer Diebesbande regiert wurde, deren oberster Chef – Robin of Bagshot alias Robert Walpole – der Premierminister selber war.

William Pitt der Ältere
1708-1778

William Pitt, Earl of Chatham, hat den Jahrhunderten standgehalten. Der Verlust des Empire hat ihn nicht aus den Herzen seiner Landsleute vertreiben können. Noch immer gilt der »große Commoner« den Engländern als das Idealbild eines britischen Staatsmannes. Er ist der Held zweier Welten geblieben. Sein Ruhm strahlt in den amerikanischen Geschichtsbüchern so hell wie in den englischen. Der Mann, der seine Taten einem gebrechlichen Körper abgerungen hat, der sich gegen aristokratische Koterien und einen beschränkten Monarchen durchgesetzt hat, steht auch heute noch für politische Leidenschaft, Unbestechlichkeit, demokratische Redlichkeit und Vaterlandsliebe. Seine Taten sind verweht, sein Bild aber hat durch einen Firnis von Bewunderung Unzerstörbarkeit erlangt. Und doch ist es mit diesem Bild ein wenig wie mit dem Bildnis des Dorian Gray. Es zeigt uns nicht den wahren Menschen, nicht den fehlsamen Politiker, nicht den Mann, dessen politischer Weg ein grausames Scheitern war; es zeigt nur den William Pitt einer kurzen Periode. Es zeigt den Mann, der von 1757 bis 1761 ein Land rettete, ein Weltreich begründete und der damals zu Recht von sich sagen durfte: »Ich weiß, daß ich England retten kann, und niemand sonst!«

William Pitt entstammte nicht dem Adel. Sein Urgroßvater war ein einfacher Landpfarrer, sein Großvater ein erfolgreicher Glücksritter in Indien, der es schließlich zum Gouverneur von Madras, zum Besitzer des größten Diamanten der Welt und zu einem behäbigen Wohlstand brachte. Mit dem in Indien erworbenen Geld konnte er seinem Enkel erst ein Offizierspatent und danach den verrottetsten aller Wahlflecken, Old Sarum, kaufen. Damit begann 1735 die politische Karriere des William Pitt.

Die englische Politik in der ersten Hälfte des 18. Jahrhunderts ist für uns Nachgeborene nur schwer zu durchschauen. Die »Glorious Revolution« von 1688 hatte den alten Parteigegensätzen ihren Sinn geraubt und die politische Auseinandersetzung auf den Kampf um Geld und Posten reduziert. Die Tories standen als Partei der Hochkirche und des Gottesgnadentums im Gegensatz zur

Hannoverschen Dynastie, während die Whigs, die Nachfolger von Locke und Milton, von Pym und Hampden, zur Hofpartei dieser Dynastie geworden waren. Die Partei der Ordnung gebärdete sich revolutionär, die Partei der republikanischen Dissenter verteidigte die Monarchie. Die Tories bildeten keine verfassungsmäßige Opposition, da die katholischen Stuarts jenseits des Kanals in Frankreich keine wirkliche Alternative im protestantischen England waren. Die regierenden Whigs zerfielen in unterschiedliche Fraktionen, die sich in ihrer Regierungsdoktrin nicht voneinander unterschieden. Walpole gegen Pultney, Carteret gegen Walpole – dies waren geringere Differenzen als die in modernen Volksparteien. Der Gegensatz zwischen Tories und Whigs wurde überlagert von dem Gegensatz zwischen »Country« und »Court«. In der Country-Partei versammelten sich die Landadeligen aus dem Süden und Südwesten Englands, die in jedem Parlament ungefähr ein Fünftel der Mitglieder ausmachten. Die Hofpartei bestand aus den großen Whig-Familien, den Devonshires und Cavendishs, den Bedfords, Rockinghams und Newcastles, die vor allem in der Mitte und im Norden Englands durch die Auflösung der Klöster und Abteien in der Reformation reich geworden waren. Ihr Kampf um die Regierungsmacht war ein Kampf unterschiedlicher Fraktionen der gleichen Partei, eine Auseinandersetzung um Macht und Einfluß, nicht der Ideen. Diese Politik der kleinen Manöver hat Dickens im 12. Kapitel seines Romans *Bleak House* mit unübertroffenem Wortwitz, der sich der Übersetzung entzieht, geschildert. Es ist die Stelle, wo Lord Boodle die Frage stellt: »What are you to do with Noodle?«

He perceives with astonishment, that, supposing the present Government is to be overthrown, the limited choice of the Crown, in the formation of a new Ministry, would lie between Lord Goodle and Sir Thomas Doodle – supposing it to be impossible for the Duke of Foodle to act with Goodle, which may be assumed to be the case in consequence of the breach arising out of that affair with Hoodle. Then, giving the Home Department and the Leadership of the House of Commons to Joodle, the Exchequer to Koodle, the Colonies to Loodle, and the Foreign Office to Moodle, what are you to do with Noodle? You can't offer him the Presidency of the Council: that is reserved for Poodle. You can't put him in the Woods and Forests;

that is hardly good enough for Quoodle. What follows? That the country is shipwrecked, lost and gone to pieces... because you can't provide for Noodle!

Dies war die Welt, in die William Pitt im Jahre 1735 eintrat. Seit 1721 wurde das Land von Robert Walpole geführt, dessen vorsichtige – auf Wohlstandsmehrung bedachte – Friedenspolitik England aus den europäischen Streitigkeiten herausgehalten hatte. Doch Walpole hatte im Laufe seiner fast zwanzigjährigen Regierungszeit die meisten unabhängigen Köpfe in die Opposition getrieben und damit seine eigene Stellung zunehmend geschwächt. Ein Konflikt mit Spanien um den Südamerika-Handel bot seinen Gegnern Gelegenheit, die nationalen Leidenschaften gegen ihn aufzurufen. Pitt beteiligte sich an den maßlosen Angriffen, die Walpole 1741 stürzten. Doch bei der Ämterneuverteilung ging er leer aus. Und so griff er mit gleicher Leidenschaft den Nachfolger Carteret an. Hatte er bisher Walpoles Friedenspolitik verdammt, so richtete er seine aggressive Rhetorik jetzt gegen Carterets Kriegspolitik.

Die europäische Lage hatte sich durch das Auftreten Friedrichs II. von Preußen und seinen Erfolg im ersten schlesischen Krieg völlig verändert. Friedrich hatte sich mit Frankreich gegen Österreich verbündet, so daß Walpoles profranzösische Außenpolitik England nunmehr in Gegensatz zu seinem alten österreichischen Verbündeten brachte. Das europäische Gleichgewicht mußte nach dem Aufstieg Preußens und Rußlands neu justiert werden. Carteret verwickelte England in einen europäischen Landkrieg gegen Frankreich, Pitt dachte daran, Frankreichs Stellung in der Welt zu unterminieren. Nach dem Sturz Carterets verband sich Pitt mit der von den beiden Pelhams geführten Whig-Fraktion und wurde Generalzahlmeister der Armee. Er war der erste Inhaber dieses Amtes, der sich darin nicht persönlich bereicherte. Dadurch wurde Pitt im Unterhaus zur stärksten Stütze der regierenden Whigs.

Hier mußte er verteidigen, was er früher leidenschaftlich bekämpft hatte – die Übernahme des Soldes von 18 000 Hannoverschen Soldaten durch den englischen Steuerzahler. Er rechtfertigte die deutschen Subsidienverträge, die er früher gegen Carteret ins Feld geführt hatte, und das spanische Durchsuchungsrecht auf offener See, dessentwegen er Walpole verdammt hatte. Es ist nicht

verwunderlich, daß ihm dieser Positionswechsel von den Zeitgenossen vorgehalten wurde, erstaunlicher schon, daß selbst ein moralischer Rigorist wie Macaulay dies als Teil einer Größe, die nicht
»glatt und wohl proportioniert« war, akzeptiert hat. Doch Pitt
wollte mehr als den einflußlosen Posten eines Generalzahlmei-
sters. Die internationale Lage hatte sich weiter verdüstert. Der
Frieden von Aachen (1748) war nicht viel mehr als ein Waffenstillstand. In Amerika und Indien kämpften Franzosen und Engländer
in einem unerklärten Krieg. Die entscheidende Auseinandersetzung zwischen den beiden potentiellen Weltmächten stand noch
bevor. Die Regierung des Herzogs von Newcastle – sein Bruder
Pelham war 1754 gestorben – war der Herausforderung nicht gewachsen. Pitt verglich im Unterhaus den neuen Regierungschef
mit einem Kind, das einen mit einem alten König und seiner Familie beladenen Kinderwagen an den Rand des Abgrundes schiebt.
Er verspottete den trägen Herzog und seinen Staatssekretär Henry
Fox mit einem Bild aus der französischen Geographie: »Eine Erinnerung kommt mir in den Sinn. Ich denke daran, wie ich bei Lyon
den Zusammenfluß von Rhône und Saône gesehen habe. Der eine
Fluß ist sanft, kraftlos, langsam und trotz seiner Langsamkeit
ohne Tiefe; der andere heftig und ungestüm. Und trotzdem vereinigen sie sich beide schließlich miteinander.« Pitts Anspielung ko-
stete ihn das Amt. Das Jahr 1756 brachte England eine Reihe
militärischer Niederlagen. Menorca ging verloren. Der Nabob
von Bengalen erstürmte Kalkutta und metzelte alle englischen Gefangenen nieder. In Kanada nahmen die Franzosen Oswego ein.
Auf dem Kontinent hatte das Bündnis Maria Theresias mit Frankreich das mit England verbündete Preußen isoliert. Das Land verlangte eine starke Regierung, und der König nahm seine Zuflucht
zu Pitt. Obwohl formal nicht Regierungschef, hauchte Pitt der
Kriegsführung seinen Geist ein. Zwei schottische Hochlandregi-
menter wurden aus den feindlichen jakobitischen Clans gebildet
und die amerikanischen Kolonisten mit Soldaten und Waffen unterstützt. Als der König Pitt bereits nach einem Jahr wieder entließ,
ergriff eine ungeheure Erregung das Land. Während die Staatspa-
piere fielen, ernannte die City von London den Entlassenen zum
Ehrenbürger. Es folgten alle großen Städte Englands, selbst Dublin
und Cork in Irland und Stirling in Schottland. »Einige Wochen
lang regnete es Goldschatullen«, notierte Horace Walpole in sein
Tagebuch. Das Land war nicht ohne Pitt zu regieren. So entstand

die neue Regierung Pitt-Newcastle. Mittelklasse und Aristokratie verbanden sich zu einer nationalen Anstrengung. Flotten wurden in alle Weltteile geschickt. 100000 Mann Landtruppen ins Feld gestellt, 60000 Matrosen auf die Schiffe geschickt. 10,5 Millionen Pfund gab das Land pro Jahr für Kriegsanstrengungen aus, allein 2 Millionen Pfund für Subsidien. Das Jahr 1759 wurde für Pitt wie für England das wunderbare Jahr – »annus mirabilis« –, in dem die Glocken dünn wurden vom Siegesläuten, wie Horace Walpole in sein Tagebuch notierte.

Louisbourg und Quebec wurden den Franzosen entrissen, Gorée in Westafrika und Guadaloupe in Westindien erobert. Die französischen Flotten wurden auf allen Meeren geschlagen, die französische Macht in Indien gebrochen. In wenigen Monaten hatte Pitt den Grundstein für die angelsächsische Weltzivilisation gelegt und das französische Kolonialreich bis auf wenige Reste vernichtet.

Da starb 1760 Georg II. Sein Enkel Georg III. war im Haß auf die »stolzen Herzöge« der Whigs erzogen worden, ein Haß, der die gesamte politische Klasse Englands einschloß. Als der neue König den Krieg in seiner Thronrede »blutig und kostspielig« nannte, erzwang Pitt die Ergänzung dieses Passus durch den Zusatz »aber gerecht und notwendig«. Der König war entschlossen, Pitt loszuwerden und den Krieg zu beenden. Als Spanien an die Seite Frankreichs trat, forderte er von König und Kabinett die sofortige Kriegserklärung. Sein Blick richtete sich bereits auf Spanisch-Amerika, doch das Land wollte Frieden und der König ein anderes Ministerium. Es war die Wiederholung der Konstellation von 1710. Pitt trat mit dem Bemerken zurück: »Ich will nicht verantwortlich sein für irgend etwas, das ich nicht dirigiere.« Die Annahme eines Geldgeschenks und die Erhebung seiner Frau zur Gräfin von Chatham stürzte ihn vom Gipfel seiner Popularität in den Abgrund tiefster Verachtung. Der Unbestechliche, der große Commoner hatte sich in Widerspruch zu dem Idealbild gesetzt, das sich die Nation – nicht ohne seine tatkräftige Mitwirkung – von ihm gemacht hatte. Obwohl er seine Popularität durch geschickte Propaganda schnell zurückgewann, beginnt mit diesem Sündenfall Pitts politischer Abstieg. Der Frieden von Paris bestätigte den bisherigen Kriegsverlauf. England gewann Kanada, dazu Florida, einige westindische Inseln, alle Eroberungen Clives in Indien[7] und in Europa Menorca. Zwar erhielten die Franzosen einige afrikanische und westindische Besitzungen zurück und auch das besonders umstrittene Fischereirecht vor Neufundland, doch der nationale Aufschrei gegen den »Schandfrieden von Paris« hat vor der Geschichte keinen Bestand. Der König berief den skrupellosesten parlamentarischen Manager seiner Zeit, Henry Fox, um den Frieden im Unterhaus durchzusetzen. Als die Whigs daraufhin das Kabinett verließen, begann der König einen gnadenlosen Rachefeldzug gegen alle Anhänger der ihm verhaßten Partei. Die Dynastie löste sich von ihrem revolutionären Ursprung und kehrte zu den Tories zurück. Georg III. sah sein Vorbild in Jakob II., nicht in seinem Großvater. Wer käuflich war, wurde gekauft; eine neue mit Hilfe der königlichen Patronage gebildete Mehrheit, die »Freunde des Königs«, wurde zur Parlamentspartei. Triumphierend konnte die Prinzessin von Wales ausrufen: »Georg, jetzt bist du endlich König!« Pitt sprach im Unterhaus gegen den Frieden von Paris, blieb aber der Abstimmung fern. Der Vertrag erhielt eine Mehrheit von 319 gegen 65 Stimmen. Premierminister wurde jetzt George Grenville, von dem Macaulay schreibt, daß seine Regierung die schlechteste gewesen sei, die England seit der Revolution gehabt habe. Grenville begann den Kampf gegen die Pressefreiheit, setzte den Ausschluß eines gewählten Abgeordneten aus dem Unterhaus durch und erfand die berüchtigte Stempelsteuer auf alle rechtlich bedeutsamen Urkunden in Amerika. Dieser Akt politischer Torheit traf auf ein spannungsgeladenes Verhältnis zwischen dem Mutterland und seinen amerikanischen Kolonien.

Nach der Vertreibung der Franzosen aus Kanada gab es für die Kolonisten keinen Feind mehr, und sie waren deshalb auch nicht bereit, eine in ihren Augen fremde Armee zu finanzieren. Ihre Führer beriefen sich auf den parlamentarischen Schlachtruf der englischen Revolution von 1640: »Keine Besteuerung ohne Vertretung.« Da Amerika zum britischen Parlament nicht wahlberechtigt und in ihm auch nicht vertreten war, war die Stempelsteuer nach diesem Grundsatz kein Recht. Die neue alte Doktrin wurde zum Feldgeschrei der Amerikaner, die unpopuläre Regierung Grenville ihr erstes Opfer. Der König mußte zu den Whigs zurückkehren. Der Marquis of Rockingham bildete ein Kabinett aus jenen Whigs, die begriffen hatten, daß nur Reformen und eine saubere Regierung den Anspruch auf Herrschaft rechtfertigen konnten. Rockingham, ein scheuer, nervöser, untadeliger Aristokrat, wählte sich als Privatsekretär den unbekannten Iren Edmund Burke, dessen rhetorisches wie literarisches Talent dem Reformkabinett im Lande Popularität verschaffte. Zum ersten Mal ging es nicht um die Frage »What are you to do with Noodle?«, sondern um die Sicherung des britischen Reiches und seiner Verfassung. Obwohl Pitt sachlich nichts von Rockingham trennte, lehnte er eine Teilnahme an seiner Regierung ab. Selbst als Rockingham ihm den Vorsitz im Kabinett anbot, zog er sich auf die Formel zurück, daß nur die Gunst des Königs ihm dieses Amt bescheren könne. Die Regierung Rockingham hob das Stempelgesetz auf und schaffte die allgemeinen Haftbefehle Grenvilles gegen Drucker und Vertreiber von Presseerzeugnissen ab.

Zwar bestand die Regierung darauf, daß es grundsätzlich das Recht des britischen Parlaments sei, für alle Untertanen Steuergesetze zu erlassen, doch verzichtete sie auf eine Steuer, die unsinnig, wirkungslos und politisch gefährlich war. Pitt bestritt dem Parlament das Recht, Steuern zu erheben, da diese nur eine freiwillige Gabe der Untertanen seien. Schon die Zeitgenossen haben diese juristische Deduktion nicht verstanden und den Verdacht geäußert, daß sie nur dem Zweck diente, eine sachliche Differenz zwischen Pitt und den Rockingham-Whigs aufzuwerfen. Noch im gleichen Jahr entließ der König Rockingham und berief Pitt zu seinem Nachfolger. Es war die dunkelste Stunde in der Karriere unseres Helden, denn die Regierung Pitt wurde für England wie für Amerika eine größere Katastrophe als George Grenvilles Stempelakte. Da Pitt sich allein auf die Gunst des Königs stützte und den Parteien im Parlament mißtraute, fügte er eine Regierung zusammen, die unfähig zu gemeinsamem Handeln war, da sie keine gemeinsamen Grundsätze hatte. Burke hat einige Jahre später in seiner bildkräftigen Sprache davon gesprochen, Pitt habe eine Regierung gebildet »buntscheckig und gesprenkelt, eine Tischlerarbeit, schief verzahnt und launisch zusammengenagelt; ein Kabinett mannigfaltig eingelegt, ein Stück bunten Mosaiks, ein gewürfelter Fußboden ohne Zement, hier ein Stückchen schwarzen Steins und hier ein Stückchen weißen Steins; Patrioten und Höflinge, ›Freunde des Königs‹ und Republikaner, Whigs und Tories, verräterische Freunde und offene Feinde; wahrlich ein sonderbares Schaustück, das gefährlich war, wenn man daran stieß, und das wankte, wenn man darauf stehen wollte«.

Als Krönung seiner Fehler ließ sich Pitt als Earl of Chatham ins Oberhaus versetzen und verlor damit seinen Einfluß auf das Unterhaus. Was seit Walpole als unumstößliches Gesetz der englischen Politik gilt, daß die Machtbasis des Premierministers die gewählte Kammer des britischen Parlaments ist, hatte Pitt mißachtet. Seine Abneigung gegen Parteipolitik, seine romantische Verklärung eines törichten Monarchen, seine Selbstüberschätzung und seine Unfähigkeit, sich einzuordnen, hatten ihn in eine hoffnungslose Lage gebracht. Pitt selbst muß schnell begriffen haben, daß es eine Sache ist, Heere in alle Welt zu schicken und militärischen Führern Energie und Wagemut mitzuteilen, daß es aber eine andere Sache ist, Meinungsverschiedenheiten auszugleichen und leidenschaftslos analysierend von mehreren Möglichkeiten die klügste zu wählen. Pitt flüchtete sich in die Krankheit und überließ die Regierungsmaschinerie sich selbst, ja er war nicht einmal bereit, seinen Kollegen die Richtung seiner Wünsche anzuzeigen. So konnte es geschehen, daß sein Schatzkanzler die Stempelsteuer durch einen Teezoll ersetzte, der die berühmte »Bostoner Tee-Party« und in ihrem Gefolge die amerikanische Revolution auslöste. Während Pitt von der Gicht gefesselt krank darniederlag, hielt sein Schatzkanzler im Unterhaus eine »Champagner-Rede«, in der er in angetrunkenem Zustand die eigene Regierung lächerlich machte. In den zwei Jahren, die Pitt formell an der Spitze dieses Kabinetts stand, änderte es völlig seinen Charakter. Die sogenannten Bedford Whigs, eine Gruppe egoistischer Postenjäger, und die »Freunde des Königs« verdrängten gemeinsam Pitts Freunde und jene Männer, die er von Rockingham übernommen hatte. Erst als der letzte seiner Parteigänger aus dem Ministerium ausscheiden sollte, raffte sich Pitt zum Rücktritt auf. Die Regierung Chatham hatte Parlament und Parteien so sehr diskreditiert, daß es der König – nach einer kurzen Übergangszeit – wagen konnte, mit Lord North einen Günstling zum Ministerpräsidenten zu machen, der in zwölf Jahren alles verlor, was Pitt gewonnen hatte, der England in eine historische Katastrophe ohnegleichen führte und der die Verfassungsentwicklung des Landes um Jahrzehnte zurückwarf. Pitt kämpfte in den folgenden Jahren leidenschaftlich gegen den amerikanischen Krieg und für die Selbstreinigung des Unterhauses durch eine Parlamentsreform. Er konnte sich damit zwar wieder in die Herzen seiner Landsleute predigen, doch für die Geschicke der Nation war seine Rhetorik ohne Belang.

Zum letzten Mal verließ Pitt im April 1778 sein Krankenlager, um nach der Kapitulation von Saratoga gegen einen Antrag zu sprechen, der die Unabhängigkeit Amerikas zum Ziele hatte. Es wurde ein berühmter Auftritt – dessen sich auch die Historienmalerei annahm –, als Lord Chatham, begleitet von seinen drei Söhnen und gestützt auf seinen Schwiegersohn, das Oberhaus betrat, um noch einmal für die Einheit des britischen Reiches zu sprechen. Das ganze Haus erhob sich, um ihm seine Verehrung zu erweisen. Pitt konnte nur kurz und unter großen Schwierigkeiten sprechen. Als er sich noch einmal zu einer Erwiderung erhob, brach er plötzlich vom Schlag getroffen zusammen. Wenige Tage später starb Englands volkstümlichster Staatsmann.

Es fällt schwer, einen Volkshelden vor den Richterstuhl der Geschichte zu ziehen. Doch die Fehler und Versäumnisse von Pitt überwiegen seine Leistungen und Tugenden. Und wenn er zwischen 1759 und 1762 ein Weltreich gewonnen hat, so hat er es wenige Jahre darauf wieder verspielt. Auch die britische Verfassungsentwicklung zu einer parlamentarisch verantwortlichen Regierung wurde durch Pitt aufgehalten. Er begann seine Karriere als »Patriot« gegen Walpole, eine Anspielung auf Bolingbrokes »Patriot King«, der, über den Parteien stehend, das Gemeinwohl verkörpern und Opposition überflüssig machen sollte. So falsch wie der Gedanke war auch Pitts Haltung, um keinen Preis gemeinsame Sache mit Gleichgesinnten gegen die verderbliche Politik des Königs zu machen. Er lehnte es ab, die vom König gewählte Regierung mit parlamentarischen Mitteln zu stürzen. Dies war ein Rückschritt gegenüber Walpole, aber auch ein Rückschritt gegenüber dem viel gescholtenen Newcastle, der Pitts Berufung in sein erstes Regierungsamt 1746 mit dem parlamentarischen Mittel des Rücktritts der gesamten Regierung beim König durchgesetzt hatte. Pitt vermochte nicht zwischen Parteien zu unterscheiden, die sich zur Verfolgung eines gemeinsamen Ziels zusammenschlossen, und jenen Gruppen, die nur persönliches Interesse und der Wunsch nach Macht und Einfluß zusammenhielt. Selbstüberschätzung, Unfähigkeit zur Freundschaft und eine immerwährende Neigung zur Schauspielerei machen Pitt zu einem »durch und durch künstlichen Charakter«, wie sein politischer Zögling Shelburne später befand. Wenn er sich mit jedem Jahr mehr vor Freunden und Mitarbeitern verschloß, die notwendige Kommunikation allein seiner Frau überließ, Landsitze weit über seine Mittel kaufte, sie prächtig umgestaltete und nachts bei Fackelschein neue Parkanlagen schuf, so erinnert das nicht von ungefähr an Ludwig II. von Bayern, der allerdings nicht die Möglichkeit hatte, in einer entscheidenden historischen Stunde seine Kräfte auf die Mehrung des Ruhms seines Landes zu richten.

Edmund Burke
1729-1797

Edmund Burke gleicht einer Marmorbüste, die von Bewunderern wie Gegnern in den Tempel ihrer Vorurteile verschleppt worden ist. Über Edmund Burke ist so viel Falsches gesagt und geschrieben worden, daß es schwierig ist, unter den vielfältigen ideologischen Ansprüchen den Politiker des 18. Jahrhunderts zu erkennen. Bevor man darangeht, Edmund Burke neu zu zeichnen, ist es deshalb notwendig festzuhalten, wer und was Edmund Burke nicht war.

Edmund Burke war kein Philosoph, der ein systematisches, in sich geschlossenes Werk hinterlassen hat. Seine theoretischen Arbeiten galten praktischen Zwecken und sind von den politischen Umständen, unter denen sie entstanden sind, nicht zu trennen, ohne daß ihnen Gewalt angetan wird. Edmund Burke hat keine Theorie erfunden und keine »Schule« begründet.

Er war auch nicht der vorbehaltlose Apologet des Bestehenden und damit der Begründer jenes das Reaktionäre streifenden Konservativismus, der dem Staat kosmologische Bedeutung beimißt und ihn auf diese Weise allem Wandel entzieht. Burke hat den Staatszweck immer und konsequent auf die Bedürfnisse des Menschen beschränkt und kann folglich weder für die organische Staatslehre Adam Müllers noch für die konservative Reaktion de Maistres in Anspruch genommen werden. Der Mann, der die britische Parteiendemokratie erfand, der selbst das erste Parteimanifest schrieb und ein Leben lang den Versuch der Krone bekämpfte, ihren Einfluß zu erweitern, ist als Galionsfigur der bourbonischen Restauration wie der restaurativen Diktatur eines Donoso Cortes höchst ungeeignet.

In seiner Rede über wirtschaftliche und administrative Reformen aus dem Jahre 1780 warnte Burke die Freunde des Königs: »Ich möchte der Regierung eindringlich empfehlen, die Weisheit einer rechtzeitigen Reform zu bedenken. Rechtzeitige Reformen sind gütliche Abmachungen mit einem Freund an der Macht. Zu späte Reformen sind Bedingungen, einem eroberten Gegner auferlegt.«

Und selbst in den Betrachtungen über die französische Revolution – einem Schlüsselwerk konservativer Staatsphilosophie – finden sich Sätze wie der folgende: »Ein Staat ohne die Mittel zur

Wandlung ist ohne ein Mittel zur Bewahrung. Ohne diese Mittel kann er sogar in Gefahr geraten, den Teil seiner Verfassung einzubüßen, den er am meisten zu bewahren wünscht.«

Aber Burke war auch nicht der große Liberale, der Vorläufer Gladstones im 18. Jahrhundert, der sein ganzes Leben lang auf der Seite der Unterdrückten, also auf der richtigen Seite gestanden und nur einmal – bei seiner Gegnerschaft gegen die französische Revolution – die falsche Seite gewählt hat. Burke sah sich auch in diesem Fall auf der richtigen Seite, auf der Seite der Hingerichteten und Ermordeten. Auch läßt sich seine konsequente Verteidigung des unreformierten britischen Parlaments mit keiner Facette des europäischen oder amerikanischen Liberalismus in Einklang bringen.

Burke war auch nicht immer der unbedingte Verteidiger der repräsentativen Demokratie, als den ihn seine berühmte Rede an die Wähler von Bristol aus dem Jahre 1774 ausweist. Nur wenige Jahre zuvor sah er den außerparlamentarischen Druck als die einzige Möglichkeit an, die öffentliche Meinung in einem von königlicher Korruption beherrschten Parlament zur Geltung zu bringen.

Burke war auch nicht der große Redner, als den ihn die Nachwelt gefeiert hat. Seine prunkvolle Rhetorik war an das im Konversationston geschulte Unterhaus verschwendet. Er galt als »dinner bell« – als Glocke, die die Abgeordneten zum Essen ruft. Lord Erskine schrieb über seine vielgerühmte amerikanische Rede: »Ich war im Unterhaus, als Burke seine große Rede über die Versöhnung mit Amerika hielt, wohl die hervorragendste aller seiner Reden, aber er brachte es fertig, alle Zuhörer zu verjagen. Ich wollte mich mit den anderen ebenfalls entfernen, aber ich befand mich in seiner Nähe und fürchtete mich aufzustehen. So duckte ich mich nach unten und kroch unter den Bänken hindurch, bis ich an die Türe gelangte, ohne daß er mich sah. Später aber, als ich zu Hause die gedruckte Rede erhielt, las ich sie immer wieder und konnte an nichts anderes denken.« Das witzige Verdikt von Goldsmith kommt der Wahrheit wohl am nächsten:

»Too deep for his hearers, still went on refining,
And thought of convincing, while they thought of dining.«

Burke war auch nicht der verhinderte Politiker und Staatsmann, dem seine engstirnigen aristokratischen Freunde jedes wichtige

Amt verweigerten – er war in zwei Regierungen nur Generalzahlmeister ohne Kabinettsrang. Sein Temperament machte ihn für die Amtsroutine völlig ungeeignet. Burke konnte heftig und aufbrausend bis zur Gewalttätigkeit sein. Oftmals mußte er von seinen Freunden im Unterhaus auf seinem Sitz festgehalten werden, damit er in seinem Zorn nichts Unverzeihliches anrichtete.

Macaulay hat einmal von ihm gesagt, daß seine Phantasie und seine Leidenschaft ihn über die Grenzen der Gerechtigkeit hinaustrugen. Seine Vernunft wurde zum Sklaven seiner Gefühle, und seine Empörung erhielt den Charakter persönlichen Hasses oder, um noch einmal Goldsmith zu zitieren, »Though equal to all things, for all things unfit.«

Edmund Burke war auch nicht der große Unbestechliche in einer Welt von spielenden und spekulierenden Postenjägern. Burke hatte eine zahlreiche geldgierige Verwandtschaft, für die er sich immer wieder in dubiose Geschäfte und dunkle Spekulationen einließ. Er nutzte seine Kenntnis der indischen Verhältnisse zu ausgedehnten Aktiengeschäften, so daß er sich ein Herrenhaus in Buckinghamshire mit einer Sammlung von Poussins kaufen konnte. Sein Förderer, Lord Rockingham, erließ ihm bei seinem frühzeitigen Tode 30 000 Pfund Schulden in seinem Testament.

Doch nachdem all dies gesagt ist, wird es um so schwerer, die Frage zu beantworten, wer dieser Mann war, von dem Fox noch auf dem Höhepunkt ihres Streites über die Französische Revolution sagte: »So hoch schätze ich sein Urteil, sein Wissen, seine Prinzipien und seine Freundschaft, daß, wenn ich alles, was ich aus Büchern, durch das Studium und durch Erfahrungen gelernt habe, in eine Waagschale werfe, und alles, was ich aus seinen Unterweisungen und Gesprächen gewonnen habe, in die andere, es mir schwerfiele zu entscheiden, wem ich den Vorzug geben soll.«

Edmund Burke war Ire. Er wurde als Sohn eines protestantischen Vaters und einer katholischen Mutter in Dublin geboren, besuchte das protestantische Trinity College, ging dann nach London und begann nach einem juristischen Zwischenspiel seine literarische Laufbahn mit einer Satire auf Bolingbrokes deistische Welterklärung. Es folgte eine *Philosophische Untersuchung über die Ursprünge unserer Ideen vom Erhabenen und Schönen.* Im Jahre 1765 – als im Parlament der Kampf um die Stempelsteuer für die amerikanischen Kolonien tobte – wurde er Privatsekretär des neuen Premierministers Lord Rockingham.

Die Rockingham-Whigs sind von den englischen Historikern schlecht behandelt worden. Den Freunden des großen Pitt waren sie eine aristokratische Fraktion, die sich nicht seiner Führung beugen wollte. Dem Nestor der englischen Geschichtswissenschaft Sir Lewis Namier waren sie zu konservativ und autoritär, andere haben wiederum die Schwäche ihres Führers und dessen Unfähigkeit zu entschlossenem Handeln beklagt.

Dennoch bleibt den Rockingham-Whigs das Verdienst, die erste Reformpartei im England des 18. Jahrhunderts gewesen zu sein. Unter der Führung eines scheuen, nervösen, aber wohlmeinenden Aristokraten schlossen sie sich zu »einer Gruppe von Männern zusammen mit dem Ziel, durch gemeinsame Anstrengungen, gestützt auf eine gemeinsame Haltung, das nationale Wohl zu fördern«. Die Formulierung stammt von Burke, der der neuen Partei mit seinen *Gedanken über die Ursache der gegenwärtigen Unzufriedenheit* ein brillantes Parteimanifest schrieb. Zum ersten Mal formulierten hier Politiker Ziele, zu deren Erreichung sie die Macht erstrebten. Burke war das Gewissen der Partei und ihr programmatischer Kopf – in den Worten von Goldsmith:

»Who, born for the universe, narrowed his mind,
And to party gave up what was meant for mankind.«

Rockingham war zweimal für kurze Zeit Premierminister – von 1765 bis 1766 und im Jahre 1782. Das erste Mal hob er die unselige Stempelsteuer auf, das zweite Mal schränkte er die königliche Korruption des Unterhauses ein. Die erste Regierung endete mit der Berufung Pitts, der Amerika verlor, die zweite mit Rockinghams Tod. Die Rockingham-Whigs hatten – von Burke erzogen – drei große Themen auf ihre Fahnen geschrieben: die Versöhnung mit Amerika, die Parlamentsreform und die Reform der indischen Verwaltung. Gegenüber den amerikanischen Kolonisten ging es zu Beginn um Versöhnung, am Ende um ihre Unabhängigkeit von England. Aus pragmatischen Gründen wandte sich Burke gegen eine Steuer, deren Einziehung sich als unmöglich erwies, aus grundsätzlichen Erwägungen gegen einen Bürgerkrieg, der mit fremden Truppen und indianischen Hilfsvölkern geführt werden mußte. Die Amerikaner waren für ihn Engländer, die auf die gleiche Behandlung und die gleichen Freiheiten Anspruch hatten wie die Bewohner der Britischen Inseln. Ein gemeinsames Reich war nur auf freiwilliger Grundlage oder gar nicht zu bauen. Burke forderte von seinen Landsleuten Großmut mit den Worten: »Ein großes Reich und ein kleinlicher Geist stimmen nicht zusammen.« Nachdem der Einfluß des Königs auf das Parlament die Versöhnung unmöglich gemacht und Amerika verloren hatte, wollte Burke eine Wiederholung dieser Vorgänge verhindern. Die königliche Patronage, die Korruption von Abgeordneten, hatte die zweite Regierung Pitt und das Kabinett North zusammengehalten und jeden Neubeginn blockiert. Die Rockingham-Whigs wollten dem König diese Einflußmöglichkeit nehmen, nicht das Parlament reformieren. Die aristokratische Vorherrschaft sollte ungeschmälert bleiben, der königliche Einfluß zurückgedrängt werden. Nicht gerechte parlamentarische Repräsentation war das Ziel Burkes, sondern die Arbeitsfähigkeit der aristokratischen Institutionen.

Diesem Ziel diente auch seine indische Kampagne. Die Mißwirtschaft der ostindischen Handels-Kompanie hatte einige wenige reich gemacht und die Masse der Inder zu Ausbeutungsobjekten degradiert. Neureiche kauften Parlamentssitze mit indischem Geld, das sie durch grausame Ausplünderung zusammengerafft hatten.

Burke wollte Gerechtigkeit für die Inder und die Ausschaltung des indischen Einflusses auf das englische Parlament. Sein Kampf gegen den Generalgouverneur Warren Hastings, den er vor dem Parlament anklagte, war ein Kampf für die Unterdrückten in Indien wie für die Reinheit der aristokratischen Institutionen in England. »Unsere Eroberungen sind nach zwanzig Jahren so roh wie am ersten Tage. Die Eingeborenen kennen kaum Engländer mit grauen Haaren, junge Männer, beinahe Knaben regieren dort ohne Sympathie für ihre Untertanen. Sie haben nicht mehr Berührung mit der Bevölkerung, als dies der Fall wäre, wenn sie noch in England lebten. Beseelt von aller Habgier des Alters und von jugendlichem Ungestüm brechen sie ein, eine Welle nach der anderen, und es bleibt nichts im Angesicht der Eingeborenen als ein hoffnungsloser Anblick eines Zuges von Raubvögeln. England hat keine Kirchen, Spitäler oder Paläste gebaut, keine Brücken, Straßen, Kanäle oder Reservoire. Jeder andere Eroberer hat irgendein Denkmal der Größe oder der Wohlfahrt hinterlassen. Sollten wir aus Indien vertrieben werden, so würde nichts bleiben, was auf unsere ruhmlose Herrschaft deuten würde, nichts mehr als die Spuren eines Orang-Utans oder eines Tigers.«

Burkes Kampf für die amerikanischen Kolonisten, für die Einwohner Indiens wie gegen den königlichen Einfluß auf das Parlament hatte die gleichen Wurzeln, und er fand in der Französischen Revolution einen neuen und mächtigeren Feind all dessen, was er bewahrt sehen wollte. Burke ist auch in diesem Kampf seinen Überzeugungen treu geblieben und hat nicht jene konservative Wandlung durchgemacht, die Freunde und Gegner – je nach ihrem politischen Standort – bejubelt oder verdammt haben.

Burke gehorchte zuallererst einem romantischen Impuls. Er liebte das Altehrwürdige, das durch die Tradition Geheiligte, das seit Generationen stetig Gewachsene: die großen aristokratischen Familien, die alten Landhäuser, die britische Verfassung mit ihren Ungereimtheiten, die alten Freiheiten der amerikanischen Kolonisten, die indischen Religionen und Bräuche. Alles Erhabene und Schöne flößte ihm Ehrfurcht und den Wunsch nach Bewahrung ein. Die Politik des Königs bedrohte die amerikanischen Freiheiten und die gewachsene Macht des Parlaments, die neureichen Nabobs bedrohten die englische Aristokratie und die ostindische Kompanie mit ihrem Generalgouverneur die alten Religionen Indiens. Sein Kampf galt »den Sophisten, den Ökonomisten und Rechenmeistern«, die die Schönheiten der Erde in Mark und Pfennig ummünzten. Was ihn in seinem ästhetischen Jugendwerk über die Ursprünge unserer Ideen vom Erhabenen und Schönen bereits bestimmt hatte – eine typisch irische Liebe zu den »lost causes« –, hat ihn zeit seines Lebens auch politisch geleitet. An den Herzog von Richmond konnte er deshalb schreiben: »Sie, als Vertreter großer Familien und vererbter Vertrauensstellungen, sind in einer anderen Lage als Leute wie ich. Was immer wir auch sein mögen zufolge unseres raschen Wachstums und der Früchte, die wir hervorbringen und auf die wir stolz sind, so kriechen wir doch auf dem Boden, um zu Melonen zu werden, die zwar vorzüglich sind nach Größe und Geschmack, aber einjährige Gewächse, die nach unserer Zeit zugrunde gehen. Sie aber, wenn Sie tatsächlich dem entsprechen, was Sie sein sollen, gleichen den hohen Eichen, die dem Lande Schatten spenden, und Sie verleihen Ihren guten Taten Dauer von Generation zu Generation.«

Der zweite starke Impuls, der sein ganzes Werk durchzieht, ist eine Großzügigkeit des Herzens, ein Mitleiden mit den Unterdrückten, eine tiefe Moralität und daraus gespeist ein reformerischer Eifer, das Los der Menschen zu bessern.

Alle Menschen sind Gottes Geschöpfe, und es ist der Zweck des Staates, die Wohlfahrt der Menschen zu befördern. Das galt für die Inder wie für die Engländer und Amerikaner. In Burkes Anklagerede gegen Warren Hastings findet sich der Satz: »Die Aufgabe dieses Tages ist nicht das Schicksal dieses Mannes, es geht nicht allein darum, ob der Angeklagte schuldig oder unschuldig ist, sondern darum, ob Millionen Menschen elend oder glücklich sein werden.« Diese Sorge um das Schicksal der vielen einzelnen machte Burke mißtrauisch gegenüber allen Abstraktionen, gegen die Anrufung der Menschheit wider die Schwächen der Menschen, gegen die abstrakte Freiheit, die sich nicht in Institutionen zur Sicherung der Freiheit des einzelnen verwirklicht, gegen gesellschaftliche Entwürfe vom Reißbrett, die die Traditionen und Erfahrungen von Jahrhunderten außer acht lassen, gegen eine Raison des Staates, die den Staatszweck losgelöst von den Menschen definiert, gegen die Vergötzung der Nation sowie gegen alle Spekulationen, die, von einem neuen Menschen träumend, die menschliche Gesellschaft neu erfinden und Verfassungen auf ein leeres Blatt Papier schreiben wollen. Über die Moralität einer Politik entscheidet nach Burke nicht die Güte ihrer Prinzipien, sondern allein die Wirkungen, die sie für die einzelnen Menschen hat. Nur das Glück des einzelnen ist als Maßstab zur Beurteilung der Qualität einer Politik tauglich. Daraus folgte für Burke ein schonender Umgang mit dem Gewordenen und Gewachsenen.

Nur im äußersten Notfall durften Regeln verändert, Verträge aufgekündigt, Privilegien beseitigt werden. Bereits in seiner Satire auf Bolingbroke hatte Burke den Versuch verspottet, eine bestehende Ordnung durch eine »natürliche Ordnung« zu ersetzen. Denn die Gesellschaft ist für ihn ein Teil der großen Übereinkunft, die alle Dinge miteinander verbindet, die Ordnung der Welt begründet und damit unabhängig von der Willensentscheidung der einzelnen Bestand hat. Zwar gibt es auch für Burke Situationen, in denen die gewachsene politische Form, die den Frieden und den Fortbestand sittlicher Traditionen garantiert, durch Gewalt zerstört werden muß, aber dieses Revolutionsrecht ist ein Notrecht unter der Bedingung zwingender, unabweisbarer Notwendigkeit.

Burke hat nicht gegen die Aufklärung des 18. Jahrhunderts revoltiert, sein Widerspruch war nicht gegen die Rationalität, sondern gegen ihre Unvollkommenheit gerichtet. »Vernünftiges Handeln«, so hat es Dieter Henrich einmal formuliert, »kann nicht in

Unkenntnis bisheriger Geschichte und in der dekretierten Abkehr von ihr ins Werk gesetzt werden. Es ist darauf angewiesen, sich der Traditionen zu vergewissern, in denen es steht, der Situation, die es vorfindet, auch der Handlungsmöglichkeiten, die stets beschränkt sind durch die Existenz von Motivationszusammenhängen, welche nur durch Verständigung dauerhaft veränderbar sind, nicht durch Gewalt.« Burke ist kein Führer in die Irrationalität der politischen Romantik, er hat uns nur den vernünftigen Wert moralischer Verpflichtungen eingeschärft, ohne die eine Gesellschaft nicht bestehen und der Mensch als soziales Wesen nicht existieren kann. Nach Kenntnis dieser Gedankenwelt ist es nicht schwierig, Burkes Haltung gegenüber der Französischen Revolution zu verstehen. Hier war eine Kraft am Werke, die die Schönheit der alten Monarchie zertrümmerte, die Aristokraten und Priester drangsalierte und tötete und eine neue Gesellschaft auf den abstrakten Prinzipien Freiheit, Gleichheit und Brüderlichkeit errichten wollte.

Der Romantiker Burke sah den Untergang der ehrwürdigsten Monarchie Europas: »Es ist jetzt 16 oder 17 Jahre, daß ich die Königin von Frankreich, damals noch als des Dauphins Gemahlin, zu Versailles sah; und nie hat wohl diesen Erdkreis, den die leichte Göttergestalt kaum zu berühren schien, eine holdere Erscheinung begrüßt. Ich hätte geglaubt, zehntausend Schwerter müßten aus ihren Scheiden fahren, um einen Blick zu bestrafen, der sie zu beschimpfen drohte. Aber die Zeiten der Rittersitte sind dahin. Das Jahrhundert der Sophisten, der Ökonomisten und der Rechenmeister ist an ihre Stelle getreten, und der Glanz von Europa ist ausgelöscht auf ewig.« Der Moralist Burke empfand mit den Verfolgten: »Ich hasse die Tyrannei, aber ich hasse sie am meisten, wo die meisten davon betroffen sind. Die Tyrannei der Menge ist nur eine vervielfältigte Tyrannei.«

Und der Gegner der Abstraktionen konnte sein Verdikt über die Verfassungsmacherei der Franzosen mit den Ereignissen von 1688 begründen, in der die Freiheiten der Engländer und ihre in Jahrhunderten gewachsene Verfassung wiederhergestellt worden waren. Die Franzosen hatten alles zerschlagen und saßen nun ratlos auf den Trümmern einer fast tausendjährigen Vergangenheit; die Engländer hatten 1688 die Institutionen vorsichtig reformiert und die alten Rechte bewahrt. Das revolutionäre Notrecht hielt Burke im Falle Frankreichs nicht für gegeben, da er die Reformmöglichkeiten nicht für erschöpft hielt. Burke hat die Französische Revolution vor die Schranken des 18. Jahrhunderts gefordert und ihr Irrationalität bescheinigt, er hat nicht die Irrationalität zum Kampf gegen die Aufklärung aufgerufen. Burke war nicht der Begründer einer neuen konservativen Weltsicht. Burkes Botschaft ist die Botschaft des Maßes und der Mitte, der vorsichtigen Reform bei Bewahrung des Ganzen. »Alle Regierungen, ja alle menschlichen Freuden und Genüsse, jede Tugend und jede kluge Handlung ist auf einen Kompromiß, eine Balance gegründet. Wir wägen Schwierigkeiten und Unannehmlichkeiten ab, wir nehmen und geben, wir nehmen einige Rechte nicht in Anspruch, damit wir uns anderer erfreuen können, und wir wollen lieber glückliche Bürger sein als spitzfindige Disputanten.«

Burkes Botschaft ist aber auch eine Botschaft des Kampfes gegen alle korrumpierenden Einflüsse auf die Politik.

Wenn Edmund Burke heute unter uns weilte, so würde er manches bewundern, doch vieles tadeln. Unser Rechtsstaat würde seine Zustimmung finden, unsere Regelungswut zur Verwirklichung einer abstrakten Gleichheit würde ihn befremden. Frauenquote und Ladenschlußzeiten würden ihn amüsieren, unsere Zerstörung der Umwelt durch immer neue Produktionszuwächse, den Massentourismus und das Auto würden ihn mit Trauer erfüllen. Er würde unseren Hedonismus beklagen, der neues Leben als Beschwer empfindet. Doch seinen ganzen Zorn würde er gegen die Korruption der Politik durch die Medien richten. Er würde die Politik als eine Kunst des Handelns und Gestaltens vermissen und die Scheinwelt der Darstellungskunst als eine Gefahr für unsere freiheitliche Verfassung erkennen. Er würde sich nicht damit abfinden, daß an die Stelle der von ihm beschriebenen Realität politischer Entscheidungen die Pseudorealität der Bilder getreten ist. Er würde das Ethos einer freien Presse anmahnen und Rundfunk und Fernsehen dem Einfluß der Politik zu entziehen suchen. Zynismus und Heuchelei würde Edmund Burke auch in unserer Zeit erkennen; ob er dagegen Verbündete wie Rockingham und Fox in unserer politischen Klasse finden würde, ist eine Frage, die wir besser unbeantwortet lassen.

William Pitt der Jüngere
1759-1806

Es ist nicht leicht, den beiden Pitt – Vater und Sohn – Gerechtigkeit widerfahren zu lassen. Sie sind wie Churchill Nationalhelden. Sie haben ihr Land in Kriegen geführt, die England am Ende – allen Schwierigkeiten zum Trotz – gewonnen hat. Sie verkörperten schon zu Lebzeiten typisch englische Tugenden wie Zähigkeit und Durchhaltevermögen; nach ihrem Tode wurde ihre historische Persönlichkeit im Triumph des Sieges zur Legende verklärt. Diese Legende begrub anfängliche Mißerfolge und politisches Versagen.

Es gibt zwei bekannte Bilder von William Pitt. Das eine, von John Hoppner, zeigt ihn in »Heldenpose«, den Blick starr auf ein fernes Ziel gerichtet. Das Gesicht verrät keine menschliche Regung, und der »stählerne« Ausdruck gemahnt den Betrachter an Nelsons Worte vor der Schlacht von Trafalgar: »England erwartet, daß jedermann seine Pflicht tut.«

Das zweite hat Thomas Gainsborough gemalt. Es zeigt den jungen Pitt als einen klugen, sensiblen, den Betrachter aufmerksam musternden Beobachter.

Diese Bilder verkörpern auf seltsame Weise die beiden Persönlichkeiten William Pitts: den klugen Reformer und den überforderten und an der Überforderung zerbrechenden Kriegspremier.

William Pitt d. J. ist der Vater des britischen Konservativismus. Er ist von den »die-hards« und Hoch-Tories um Wellington und Eldon genauso in Anspruch genommen worden wie von den Reformern um Peel und Disraeli. Doch anders als bei seinem großen Gegenspieler Charles James Fox zogen sich Toleranz und Weltoffenheit, Menschlichkeit und Wärme immer stärker hinter die Maske des reaktionären Staatsmannes zurück, je länger Pitt sein Land in einem Krieg führte, den er nicht verstand und dem er nicht gewachsen war. William Pitt der Jüngere war – aller Legende zum Trotz – am Ende ein Gescheiterter. Als er 1806 unter einem Übermaß an Arbeit und Mißerfolgen zusammenbrach, war die dritte Koalition gegen die Französische Revolution, die Pitt ins Leben gerufen hatte, zerbrochen. Nach Ulm und Austerlitz stand England wiederum allein, und Pitt sank ins Grab, ohne daß er die Triebfedern dieser Revolution, die er bekämpfte, verstanden hatte und ohne daß es ihm gelungen wäre, eine erfolgversprechende Strategie gegen das revolutionäre Frankreich zu entwickeln. Das Urteil Macaulays, der ihn den verschwenderischsten und unfähigsten aller Kriegspremiers genannt hat, ist zwar parteipolitisch gefärbt, doch nicht ganz ungerecht. Selten ist ein Land so unvorbereitet und so verständnislos in einen Krieg geschlittert wie das England Pitts im Jahre 1793. Noch ein Jahr zuvor verstieg sich der Premier in seiner Budgetrede von 1792 zu der ungewöhnlich verfehlten Prognose, daß die europäische Lage zu der begründeten Erwartung Anlaß gäbe, daß ein Frieden von mindestens fünfzehn Jahren vor England liegt. Zweiundzwanzig Jahre Krieg sollten es werden.

Daß Pitt die revolutionären Ereignisse nicht verstand, mag entschuldbar sein, obwohl sein parlamentarischer Kollege Edmund Burke darüber zur gleichen Zeit ein kluges, bis in unsere Zeit hin fortwirkendes Buch schrieb. Daß er auf den finanziellen Ruin Frankreichs setzte, der dann nicht eintrat, hat schon einen witzigen Zeitgenossen zu der Bemerkung veranlaßt: »Ich möchte gerne wissen, wer der Schatzkanzler von Attila gewesen ist.«

Der Vorwurf, den man Pitt jedoch machen muß, lautet, daß es zu keiner Zeit ein klares Kriegsziel oder eine strategische Planung zur Erreichung einer fest umrissenen Position gab. Pitt mußte schließlich erleben, daß der Krieg seine eigenen Reformen fraß: Um eine Katastrophe der Bank von England zu verhindern, mußte diese durch eine königliche Verordnung von der Verpflichtung befreit werden, ihre Noten in Gold einzulösen.

Im Jahre 1799 schließlich führte er – eine revolutionäre Neuerung in der damaligen Zeit – eine allgemeine Einkommenssteuer ein. Doch der Krieg zerstörte nicht nur die wirtschaftliche Prosperität Englands. Er führte das freiheitlichste Land der Welt auch an den Rand des Abgrunds einer Diktatur. Die Aufhebung der Habeas-Corpus-Akte und die Unterdrückung der Opposition waren verzweifelte Ausbruchsversuche eines ratlosen Kriegsführers.

Doch der Persönlichkeit Pitts wird man nicht gerecht, wenn man ihn allein an seinem Versagen im Kriege mißt und nicht seine Leistungen vor 1789 als Friedenspremier würdigt.

William Pitt ist der Sohn eines berühmten Vaters, des Eroberers von Kanada, des Freundes Friedrichs des Großen im Siebenjährigen Krieg. Er wurde im Jahre 1759 geboren – dem Jahr der größten Erfolge seines Vaters – und machte die typische Ausbildung des englischen Gentleman in Eton und Cambridge durch. Als er

1781 für einen ›rotten borough‹ ins Unterhaus gewählt wurde, stand er in der Tradition seines Vaters für liberale Wirtschaftsreformen und eine gemäßigte Reform des Wahlrechts zum Unterhaus. An Selbstbewußtsein mangelte es dem jungen Pitt nicht. Ein Angebot des Whig-Premiers Lord Rockingham, als Juniorminister in seine Regierung einzutreten, lehnte der 22jährige mit der Begründung ab, daß er niemals einen untergeordneten Posten annehmen werde.

Die politische Situation Englands in der Nachfolge des amerikanischen Unabhängigkeitskriegs war verworren und unübersichtlich. Mit dem Verlust der amerikanischen Kolonien war auch der Versuch Georgs III. gescheitert, das Land mit Hilfe der »Freunde des Königs« absolut zu regieren. Des Königs Kreatur Lord North mußte zurücktreten. Das Ende dieses Ministeriums kommentierte der eingefleischte Tory Dr. Johnson mit den Worten: »Eine derartige Häufung von Schwachsinn hat selten ein Land verunehrt. Wenn sie einen Häscher in die City sandten, um einen Drucker zu verhaften, dann wurde nicht der Drucker eingesteckt, sondern der Häscher. Wenn sie eine Armee aussandten, um eine andere zu entsetzen, dann wurde diese besiegt und gefangengenommen, bevor die zweite eintraf. Ich will ja nicht sagen, daß das, was sie taten, immer falsch war; aber es geschah immer zur falschen Zeit.«

Die Aufgabe, die wirtschaftlichen und politischen Folgen des amerikanischen Unabhängigkeitskriegs zu beseitigen, übertrug der König dem Whig-Führer Lord Rockingham, der jedoch kurz darauf starb. Die Whigs standen gegen das persönliche Regiment des Königs und für die amerikanische Unabhängigkeit. Es war deshalb das Ziel des Königs, sie so schnell wie möglich loszuwerden. An die Stelle von Rockingham trat Lord Shelburne, ein Mann, dem der Geruch der Hintertreppen-Intrige anhaftete. Als der neue Whig-Führer Fox daraufhin zurücktrat, wurde der 23jährige William Pitt Schatzkanzler. Was nun folgte, ist schwer zu verstehen und je nach Parteigesinnung in der Geschichtsschreibung sehr unterschiedlich beurteilt worden. Fox, der den amerikanischen Krieg leidenschaftlich bekämpft hatte, verband sich mit dem von ihm auch persönlich attackierten Lord North, um Shelburne zu stürzen. Diese Koalition ist von vielen damals wie heute als ein widernatürliches Bündnis bezeichnet worden, das selbst im laxen 18. Jahrhundert der öffentlichen Meinung ins Gesicht schlug. Als diese den Willen des Königs mißachtende Koalition eine Reform der Verwaltung Indiens in Angriff nahm, griff Georg III. zum Verfassungsbruch. Er forderte die Abgeordneten und die Lords auf, der Gesetzesvorlage der eigenen Regierung die Zustimmung zu verweigern. Als die Koalition daraufhin im Oberhaus scheiterte, ernannte er den 24jährigen William Pitt zum Premierminister.

Die Ernennung war eine Sensation, die allerdings nur wenig Aussicht auf Dauer versprach. Dennoch gelang es Pitt durch geschicktes Taktieren, sich so lange im Amt zu halten, bis ihm die Neuwahlen von 1784 eine eigene neue Majorität bescherten. Diese Wahl ist in der englischen Geschichte berühmt geworden, weil sie die Vorherrschaft der Whigs, die seit 1714 bestanden hatte, für die nächsten fünfundvierzig Jahre brach, aber auch, weil der Whig-Führer Fox in Westminster um sein politisches Überleben kämpfen mußte. Seine große Gönnerin und Freundin, die Herzogin von Devonshire, setzte sich mit ihrer ganzen Persönlichkeit für die Wiederwahl von Fox ein und bot – so wird berichtet – einem Schlachtermeister einen Kuß für seine Stimme.

Der Sieg Pitts in diesen Wahlen ist auf zwei einander widersprechende Faktoren zurückzuführen. Auf der einen Seite wurde er von den Finanzinteressen der Ostindien-Kompanie im Wahlkampf unterstützt, zum anderen hatten aber auch viele Wähler die wechselnden Whig-Koterien satt.

Pitt hatte für sich den großen Namen des Vaters und die Unabhängigkeit seiner Position über den Parteien. Er war in einem historischen Moment zugleich der Mann des Königs und der Mann des Volkes, der Mann der oligarchischen Finanzinteressen und der überfälligen Reformen. Daß er die von so verschiedenen Seiten in ihn gesetzten Erwartungen nicht erfüllen konnte, war seine politische Tragik.

Der siegreiche junge Held, der Überwinder der Cliquen und Parteiungen, zeigte schon im Sieg Mangel an Großmut: Die Wahl von Fox in Westminster wurde angefochten. Pitt tat alles, um diese sonst als Formsache behandelte Angelegenheit zu einem Rachefeldzug gegen seinen unterlegenen Gegner zu nutzen. Schließlich beendete das Unterhaus gegen seinen Willen das Wahlprüfungsverfahren zugunsten von Fox. Auch eine zweite Entscheidung Pitts paßt nicht in das Bild des idealen uneigennützigen Charakters. Ein Jahr zuvor hatte er eine Regierungsumbildung zu Lasten Shelburnes bei Fox mit den Worten zurückgewiesen, er sei nicht gekommen, um Lord Shelburne zu verraten. Jetzt, nach seinem großen Sieg, hatte er für seinen politischen Mentor nicht einmal einen untergeordneten Posten. Doch trotz dieser kleinen Schönheitsfehler war das Wirken Pitts in den folgenden fünf Jahren von großem Nutzen für England.

Als erstes gelang ihm eine Reform der indischen Verwaltung, die allerdings stärker als die Gesetzesvorlage seines Vorgängers Fox auf die wirtschaftlichen Interessen der Aktionäre der Ostindien-Kompanie Rücksicht nahm. Nach der Reform der indischen Verwaltung mußten die durch den amerikanischen Krieg zerrütteten Finanzen in Ordnung gebracht werden. Hier hat Pitt wirklich Bedeutendes geleistet.

Die einzelnen finanzpolitischen Maßregeln haben heute ihr Interesse verloren. Durch Erschließung neuer Steuerquellen, die Verbesserung der Verwaltung, die Eindämmung des Schmuggels, die Beseitigung des unsinnigen Teezolls und die Einrichtung eines Tilgungsfonds zur allmählichen Beseitigung der Nationalschuld gelang es ihm, die wirtschaftliche Grundlage des Landes zu sichern. Ein Handelsvertrag mit Frankreich eröffnete 1786 den britischen Waren den bis dahin verschlossenen französischen Markt. Die Bevölkerung und die wirtschaftliche Kraft des Landes nahmen unter dem wohltuenden Einfluß dieser Maßnahmen mit einer bisher unbekannten Schnelligkeit zu. Von 1760 bis 1801, dem Jahre der ersten amtlichen Zählung, stieg die Bevölkerung von $6^3/_4$ auf 9 Millionen, die Ausfuhr von $14^1/_2$ auf $34^1/_3$, die Einfuhr von annähernd 10 auf mehr als 28 Millionen Pfund Sterling. Die Einfuhr von Rohbaumwolle, die 1780 nur 4 Millionen Pfund betrug, erreichte 1800 bereits 16 Millionen Pfund. Pitt versuchte, auch Irland am wirtschaftlichen Aufschwung teilhaben zu lassen. Nachdem ein Handelsvertrag gescheitert war, setzte er 1800 die Union mit Irland durch, die allerdings zu ihrer Vollendung der Emanzipation der Katholiken bedurft hätte. Doch hier zeigte sich die Grenze der Reformen Pitts, die sich aus seiner Stellung gegenüber dem König ergab. Er vermochte es nicht, Georg III. zur Annahme dieser notwendigen Befriedungsmaßnahme zu bewegen, ja er gab ihm 1801 sogar das Versprechen, die Frage der Katholikenemanzipation nie wieder aufzuwerfen, solange der König regiere.

Auch eine Wahlrechtsreform vermochte er nicht durchzusetzen. Als er im Frühjahr 1785 den Vorschlag machte, 36 ›rotten boroughs‹ ihre Vertretung zu nehmen und die dadurch frei gewordenen 72 Mandate den Grafschaften und einigen bisher unvertretenen Städten zuzuteilen, folgte ihm das Unterhaus nicht, obwohl Pitt das Wahlrecht den Inhabern sogar abkaufen lassen wollte.

Betrachtet man die Jahre bis zum Ausbruch der Französischen Revolution, so muß man die Regierungszeit Pitts als segensreich für das Land und als eine Zeit der großen Reformen und des wirtschaftlichen Fortschritts ansehen. Pitt kannte seine Fähigkeiten als Administrator und Finanzfachmann, und er schätzte wohl auch seine Unfähigkeit als Kriegsführer richtig ein. Deshalb versuchte er bis zuletzt, England aus dem beginnenden Weltkrieg gegen die französische Expansion herauszuhalten und sich von der durch Burke geschürten antirevolutionären Kreuzzugsstimmung nicht fortreißen zu lassen. Der Einbruch der Franzosen in Holland und Belgien nötigte ihn dann in jene Koalitionskriege, die sein Friedenswerk zunichte machten.

Es ergibt wenig Sinn, die militärischen Mißerfolge der Alliierten im einzelnen nachzuzeichnen. In den Jahren der ersten Koalition bis 1797 standen den Engländern zwei Möglichkeiten offen: entweder der insulare Rückzug aus Europa, verbunden mit kolonialen Eroberungen in Französisch-Westindien, oder tatkräftige Unterstützung der französischen Gegenrevolution und der Armeen der Festlandsalliierten. Dies hätte die Kontrolle von Englands Küsten, von Nordsee und Mittelmeer durch die englische Flotte erfordert. Die Engländer taten alles zugleich und folglich nichts ganz. Nachdem Pitt eine Rebellion in der lange vernachlässigten Flotte unterdrückt hatte und alle englischen Versuche, auf holländischem Boden Fuß zu fassen, gescheitert waren, wurden eine Menge unsinniger strategischer Pläne entworfen, die einmal Westindien, das andere Mal das Kap der Guten Hoffnung, dann wieder Ceylon oder Puerto Rico galten. Die Regierung Pitts überlegte die Eroberung Südamerikas und verlor darüber Korsika, den einzigen für die britische Flotte offenen Mittelmeerhafen. Als Österreich 1797 im Frieden von Campo Formio aus der Koalition ausschied, hatte England zwar einige Seeschlachten gewonnen, den französischen Handel zerstört, ein paar Kolonien erobert, auf dem europäischen Festland aber nur Mißerfolge erlebt. Pitt hatte es nicht verstanden, an der entscheidenden Stelle überlegene Kräfte zu konzentrieren. Er ließ es nur allzu oft zu, daß sie nutzlos verzettelt wurden. Alle Versuche, auf französischem Boden gegenrevolutionäre Bewegungen zu fördern, scheiterten nach anfänglichen Erfolgen kläglich.

Den außenpolitischen Mißerfolgen standen höchst zweifelhafte innenpolitische Erfolge gegenüber. Pitt gelang es, die Whigs zu spalten und deren konservativen Teil in seine Regierung aufzunehmen. Der Streit zwischen Burke und Fox über die Ereignisse von 1789 hatte diese Entwicklung in Gang gesetzt.

Das Land war gespalten. Mittelklassen und Unterschichten sahen in der Französischen Revolution ein Vorbild für Veränderungen in England. Im Verlauf der immer blutiger werdenden Ereignisse in Paris schlossen sich Mittelklasse und Aristokratie zu einem gegenrevolutionären Bündnis zusammen, das eine 30jährige Ära der konservativen Reaktion einleitete. Hatte Pitt noch 1785 selbst für eine Reform des Wahlrechts plädiert, so wurde diese Forderung jetzt als revolutionärer Aufruhr gebrandmarkt. Schon im ersten Kriegsjahr begannen gerichtliche Verfolgungen. Im Jahre 1794 setzte die Regierung die Habeas-Corpus-Akte außer Kraft, ein Gesetz gegen »verräterische Praktiken« schuf neue strafbare Tatbestände, und ein Gesetz über »aufrührerische Versammlungen« verbot alle öffentlichen Versammlungen von mehr als 50 Personen.

1799 folgte das Verbot aller politischen Vereine und Maßregeln gegen die Presse. Die Führer der Reformer wie der Schuhmacher Hardy und der Geistliche Horne Tooke wurden vor Gericht gestellt und des Hochverrats bezichtigt. Der gewitzte Geistliche machte sich das Vergnügen, Pitt als Zeugen dafür zu zitieren, daß er eines Verbrechens angeklagt werde, das der Premierminister selbst vor zehn Jahren begangen hatte. Pitt hatte sein Maß und sein inneres Gleichgewicht verloren. Seinem Freund Wilberforce bekannte er, daß ihm nur die Mittel, nicht aber der Wille fehle, Fox ins Gefängnis zu werfen. Für ein paar Jahre fürchteten die Freunde von Fox um Freiheit und Leben.

Es ist den Whigs um Fox zu verdanken, daß es der Regierung nicht gelang, an die Stelle eines parlamentarischen Regierungssystems eine Diktatur auf Zeit zu setzen.

1799 schmiedete Pitt die zweite Koalition aus Rußland und Österreich zusammen. Eine englische Expedition nach Holland endete wiederum mit einer Katastrophe. Zwar gelang es zeitweise – den Russen unter Suworow und den Österreichern unter Erzherzog Karl – die Franzosen aus Italien zu verdrängen, doch nach der Flucht Napoleons aus seinem ägyptischen Abenteuer stellte er die militärische Überlegenheit Frankreichs bei Marengo wieder her und zerstörte die neue Koalition. Auch Nelsons Sieg über die französische Flotte bei Aboukir konnte daran nichts ändern.

England brauchte dringend Frieden, und Pitt wollte dem nicht im Wege stehen. So machte er den Weg für ein schwaches Ministerium und einen kurzen unsicheren Frieden frei. Denn alle Ziele, um derentwillen er vor acht Jahren in den Krieg eingetreten war, waren nicht erreicht. Die Französische Revolution war nicht besiegt, die Bourbonendynastie war nicht wiederhergestellt, Belgien war den Franzosen nicht wieder entrissen und Holland war ihrem Einfluß nicht entzogen worden. Schlimmer noch: In Italien und Deutschland waren Macht und Einfluß Frankreichs in einem Maße gewachsen, von dem im Jahre 1793 niemand zu träumen gewagt hätte. Daß unter diesen Umständen der Frieden nicht dauern konnte, wußten alle Beteiligten. Doch Pitt war inzwischen auch müde. Von der Gicht, dem Erbübel der Pitts, und Alkoholmißbrauch ausgezehrt, vermochte er die Last der Arbeit nicht mehr zu tragen. Seine Nichte Lady Hester Stanhope, die in Downing Street sein Haus führte, hat viele Jahre später die Arbeitslast ihres Onkels geschildert: »Ach, was für ein Leben hat er damals geführt! Aus dem Schlaf geweckt durch eine Depesche von Lord Melville, dann davongestürzt nach Windsor, dann schnell etwas heruntergeschlungen, wenn er eine halbe Stunde Zeit hatte; dann Mr. Adams mit einer Note und Mr. Long mit einer anderen; dann Mr. Rose; dann mit einem Fläschchen voll Herztropfen in seiner Tasche zum Unterhaus bis um drei oder vier Uhr am anderen Morgen, dann nach Hause zu einem warmen Nachtmahl von zwei oder drei Stunden, um durchzusprechen, was am nächsten Tag zu tun war – und dazu Wein, Wein! Kaum war er am nächsten Morgen aufgestanden, so drängten sich 20 bis 30 Menschen an seiner Tür... Es war genug, um einen Mann zu töten.«

Als der Krieg 1803 erneut ausbrach, vordergründig, weil England Malta nicht räumen wollte und die Franzosen erneut in Italien vordrangen, zeigte es sich, daß Pitts Nachfolger Addington noch weniger das Zeug zum Kriegführen hatte. Pitt mußte noch einmal ins Geschirr. Doch diesmal wollte er eine nationale Regierung mit seinem alten Gegenspieler Fox bilden, um alle Kräfte des Landes zusammenzufassen.

Aber der König verweigerte ihm die Unterstützung, und Pitt mußte sich mit zweitrangigen Figuren begnügen. Das Ende kam schnell: Erst die Kapitulation Macks bei Ulm, dann ein Lichtblick

– Nelsons Sieg bei Trafalgar – und schließlich Austerlitz. Als Pitt die Nachricht vom Siege Napoleons über Österreicher und Russen bei Austerlitz erhielt, soll er nach der Überlieferung zuerst nach einem Glas Branntwein und dann nach einer Landkarte Europas gerufen haben. Nach einem kurzen Blick darauf, soll er sie mit den Worten zusammengerollt haben: »Legt sie beiseite! In den nächsten zehn Jahren werden wir sie nicht mehr brauchen.«

Pitt überlebte Austerlitz nur um wenige Tage. Am 2. Dezember hatte Napoleon die Russen und Österreicher geschlagen, am 26. Dezember wurde der Frieden von Preßburg geschlossen, am 22. Januar 1806 war William Pitt tot.

Als seine Freunde im Unterhaus die Errichtung einer Statue in der Westminster Abtei beantragten, um das Andenken dieses »ausgezeichneten Staatsmannes« zu ehren, widersprach Fox mit der Begründung, daß Pitt seine großen Gaben dazu mißbraucht habe, ein System aufrechtzuerhalten, das dem Lande zum Verderben gereiche. Mit Pitts Tod war auch das persönliche Regiment Georgs III. zu Ende. Er mußte Fox in ein »Ministerium aller Talente« berufen. Ein dreiviertel Jahr später war auch Fox tot.

Eine gerechte Würdigung dieses den Engländern so teuren Staatsmannes wird durch seine Persönlichkeit erschwert. Pitt wirkt im Gegensatz zu dem persönlichen Charme und der Liebenswürdigkeit von Fox hölzern, arrogant und langweilig.

In der Kriegführung mangelte ihm jede Genialität, die seinen korsischen Gegner in so hohem Maße auszeichnete. Sein Prinzip war das Durchhalten, eine Maxime, die – anders als bei uns – in England nicht in Verruf geraten ist. Canning, einer der wenigen Schüler Pitts, hat diesem Ausharren ein literarisches Denkmal gesetzt:

>»And oh! if again the rude whirlwind should rise
>The dawnings of peace should fresh darkness deform,
>The regrets of the good and the fears of the wise
>Shall turn to the pilot that wheathered the storm.«

»The pilot that weathered the storm« – Pitt war der Steuermann, der das Schiff auf Kurs hielt, auch wenn er nicht wußte, wie er es in den Hafen bringen sollte. Dies begründet seine bis heute ungebrochene Popularität in England.

Charles James Fox
1749-1806

Politische Glaubwürdigkeit wird immer mehr zu einer Schlüssel-
frage unserer politischen Kultur. Die Glaubwürdigkeit der Politiker steht ebenso auf dem Spiel wie die Glaubwürdigkeit von
Politik überhaupt. Während die Verteidiger unserer repräsentativ-
demokratischen Ordnung den Geist des Grundgesetzes beschwö-
ren, möchten andere durch Hinzufügung basisdemokratischer
Elemente die verlorengegangene politische Glaubwürdigkeit wiederherstellen.

Es ist nicht zu leugnen, die Menschen sind mißtrauischer geworden. Der Regierungswechsel in Bonn im Jahre 1982 ist dafür ein
guter Anschauungsunterricht. Nach Buchstaben und Geist der
Verfassung bedurfte es keiner Bestätigung des Koalitionswechsels
durch Neuwahlen. Doch die öffentliche Meinung sprach von
»Verrat«, ein Begriff aus der politischen Moral, den unsere Re-
präsentativ-Verfassung nicht kennt. Erst die Bestätigung der
neuen Koalition am 6. März 1983 ließ die Verratsrufer verstum-
men.

Dieser Gegensatz von freiem Mandat und gebundenem Mandat, von basisdemokratischen und repräsentativ-demokratischen
Vorstellungen, beherrscht die politische Diskussion, ohne daß es
einen Beleg dafür gäbe, daß eine engere Anbindung der Abgeordneten und Politiker an die Meinung ihrer Wähler die Glaubwürdigkeit ihres Tuns erhöhen würde. Der Verlust an Glaubwürdigkeit hat andere Gründe, die sich in dem politischen Leben eines
Mannes auffinden lassen, der ein unbedingter Anhänger der repräsentativen Demokratie war und dennoch als ein Beispiel politischer Glaubwürdigkeit in die Geschichte seines Landes eingegangen ist.

Die Rede ist von Charles James Fox, der das parlamentarische
und politische Leben Englands in der zweiten Hälfte des 18. Jahrhunderts beherrschte und dessen Feststellung im britischen Unterhaus, »Es ist die Aufgabe des Volkes, uns zu wählen; es ist unsere
Aufgabe, die Unabhängigkeit des Parlaments zu erhalten«, nicht
schärfer den Gegensatz zu allen basisdemokratischen Vorstellungen markieren kann.

Der politische Lebensweg dieses Mannes ist nicht frei von Tragik. Geboren im Geburtsjahr Goethes 1749 als Sohn eines klugen, aber auch korrupten Politikers und Parlamentariers, war Fox ein Wunderkind, das mit sieben Jahren bereits die griechische und römische Geschichte beherrschte, mit neun Jahren nach Eton ging und mit vierzehn an einem Spieltisch in Spa mehrere tausend Pfund verlor. Selbst in einer Zeit, die reich an Individualisten und originellen Köpfen war, empfand man die Erziehung von Charles James Fox als exzentrisch. Der Erziehungsgrundsatz seines Vaters lautete: »Junge Menschen haben immer recht und alte immer unrecht« und »Tue nichts, um den unabhängigen Geist eines Kindes zu brechen – die Welt wird das bald genug tun!«

Daß diese Erziehungsgrundsätze nicht bloße Theorie waren, zeigt eine gern erzählte Begebenheit. Der Vater hatte dem Sohn versprochen, daß er bei dem Abriß einer Mauer von Holland-House, dem Wohnsitz der Familie, mittun dürfe. Als die Mauer in Abwesenheit von Charles abgerissen wurde, ließ der Vater sie nur zu dem Zwecke wiedererrichten, sie im Beisein von Charles erneut zu sprengen.

Der nach diesen Grundsätzen Erzogene trat mit neunzehn Jahren in ein Parlament ein, das von Parteiungen zerrissen war, ohne daß es eigentlich Parteien gab. Die seit 1688 das Land und den König beherrschenden Whigs waren in verschiedene Fraktionen zerfallen, die Tories trauerten noch immer den katholischen Stuarts nach, deren letzter Aufstand erst dreiundzwanzig Jahre zurücklag. Mit dem Regierungsantritt Georgs III. im Jahre 1760 unternahm die Krone einen entschlossenen Versuch, das seit der »Glorious Revolution« abgeschaffte persönliche Regiment des Monarchen auch in England wiedereinzuführen. Günstlinge und Freunde des jungen Königs sollten auch in der Politik wieder die seit 1688 herrschenden aristokratischen Familien ersetzen.

Die Geschichte dieses Kampfes zwischen Krone und Parlament kann hier nur in wenigen Strichen skizziert werden. Die Katastrophe des amerikanischen Unabhängigkeitskriegs, dessen Ausbruch und Verlust Georg III. selbst verschuldet hatte, machte seinem Versuch, die absolute Monarchie kontinentaleuropäischen Zuschnitts auf den britischen Inseln wieder einzuführen, ein Ende. Unter der Führung von Fox und Edmund Burke erzwangen die Whigs die Entlassung des für den Krieg mit Amerika verantwortlichen Premierministers Lord North.

Vor diesem Hintergrund entfaltete sich seine zu Beginn glanz-

volle, später tragische Karriere, deren politische Mißerfolge größer waren als die Erfolge.

Charles James Fox war ein brillanter Redner. Er konnte das Unterhaus stundenlang in seiner rhetorischen Gewalt halten, und es
waren diese rhetorischen Erfolge, die die öffentliche Meinung gegen den Krieg mit Amerika und damit auch gegen das persönliche
Regiment des Königs mobilisierten. Als Pitt einmal von einem
französischen Beobachter gefragt wurde, wie es komme, daß Fox
trotz aller Fehler und Niederlagen seinen Einfluß auf das Unterhaus behalten habe, antwortete er: »Ach, Sie haben nie unter dem
Zauberstab dieses Magiers gestanden.«

Nach dem Sturz von Lord North wurde Fox Staatssekretär, doch
trat er bereits wenige Monate später zurück, um eine in der englischen Parlamentsgeschichte berühmte wie berüchtigte Koalition
mit dem bisherigen Gegner Lord North einzugehen. Auch diese seltsame politische Ehe hielt nur wenige Monate, und im März 1784
erbrachten Neuwahlen den politischen Triumph seines Gegenspie-
lers William Pitt. Erst 1806 sollte Fox noch einmal, nach Pitts Tod
und bereits selbst vom Tode gezeichnet, für kurze Zeit Regierungschef werden. Insgesamt war er im Verlauf einer 38jährigen politischen Tätigkeit nur 23 Monate verantwortlicher Minister.

Die meiste Zeit seines politischen Lebens verbrachte er in der
parlamentarischen Opposition, oft weit entfernt von den Grund-
überzeugungen der öffentlichen Meinung. Politische – oder sagen
wir besser – administrative Erfolge im engeren Sinne hat Fox nur
wenige gehabt. Amerika verdankt ihm seine Unabhängigkeit,
doch wurde dies damals eher als Zerstörung des ersten Britischen
Empire denn als Erfolg empfunden.

In den Jahren des Kampfes gegen die Französische Revolution
hat er unermüdlich von den Oppositionsbänken aus die Fahne der
englischen Freiheit hochgehalten und die von einem willfährigen
Parlament erlassenen Verfolgungsgesetze gegeißelt. Wenn die britische Verfassung den gegenrevolutionären Kreuzzug heil über-
stand, dann war dies sein Verdienst.

Im Jahre 1806 konnte er noch die Abschaffung der Sklaverei in
England einleiten – der einzige politische Erfolg als verantwortlicher Minister. Mögen wir auch die amerikanische Unabhängigkeit
und die große Auseinandersetzung mit Frankreich historisch heute
anders beurteilen als die Zeitgenossen von Fox, so erklären sie
doch nicht die Anhänglichkeit, ja fast ist man geneigt zu sagen, die

Liebe, die Fox am Ende seines Lebens entgegengebracht wurde. Schon die Wahl von 1784, die er – politisch – im Lande verlor, brachte ihm einen persönlichen Triumph in dem berühmten Wahlkreis Westminster. Trotz massiver Regierungskorruption ließen sich Handwerker und Herzoginnen nicht davon abbringen, ihren Kandidaten ins Parlament zu schicken. Und dieser Kandidat war für den Fleischermeister um die Ecke wie für die schöne Herzogin von Devonshire Charles James Fox.

Es ist heute kaum noch nachvollziehbar, daß in dem so zynischen 18. Jahrhundert ein demokratischer Politiker die durch nichts zu erschütternde Bewunderung seiner Anhänger gewann, ein Mann, der niemandem nach dem Munde redete, der weder auf Trends noch auf Meinungen achtete und der seinen Wählern auch dann seine Meinung sagte, wenn sie eine andere hören wollten. Er verteidigte die ungerechtfertigte Ausstoßung des Abgeordneten von Middlesex, Wilkes, aus dem Parlament, trat für die amerikanische Unabhängigkeit ein und verband sich später mit dem Mann, der den amerikanischen Krieg verschuldet hatte. »Ich bin ein schlechter Hasser«, war seine Antwort an jene, die ihm darob Inkonsequenz vorwarfen.

Fox' Charakter ist von den Historikern mit vielen Epitheta versehen worden: Großzügigkeit, Vornehmheit, absoluter Mangel an Kleinlichkeit, Eitelkeit und Falschheit. Dies mag alles richtig sein, doch ist das Schlüsselwort für die Wirkung dieser Persönlichkeit politische Glaubwürdigkeit.

Fox hat sich in seinem Leben immer »unpolitisch« in dem Sinne verhalten, daß Herz und Temperament vor Klugheit, absolute Offenheit vor politischer Geschicklichkeit rangierten. Seine Politik folgte seinen Freundschaften und seine Loyalität gehörte in erster Linie denen, die sein Charme um ihn versammelt hatte. Seine Karriere wäre im demokratischen Medienzeitalter ein absolutes Desaster gewesen, gerade weil er sich nicht »politisch« verhielt, sondern immer er selbst blieb. Nehmen wir als Beispiel seinen ersten Rücktritt: Eine Gesetzesvorlage, nach der die Angehörigen der königlichen Familie nur mit Zustimmung des Königs heiraten sollten, veranlaßte ihn, das erste Mal aus einer Regierung auszuscheiden. Der Grund war kein politischer. Fox verteidigte damit vielmehr seine Mutter, die ihrem Vater, dem Herzog von Richmond, davongelaufen war, um seinen Vater zu heiraten.

Der Vergleich mag weit hergeholt erscheinen, doch welcher demokratische Politiker würde aus dem Gefühl der Ritterlichkeit und einer gewissen Sentimentalität heraus ein politisches Amt zurückgeben, ohne dafür auf das Verständnis der Öffentlichkeit rechnen zu können. Fox war während seines ganzen Lebens zuerst Gentleman, wir würden heute sagen Mensch, und dann erst Politiker. Deshalb mochte er nicht mit dem klugen, aber kalten Shelburne zusammenarbeiten. Deshalb ging es über sein Verständnis, daß Burke noch auf dem Totenbett ihren Streit über die französischen Ereignisse nicht vergessen konnte. Als Burke sich 1791 im Unterhaus politisch von Fox trennte und dabei auch ihre persönliche Freundschaft zerbrach, vermochte Fox minutenlang nicht zu sprechen. Die Tränen hatten seine Stimme erstickt.

Oder nehmen wir ein anderes Beispiel: Als im Jahre 1797 auf dem Höhepunkt der revolutionären Umtriebe in England der Herzog von Norfolk einen Toast auf »unseren Souverän das Volk« ausbrachte und dafür all seiner politischen Ämter entkleidet wurde, wiederholte Fox diesen Toast wenige Tage später – nicht aus politischen Gründen, sondern allein aus persönlicher Freundschaft. Man mag den Wert einer solchen Geste heute lächerlich finden, doch Fox hielt zu seinen Freunden, auch wenn sie ihn politisch ruinierten, wie der künftige König Georg IV., dessen heimliche Ehe mit einer Katholikin die Whigs in Schwierigkeiten brachte. Während seiner langen Jahre in der Opposition war er immer von einem Kreis von Freunden und Bewunderern umgeben, die nichts von ihm wollten, ja die wußten, daß sie niemals ein politisches Amt mit seiner Hilfe erringen würden, und die dennoch in allen Widrigkeiten des politischen Lebens fest zu ihm standen.

Man vergleiche dies mit den politischen Freundschaften unserer demokratischen Politiker oder auch nur mit dem schnellen Ende politischer Karrieren, wenn der Wahlerfolg ausbleibt. Politische Glaubwürdigkeit war für Fox kein Mittel zur Erreichung politischer Ziele, es war eine Lebenshaltung. Fox gab niemals vor, sich für etwas zu interessieren, wofür er eigentlich gar kein Interesse hatte, auch wenn es nützlich gewesen wäre, wie die politische Ökonomie im Zeitalter von Adam Smith.

Dies konnte bis zur Unhöflichkeit gehen. Er verhielt sich immer so, als ob er völlig unbeobachtet sei. Wenn er über Rüben reden wollte, dann konnte er mit einem benachbarten Farmer so konzentriert und interessiert darüber sprechen, daß er sich einen Freund fürs Leben geschaffen hatte. Doch wenn er nicht über iri-

sche Musik sprechen wollte, dann ließ er einen so wichtigen Gesprächspartner wie den Whig-Poeten Tom Moore einfach stehen,
und dieser hatte ihm das dreißig Jahre später noch nicht vergessen.

Fox hatte eine tiefe Verachtung für alles, was nach Berechnung
und Popularitätshascherei aussah, und er hat zu keiner Zeit in seiner langen politischen Laufbahn um die Gunst von Wählern, Par-
lamentariern oder gar des Königs gebuhlt. Im Gegenteil: »In Fox«,
so hat es einmal die Herzogin von Devonshire ausgedrückt,
»konnte die Befürchtung, nachgiebig gegenüber einem Vorurteil
der öffentlichen Meinung zu erscheinen, alle anderen Überlegungen überwältigen.«

Er brauchte die Politik nicht, um glücklich zu sein, und was viele
Politiker nur vorgeben – Amt und Würde hinter sich lassen zu wollen – war ihm oft innerstes Bedürfnis. Er konnte sich dann in Homer, Vergil oder Ariost, in Shakespeare, Euripides oder Dryden
mit solcher Inbrunst vergraben, daß er auch die wichtigste Abstimmung darüber vergaß. Literarische Kontroversen waren seine Leidenschaft. Die Frage, ob der Gesang der Nachtigall fröhlich oder
melancholisch ist, hat ihn mindestens so intensiv beschäftigt wie
die Verwaltung Indiens. Er war einer der ersten, der das Genie von
Robert Burns erkannte, und er lebte lange genug, um Walter Scott
zu preisen.

Auf dem Höhepunkt der gegenrevolutionären Stimmung in
England zog er sich im Jahre 1797 von den Parlamentssitzungen
zurück, da ihm das feindselige Klima des Hauses unerträglich geworden war. Als sein Neffe ihn zu einer wichtigen Abstimmung
nach London rufen wollte, antwortete er ihm: »Niemals kam ein
Brief zu ungelegenerer Zeit als heute morgen der Deinige, mein lieber Junge. Ein schmeichelnder Westwind, schönster Sonnen-
schein, Rotdorn und Ulme in voller Blüte. Die Nachtigallen beginnen gerade zu schlagen, obwohl Amseln und Drosseln auch ohne
die Rückkehr dieser Sezessionisten vollkommen ausreichen würden, um alle Argumente Deines Briefes zu widerlegen.« Ob am
Spieltisch, auf dem Rennplatz, im Unterhaus oder in ländlicher
Zurückgezogenheit – Fox war immer er selbst.

Doch gerade diese Haltung, die dem Durchschnittsengländer
zugleich fremd und doch wieder bewundungswürdig war, verschaffte ihm jene politische Glaubwürdigkeit, der auch seine Gegner widerwillig Respekt zollten. Trotz seines persönlichen Lebens-

stils, der auch im aristokratischen 18. Jahrhundert die Gefühle der Mittelklasse verletzte – Fox verlor sein gesamtes Vermögen am Spieltisch –, wurde er von den einfachen Menschen wie von seinen aristokratischen Freunden bewundert und geliebt.

Fox hat viele politische Fehler gemacht: Sein Rückzug aus der Regierung Shelburne im Jahre 1782, seine Verbindung mit Lord North, sein Verhalten in der Regentschaftskrise, in der er die vorübergehende Geisteskrankheit des Königs zu dem Versuch benutzte, Pitt mit unkonstitutionellen Mitteln zu stürzen, und schließlich seine die Partei spaltende Bewunderung für die blutigen Ereignisse in Frankreich. Er war Pitt an Weitsicht und Urteilskraft unterlegen und hatte nichts von seiner Leidenschaft zur Sache. Fox haßte politische Kärrnerarbeit; seine Reden waren am besten, wenn er unvorbereitet vom Spieltisch direkt ins Unterhaus ging. Er hatte alle Fehler des 18., Pitt alle Tugenden des 19. Jahrhunderts. Und doch: welch ein Mensch, der Freunde und Gegner in seinen Bann schlug wie den Erz-Tory Dr. Johnson, der bei der Wahl in Westminster 1784 erklärte: »Ich bin für den König gegen Fox; aber ich bin für Fox gegen Pitt.«

Typisch für diese fast irrationale Haltung ist das Urteil der Tante Georgs III., die einmal über Fox sagte, »dieser Fox mag ein Schurke sein, ich weiß es nicht; aber ich weiß, daß er ein großer Mann ist und daß dieses Land ruiniert sein wird, wenn es nicht von einem solchen Mann regiert wird.« Der König dachte anders darüber. Er wollte Minister, die abhängig, die Funktionäre der Krone waren.

Die Welt hat sich in den letzten zweihundert Jahren zu sehr verändert, als daß sich aus diesem Politikerleben einfache Schlüsse für unsere heutige politische Kultur ziehen lassen. Jürgen Habermas hat in seinem Buch über den Strukturwandel der Öffentlichkeit diese Veränderungen beschrieben, Veränderungen, denen sich auch unsere demokratischen Politiker anpassen müssen. Und doch bleibt die Frage: Müssen Politiker heute wirklich Markenartikel sein, wollen die Menschen den glatten, makellosen, aus der Fernsehwerbung gestiegenen politischen Dressman, den angepaßten, Sprosse um Sprosse die politische Karriereleiter erklimmenden Parteifunktionär? Kann der so lautstark beklagte Glaubwürdigkeitsverlust nicht doch etwas damit zu tun haben, daß die Menschen dem Politiker den Menschen nicht mehr glauben? Ist der Ruf nach dem imperativen Mandat und nach basisdemokratischen

Verfassungselementen nicht auch ein Hilferuf angesichts des Persönlichkeitsverlusts des modernen Politikers?

Fox hat sich in seinem politischen Leben nie eine Meinung von seinen Wählern vorschreiben lassen, und die Wähler haben ihm dies auch dann honoriert, wenn sie mit ihm nicht übereinstimmten. Fox kannte allerdings noch nicht die Unterscheidung von Gesinnungs- und Verantwortungsethik, und er hätte sich über eine solche Differenzierung wohl auch gewundert. Nicht, daß es nicht Situationen gäbe, in denen private und öffentliche Moral auseinanderfallen, nur unsere Politiker sind zu schnell bereit, den Regelfall daraus zu machen.

Unsere repräsentativ-demokratische Verfassung leidet nicht an einem Mangel an Demokratie, sie leidet an einem Mangel an Persönlichkeiten. Über das nicht reformierte, nicht demokratische britische Parlament des 18. Jahrhunderts urteilt der Schweizer Historiker Erich Eyck in seiner Biographie über Pitt und Fox: »War das Parlament auch keine Vertretung der breiten Massen des Volkes, so war es doch die Tribüne des freien Worts und des freien Kampfes der Geister. Mag es auch vor einer abstrakten Theorie nicht bestehen, so hat es doch *die* Funktion erfüllt, die Großbritannien in diesem bestimmten Zeitpunkt und dieser bestimmten Lage brauchte.«

Daß es diese Funktion erfüllen konnte, daß es bei allen Unvollkommenheiten eine glaubwürdige Repräsentanz des englischen Volks war, verdankt es ganz wesentlich der Persönlichkeit von Charles James Fox.

Robert Stewart, Lord Castlereagh
1769-1822

Robert Stewart, Lord Castlereagh, ist ein Opfer der Intellektuellen
geworden. Kein britischer Staatsmann wurde so von der geistigen
Elite seines Landes gehaßt. Byron nennt ihn in der Zueignung seines *Don Juan* einen geistigen Eunuchen, einen Verräter und Mör-
der, ein Joch der Völker, einen Staatswurm, der Handschellen für
die ganze Menschheit schweißt. Und Shelley schreibt an einen
Freund: »Ich begegnete auf meinem Wege dem Mord – er hatte
eine Maske wie Castlereagh.« Haß und Verachtung verfolgten
diesen Mann über den Tod hinaus. Während bei seiner Beisetzung
in der Westminsterabtei am Tor der Kirche ein Triumphgeheul
ausbrach, schrieb Byron:

> »Oh Castlereagh! Thou art a patriot now;
> Cato died for his country, so didst thou:
> He perished rather than see Rome enslaved,
> Thou cutt'st thy throat that Britain may be saved.«

Dem Wutgeheul der Zeitgenossen folgte die Verachtung der
Nachwelt. Der englische Schriftsteller J. B. Priestley schrieb noch
vor wenigen Jahren über ihn: »Castlereagh war kalt, eng, eigensin-
nig und fleißig, ein Mann, der seine ganze Kraft der falschen Seite
fast jeder großen Sache widmete. Kein Politiker der ›Regency-Zeit‹
übte einen stärkeren, umfassenderen und unheilvolleren Einfluß
aus und niemand wurde so sehr von allen, die nicht zum Tory-
Establishment gehörten, verachtet. Castlereagh kämpfte entschlossen gegen Napoleon, aber aus den falschen Gründen. Er
wollte eine Ordnung erhalten oder wiederherstellen, die es nicht
wert war, erhalten oder wiederhergestellt zu werden.

Obgleich die Außenpolitik und nicht die Innenpolitik sein
Hauptanliegen war, ist er doch verantwortlich zu machen für die
tiefe Unzufriedenheit, die Unruhe, die grausame Gesetzgebung
und die brutale Unterdrückung, auf die wir in den späteren Jahren
der ›Regency-Zeit‹ stoßen werden.« Das Urteil ist falsch, fast jeder
Satz anfechtbar, doch typisch für die nachhaltige Wirkung der romantischen Propaganda. Castlereagh ist für viele noch immer der
Zerstörer der irischen Freiheit, der Unterdrücker der englischen

Freiheit und der leidenschaftliche Gegner der europäischen Freiheit. Sein Nachfolger im Amt des Außenministers, George Canning, wurde zum Heros des liberalen 19. Jahrhunderts, und so erscheint selbst das Duell zwischen beiden im Jahre 1809, in dem Castlereagh alles Recht auf seiner Seite hatte, ein kaltblütiger Akt der Rache, ja ein versuchter Mord. Castlereaghs Ehrenrettung durch Salisbury und Kissinger hat sein Ansehen kaum zu heben vermocht. Denn Salisbury galt schon seiner Zeit als unbelehrbarer Reaktionär, und Kissingers Verständnis für Castlereagh wurde ihm von seinen innenpolitischen Gegnern als die Rechtfertigung einer auf die Erhaltung des Status quo und die Unterdrückung der freiheitlichen Bestrebungen der Völker gerichteten Außenpolitik ausgelegt. Die Verdammung Castlereaghs ist schwer zu erklären, da sie unabhängig von Tatsachen und historischen Quellen fortbesteht. Vier Gründe mögen als – unzureichende – Erklärung dienen: In einer Zeit scharfer ideologischer Konflikte verhielt sich Castlereagh pragmatisch und antiideologisch. Die Heilige Allianz, für die er von seinen Gegnern mitverantwortlich gemacht wurde, hielt er für ein »Stück sublimen Mystizismus und Unsinns«.

Doch auch die Begeisterung für liberale Verfassungen vermochte er nicht zu teilen: »Man kann nicht übersehen, daß sich in Europa tiefgreifende moralische Wandlungen abzeichnen und die Grundsätze der Freiheit immer mehr in Erscheinung treten. Die Gefahr ist die, daß die Umwälzung zu schnell kommen könnte, um die Welt glücklicher und besser zu machen. Wir haben jetzt neue Verfassungen in Frankreich, Spanien, Holland und Sizilien. Warten wir das Ergebnis ab, ehe wir zu weiteren Versuchen ermutigen.« In einer Zeit, da die öffentliche Meinung zur politischen Kraft wurde, verachtete Castlereagh Popularitätshascherei. Aus Scheu hochmütig, aus Mangel an Selbstbewußtsein unnahbar, erschien er seinen Zeitgenossen als die Verkörperung aristokratischer Kälte. Im Zeitalter romantischer Gefühligkeit war er ganz Ratio. Nach dem Tode von Pitt und Fox, in einer Epoche, die in England arm an großen politischen Führern war, war Castlereagh die einzige herausragende Persönlichkeit. Die Namen Liverpool, Perceval und Sidmouth sind längst vergessen; ihre Politik, soweit sie repressive Züge trug, wurde von Zeitgenossen und Nachwelt mit Castlereaghs Namen verbunden. »Legt alle Mitglieder dieser Regierung auf eine Waagschale und den armen Castlereagh auf die andere – allein wird er die Waagschale leicht nach unten drük ken«, notierte sein schärfster Gegner, Lord Brougham, nach seinem Tode. Und schließlich gehört Lord Castlereagh zu den historischen Figuren, deren Geschichte ihre Besieger geschrieben haben. Castlereagh erging es wie Metternich, dessen historische Leistung nach dem vollständigen Sieg von Liberalismus und Nationalismus dem Vergessen anheimfiel. Doch anders als in Deutschland, wo Hitler das Werk Bismarcks vernichtete und damit den Blick auf die Bemühungen Metternichs um eine europäische Friedensordnung freigab, lebt England noch heute aus den Traditionen und Werten, die mit der Wahlrechtsreform im Jahre 1832 vom ganzen Land Besitz ergriffen. Liberalismus und Nationalismus sind hier niemals besiegt worden, und der Schatten Cannings[8] liegt weiter auf seinem Namen.

Castlereaghs Ursprünge führen nach Irland, der Nachfahre schottischer Einwanderer begann seine Karriere als Whig und Reformer. Die Französische Revolution hatte die irischen Whigs ermutigt, mehr Unabhängigkeit von England und eine Reform der korrupten Verwaltung zu fordern. Der später so unheilvolle Gegensatz zwischen Protestanten und Katholiken schien für kurze Zeit durch den Wunsch beider Gruppen nach einem repräsentativen Parlament aufgehoben. Als die Reformen ausblieben, radikalisierte sich der Protest. Aufstände zwangen die Regierung zu grausamer Unterdrückung. Doch die Unhaltbarkeit der irischen Halbsouveränität war für Pitt offenkundig. Nach der Niederschlagung des Aufstandes sollte Irland mit England vereinigt werden, die Iren ihre Vertreter nach Westminster schicken. Castlereagh wurde in diesen entscheidenden Jahren Mitglied der Administration seines Onkels, des von Pitt eingesetzten Lord-Leutnants von Irland. Aus dem Whig war ein Bewunderer Pitts geworden, der für die Union mit England und die Emanzipation der Katholiken eintrat. Die irischen Nationalisten haßten ihn wegen seiner Hinneigung zu England, die engstirnigen Protestanten wegen seines Reformwillens. Zwischen den irischen Leidenschaften stehend, wurde er zum Führer der Regierungspolitik im irischen Unterhaus.

Mehrheiten waren in diesem Parlament nur durch Korruption zu erringen, und Castlereagh war entschlossen, für den guten Zweck der Abschaffung des nicht-reformierbaren Hauses dieses Mittel einzusetzen. Die Union mit England bekam im zweiten Anlauf eine Mehrheit, doch der »Verräter« Castlereagh war der am meisten verhaßte Politiker Irlands. Das Wort des irischen Whig-

Führers Grattan, »Die Sache, die sie kaufen wollen, ist nicht verkäuflich – Freiheit!«, verfolgte ihn auch dann noch, als er die irische Politik mit der englischen vertauschte. Castlereagh wurde Kriegsminister im dritten Kabinett Pitt. Das neue Amt hielt für ihn keine Lorbeeren bereit. Obwohl nur für die Versorgung und Ausrüstung der Armee zuständig, trug er in den Augen der Öffentlichkeit doch die Verantwortung für die Schmach der britischen Waffen gegen Napoleon. Ob in Norddeutschland oder Südamerika, ob in Schweden oder auf der Insel Walcheren – überall mußten Expeditionen abgebrochen und britische Truppen zurückgezogen werden. Auch Wellingtons später so erfolgreicher Spanienfeldzug begann in Portugal mit der schmählichen Konvention von Cintra, in der die Engländer sich verpflichteten, die französische Armee mit ihrer gesamten Beute auf englischen Schiffen nach Frankreich zurückzuschaffen. Als Canning daraufhin den unpopulären Kriegsminister opfern wollte und Castlereagh von den hinter seinem Rücken geführten Verhandlungen erfuhr, forderte er Canning zum Duell. Beide mußten daraufhin die Regierung verlassen. Es spricht für Castlereaghs Charakter, daß er dennoch – als ihm im Jahre 1812 das Außenministerium angeboten wurde – bereit war, es dem Rivalen zu überlassen. Doch Canning verweigerte sich. Er wollte nicht unter Castlereaghs Führung im Unterhaus für die Regierung sprechen. So wurde Castlereagh Außenminister am Wendepunkt des Krieges gegen Napoleon. Nach der Vernichtung der »Grande Armée« in Rußland mußte eine neue europäische Ordnung mit oder ohne Napoleon gefunden werden. Doch je näher Russen, Österreicher und Preußen dem Sieg kamen, desto schwieriger wurde es für sie, ihre Differenzen über die Zukunft Frankreichs zu überbrücken. 1814 traf Castlereagh als erster britischer Minister seines Landes im Hauptquartier der Alliierten ein. Der Friedenskongreß von Chatillon bot Castlereagh die Möglichkeit, zwischen den Alliierten zu vermitteln, auch wenn sich am Ende ein Frieden mit Napoleon als unmöglich herausstellte. Schon wenige Wochen später konnte er durch den Vertrag von Chaumont England zum festen Bestandteil des europäischen Gleichgewichts machen und alle britischen Kriegsziele erreichen. Der Vertrag von Chaumont, in dem die vier Großmächte England, Rußland, Österreich und Preußen sich auf zwanzig Jahre zur Zusammenarbeit gegenüber jeder französischen Aggression verpflichteten, war die Grundlage der späteren Friedenspolitik. In dem Vertrag wurde die Unabhängigkeit Spaniens, der Schweiz, Italiens, Deutschlands und der Niederlande gesichert. Die Niederlande sollten – um Belgien vergrößert – künftig besser in der Lage sein, der französischen Machtausdehnung zu widerstehen.

Auch der Erste Pariser Frieden mit dem geschlagenen Frankreich trug Castlereaghs Handschrift. Frankreich erhielt die Grenzen von 1792, behielt seine Armee, die geraubten Kunstschätze und mußte keine Kriegsentschädigung zahlen. Es war ein Versöhnungsfrieden, wie er im Europa des 20. Jahrhunderts undenkbar geworden ist. Das Problem der Sieger war die Organisation des Friedens. Castlereagh stützte sich dabei auf einen Plan seines Lehrmeisters Pitt, den Napoleons Sieg bei Austerlitz zunichte gemacht hatte. Europa sollte aus einer Gemeinschaft von fünf Großmächten bestehen – Großbritannien, Frankreich, Rußland, Österreich und Preußen. Um Frankreich sollte ein Ring zweitrangiger Mächte gelegt werden, von denen jede stark genug sein sollte, einen ersten französischen Ansturm abzufangen. Hinter jeder Mittelmacht sollte eine Großmacht stehen. Holland mit Preußen im Rücken sollte den Norden bewachen, Sardinien gestützt auf Österreich den Süden. Das österreichisch-preußische Bündnissystem war das Herzstück von Pitts Plan. Die Wiener Schlußakte ratifizierte diese Vorstellungen und machte sie für ein Jahrhundert zum Ordnungsprinzip Europas. Es war Castlereaghs größter Erfolg.

Auf dem Wiener Kongreß ging es um zwei Probleme – die Einverleibung Polens durch Rußland und die Annexion Sachsens durch Preußen. Castlereaghs Schwierigkeit bestand darin, seine eigene Regierung von der Notwendigkeit einer aktiven Teilnahme Englands an einer europäischen Friedensordnung zu überzeugen. Die insulare Tradition stand dem entgegen, und England hatte seine territorialen Ziele erreicht. Castlereagh mußte einem zögernden britischen Kabinett klarmachen, daß die Zukunft Polens wie Sachsens für das europäische Gleichgewicht – und damit auch für England – lebenswichtig waren und daß eine andere Bedrohung als die von seiten Frankreichs vorstellbar war. Castlereaghs Bemühungen, eine Westverschiebung Rußlands zu verhindern, war auf dem Wiener Kongreß kein Erfolg beschieden, da die Gegner einer solchen Verschiebung ohne Frankreich nicht stark genug waren, sie militärisch zu hindern. Als Preußen bedingungslos auf die Seite Rußlands trat, konnte er allerdings gemeinsam mit Österreich und Frankreich die Annexion Sachsens verhindern, ein Schritt, der nicht von allen verstanden wurde, da ein starkes Preußen ein Grundsatz Pittscher Politik war. Doch die Erhaltung Sachsens verwies Preußen auf Polen und das Rheinland, und so war über diesen Umweg der Ausdehnung Rußlands wie Frankreichs ein Riegel vorgeschoben. Polen wurde geteilt zwischen den Ostmächten, Sachsen blieb als selbständiger Staat erhalten, mußte aber zwei Fünftel seines Staatsgebietes an Preußen abtreten. Die Wiener Ordnung war ein Kompromiß. Sie befriedigte niemanden, aber sie verletzte auch keinen Staat so, daß sie Ausgangspunkt eines Revanchekrieges sein konnte. An dieser Politik des Ausgleichs hielt Castlereagh auch nach der Flucht Napoleons und seiner Niederlage bei Waterloo fest. Diesmal hatte er es noch schwerer, seine Regierung davon zu überzeugen, daß der Wunschtraum nach absoluter Sicherheit das zerstört, was er zu erreichen sucht: die Befriedung der Besiegten. Zwar mußte Frankreich sich im Zweiten Pariser Frieden mit den Grenzen von 1790 begnügen, die geraubten Kunstschätze zurückgeben, eine Kriegsentschädigung zahlen und eine Besatzungsarmee im Norden des Landes dulden. Doch verglichen mit dem Frieden von Versailles nach dem Ersten Weltkrieg war auch dies ein Versöhnungsfrieden.

Am 20. November 1815 schlossen die Alliierten ein neues Bündnis, in dem sie übereinkamen, »wachsam« zu sein, »falls erneut in Frankreich Revolutionen sich ereignen sollten... und die für die Sicherheit ihrer Staaten erforderlichen Maßnahmen zu ergreifen«. Castlereagh schlug vor, daß die europäischen Mächte in engem Kontakt miteinander bleiben sollten, nicht nur um Frankreich zu überwachen, sondern um auch zukünftig die Probleme der europäischen Sicherheit zu erörtern. Fast unbemerkt hatte er damit die Vision einer europäischen Regierung eröffnet, eine Vision, die in England Kopfschütteln und Unverständnis hervorrief. Der aus Alexanders christlichem Mystizismus geborenen Heiligen Allianz trat England nicht bei, denn, so Castlereagh an den russischen Botschafter Lieven: »Die Politik ihres Kaisers ist eine vergebliche Hoffnung, ein schönes Phantom, dem England vor allem nicht folgen kann. Man schlägt heute vor, die Revolution niederzudrücken. Solange diese Revolution jedoch nicht deutlichere Gestalt gewinnt, ist England nicht bereit, sie zu bekämpfen. Bei allen anderen rein politischen Fragen wird England bereit sein, so zu handeln wie alle anderen Regierungen.« Hier werden bereits die Unterschiede deutlich, die England von den kontinentalen Mächten trennten. England hatte den Krieg gegen Napoleon, gegen den Weltherrschaftsanspruch des Korsen, also gegen eine politische Bedrohung geführt.

Die kontinentaleuropäischen Mächte, vor allem aber Österreich, hatten die in Napoleon verkörperte soziale Revolution bekämpft oder, wie Kissinger es in seinem Buch über die Staatskunst Castlereaghs und Metternichs ausdrückt:

»Großbritannien, das die Ausdehnung der Französischen Revolution bekämpft hatte, rang um ein Europa, dessen Struktur Eroberungen ausschließen sollte. Österreich und mit ihm die anderen Festlandmächte, die durch die Tatsache der Französischen Revolution an den Rand der Auflösung gebracht worden waren und für die sowohl geographisch als auch psychologisch eine Isolierung unmöglich war, kämpften für ein Europa, dessen ›Legitimität‹ eine überragende Vormachtstellung des einen oder anderen undenkbar erscheinen lassen sollte.« Dieser Widerspruch in der Zielsetzung der Allianz mußte ans Licht kommen, wenn das Bündnis gegen revolutionäre Bewegungen in anderen Ländern, die die Sicherheit Englands nicht bedrohten, eingesetzt werden sollte. Castlereagh über diesen Zwiespalt: »Die Allianz wurde gegen Frankreich geschaffen. Sie war nie als Vereinigung zur Regierung der Welt oder zur Lenkung der inneren Angelegenheiten anderer Staaten gedacht. Natürlich wäre sie dazu bestimmt gewesen, Europa vor einer revolutionären Macht zu schützen, doch nur gegen deren militärischen Charakter, nicht gegen deren Prinzipien.«

Castlereagh hatte die internationale Kongreßdiplomatie erfunden. Doch er selbst war nur auf dem ersten dieser Kongresse in Aachen 1818 anwesend. Frankreich hatte seine Schulden bezahlt: Die Lage hatte sich stabilisiert, die Besatzungsarmee konnte abgezogen werden. Dennoch wurde die Vierer-Allianz erneuert.

Frankreich wurde eingeladen, an den regelmäßigen Besprechungen über die Probleme der europäischen Sicherheit teilzunehmen. Den Vorschlag des Zaren für eine Allianz gegen Aggressionen von außen wie gegen Umwälzungen von innen wies Castlereagh zurück. Als Unruhen in Spanien, Piemont und Neapel die Kontinentalmächte zuerst in Troppau, dann in Laibach erneut zusammenführten, war England nur noch durch einen Beobachter vertreten. Castlereagh lehnte eine Teilnahme ab. Es war die Sache Österreichs, mit der aus den revolutionären Umstürzen folgenden

Bedrohung seiner inneren Stabilität fertig zu werden, es war nicht das Problem Europas. Castlereagh wollte das Bündnis erhalten, nicht aber seine antiliberale, antirevolutionäre Zielsetzung unterschreiben. Dies brachte ihn in wachsenden Gegensatz zur öffentlichen Meinung Großbritanniens, die in der Person Cannings das Prinzip periodischer Konferenzen als unvereinbar mit britischen Traditionen ablehnte. In dieser Zeit, in der Castlereagh in den Verdacht geriet, reaktionärer Unterdrückung im Ausland seine Hand zu leihen, wurde England von sozialen Unruhen – hervorgerufen durch schlechte Ernten und die schnelle Demobilisierung – heimgesucht. Die Regierung setzte vorübergehend die Habeas-Corpus-Akte außer Kraft. 1819 starben elf Menschen, und einige Hundert wurden verletzt, als eine große Menschenmenge in Manchester die Reformierung des Parlaments forderte. Das Massaker von Peterloo – wie dieser Sieg der Ordnungskräfte in Anspielung auf Waterloo genannt wurde – verängstigte die Regierenden so, daß sie im Unterhaus das Versammlungsrecht, die Pressefreiheit und andere Freiheitsrechte einschränkten.

1820 schließlich versuchte eine Gruppe von Verschwörern, die Regierung zu ermorden. Die Rädelsführer wurden hingerichtet. In allen Fällen mußte Castlereagh im Unterhaus diese Maßnahmen verteidigen, was ihn noch unpopulärer machte.

Durch den Aufstand der Griechen wurde der Konflikt um die Auslegung des Bündnisses noch einmal vertagt, denn anders als in Italien war Castlereagh in diesem Falle an der Nichteinmischung Rußlands interessiert. Hatte er zuvor das Bündnis gegenüber Neapel für nicht anwendbar erklärt, so forderte er jetzt im Namen dieses Bündnisses eine russische Garantie für die Unverletzlichkeit der Türkei. Daß dies keine innere Logik hatte, war Castlereagh bewußt. Die nationalen Gegensätze – hier Englands antirussische Tradition in der Meerengenfrage – begannen die europäischen Gemeinsamkeiten aufzulösen. Bei seinem letzten Gespräch mit Georg IV. bemerkte er: »Sir, man muß Europa Lebewohl sagen. Nur Sie und ich kennen es; nach mir wird niemand mehr die Probleme des Festlandes verstehen.« Vier Tage später starb Castlereagh von eigener Hand. Als Metternich davon erfuhr, schrieb er in sein Tagebuch: »Castlereaghs Tod ist ein großes Unglück. Der Mann ist nicht zu ersetzen, besonders nicht für mich. Alles kann ein geistvoller Mann ersetzen, nur nicht die Erfahrung. Castlereagh war in seinem Land der einzige, der auswärtige Erfahrungen gesammelt hatte; er hatte gelernt, mich zu verstehen; nun wird es Jahre brauchen, bis ein anderer zu demselben Grad von Vertrauen gelangt.«

Mit Castlereagh schwand das letzte Bindeglied zwischen Großbritannien und dem Kontinent. England kehrte zu seiner insularen Tradition der Aufrechterhaltung des europäischen Gleichgewichts ohne Beteiligung an der Ordnung des europäischen Festlandes zurück. Die Spaltung zwischen den liberalen Westmächten und den konservativen Ostmächten wurde zum Kennzeichen der folgenden Epoche. Es bleibt eine geschichtliche Ironie, daß Canning, der Großbritannien aus den Verwicklungen des Festlandes lösen wollte, diesen Bruch besiegelte und damit der Unterdrückung der sozialen Revolution in Rußland, Österreich und Preußen den Weg bereitete. Castlereagh ist bis zum heutigen Tage in seinem Lande unverstanden geblieben. Erst zwei Weltkriege und das Ende des Empires haben England gelehrt, daß es sich von den europäischen Dingen nicht abseits halten kann. Doch die von Chatham und Canning begründete Tradition der britischen Politik beherrscht noch immer das Denken – wie Margaret Thatchers Europapolitik zeigt.

Als dieses freudlose, einsame Leben zu Ende war, wurde ein Diener Castlereaghs gefragt, ob ihm an seinem Herrn kurz vor dessen so unerwartetem Tod eine Veränderung aufgefallen sei. »Ja«, antwortete er, »kürzlich sprach er einmal scharf zu mir.« Es gibt keinen schöneren Nachruf auf einen Menschen, der im Leben wie nach seinem Tode so viel Ungerechtigkeit erfahren hat.

George Canning
1770-1827

Sein Denkmal steht in Westminster, Liverpool und Buenos Aires, seine Popularität ist in südamerikanischen Geschichtsbüchern größer als in englischen. Doch wird er auch in England für viele positive Entwicklungen und noch mehr für manche verpaßte Gelegenheit in Anspruch genommen.

Der Name George Cannings steht auch heute noch für Entkolonialisierung, Freihandel und Liberalismus, für die Überwindung einer überholten Parteienstruktur und einer starren Klassengesellschaft.

Byron, Goethe und Heine haben ihn gerühmt, Disraeli galt er als Vorbild für seine »Tory Democracy«, und Gladstone verteidigte seine liberale Reformpolitik mit Zitaten aus Cannings Reden. Auch heute berufen sich Margaret Thatcher ebenso wie ihre innerparteilichen Gegner auf diesen britischen Staatsmann. Und die Konkurrenten der sozial-liberalen Allianz nehmen ihn als eine Art geistigen Gründungsvater ihrer neuen Parteienverbindung in Anspruch.

Die Legende George Cannings begann schon kurz nach seinem Tode, eine Legende, die ihn im restlichen 19. und im anbrechenden 20. Jahrhundert auf der Seite der Guten, der Engel sah. Dies ist um so erstaunlicher bei einem Mann, dessen Karriere zu seinen Lebzeiten von tiefem Mißtrauen begleitet wurde, der nur wenige Freunde hatte und den seine Feinde mit ausdauerndem Haß verfolgten. Als Mitglied einer reaktionären Regierung, in der er Unterdrückungsmaßnahmen in England und Irland als Antwort auf soziale Proteste leidenschaftlich verteidigte, als unbeugsamer Gegner jeder Parlamentsreform und Herausgeber der ersten antirevolutionären Zeitschrift nach Ausbruch der Französischen Revolution erscheint dieser Mann kaum geeignet als Champion von Demokratie und Liberalismus.

Und dennoch war es dieser unbeugsame Schüler Burkes, der am Ende seines Lebens die Unabhängigkeit der spanischen Kolonien Südamerikas sicherstellte und – wenn er länger gelebt hätte – das Parteiengefüge Englands revolutioniert hätte. George Canning repräsentiert wie kein anderer Politiker des frühen 19. Jahrhunderts das Zwiespältige einer Übergangszeit, einen Zwiespalt, der durch sein Herkommen noch verstärkt wurde. Von Geburt war George Canning zu keiner großen Rolle in der von den großen Adelsfamilien dominierten englischen Politik bestimmt.

Sein Großvater stammte aus dem protestantischen Landadel Nordirlands, sein Vater war jedoch enterbt worden und schlug sich als Gelegenheitsschriftsteller mehr schlecht als recht durchs Leben.

Als er ein Jahr nach Cannings Geburt im Jahre 1771 starb, mußte seine Mutter ihren Lebensunterhalt als Provinzschauspielerin verdienen, wobei sie sich nacheinander mit zwei »Schmierendirektoren« zusammentat und so die arme Familie um ein Dutzend Halbgeschwister bereicherte. In diesen Dickensschen Verhältnissen wuchs George Canning in den ersten neun Jahren seines Lebens auf, bis ein Schauspielerkollege seiner Mutter dafür sorgte, daß er zu seinem geschäftlich erfolgreichen Onkel kam und eine Aussöhnung mit dem Großvater stattfand.

Erst danach führte Cannings Lebensweg über die klassischen Stationen der britischen Oberklasse Winchester, Eton und Oxford in die Politik.

Die unruhigen ersten Jahre haben deutliche Spuren in seinem Charakter hinterlassen. Vergleicht man das berühmte Porträt von Lawrence, das Canning in kämpferischer Rednerpose im Unterhaus darstellt, mit dem Bild von Gainsborough, das einen jungen zarten, fast verschüchterten Canning in Eton zeigt – das Bild hängt heute in Harewood House –, dann ermißt man die Wegstrecke, die dieser Mann zurücklegen mußte, um britischer Premierminister zu werden.

Canning begann seine Karriere wie viele seiner Freunde als Radikaler, doch wandelte er sich schon 1793 unter dem Eindruck der Ereignisse in Frankreich zu einem Freund Pitts.

Wie sehr der Wechsel der politischen Überzeugungen durch die besseren Aufstiegsmöglichkeiten im antirevolutionären Lager bestimmt waren, ist schon unter den Zeitgenossen eine offene Frage gewesen. Pitt mochte den jungen Canning und verschaffte ihm 1794 einen Parlamentssitz. Trotz brennenden Ehrgeizes, großer rhetorischer Fähigkeiten, einer überragenden Intelligenz und einer bei den Tories seltenen intellektuellen Brillanz verlief Cannings Karriere keineswegs geradlinig.

Einigen untergeordneten Regierungsämtern unter Pitt folgte ein kurzes Zwischenspiel als Außenminister nach Pitts Tod von 1807 bis 1809, in dessen Verlauf er mit der Beschießung Kopenhagens und der Wegnahme der dänischen Flotte Europa in Zorn und Schrecken versetzte.

Ein unerwarteter Rücktritt und das berüchtigte Duell mit seinem Rivalen Castlereagh beendeten abrupt die eben erst begonnene Karriere. Zweimal, 1809 und 1812, spielte Canning mit hohem Einsatz um den Posten des Premierministers und verlor. In beiden Fällen hatte er seine Möglichkeiten und seine Fähigkeiten überschätzt und seine Gegner unterschätzt. Als er 1812 das Angebot des neuen Premierministers Lord Liverpool ausschlug, Außenminister zu werden, nur weil ihm nicht zugleich auch die Führung des Unterhauses angeboten wurde, schien Cannings Karriere in den Augen vieler Zeitgenossen beendet, noch ehe sie recht begonnen hatte.

Wider Erwarten sollte sich diese Regierung fünfzehn Jahre lang im Amt halten. Erst 1816 wurde ein bescheidener, aber auch klüger gewordener Canning in das Kabinett berufen und für die Geschicke Indiens zuständig. Als im Jahre 1820 das Scheidungsbegehren des neuen Königs Georg IV. das Land an den Rand des Bürgerkrieges brachte, trat Canning, den eine alte Freundschaft mit Königin Caroline verband, zurück. Wieder schien die Ungunst der politischen Umstände seiner politischen Laufbahn ein Ende gemacht zu haben. Doch als sich 1822 der Architekt des Wiener Friedens, Castlereagh, in einem Anfall geistiger Umnachtung das Leben nahm, wurde Canning gegen den Widerstand des konservativen Adels Außenminister und nach Liverpools Tod im Jahre 1827 für hundert Tage Premierminister.

Allein diese Daten zeigen, daß Canning seinen politischen Erfolg fast verspielt hätte und – wären ihm nicht der Zufall und das Unglück eines anderen zu Hilfe gekommen – wohl nie sein Ziel erreicht hätte. Seine intellektuelle Dominanz war den führenden Politikern seiner Partei verdächtig. Er war brillant, witzig, aufbrausend und neigte zum Sarkasmus, was ihm viele Feinde verschaffte. Es bildete sich die Legende von seiner Unzuverlässigkeit, seine älteren Kollegen hielten ihn für einen Ränkeschmied, und als er 1820 wegen des königlichen Scheidungsprozesses zurücktrat, erklärte ein Tory-Lord befriedigt: »Nun sind wir diese verfluchten Genies endlich los.«

Sein Aufstieg von ganz unten hatte ihm den Ruf des Ehrgeizlings und Intriganten, des prinzipienlosen Machtpolitikers eingetragen.

Canning war eifrig darauf bedacht, diese Vorwürfe zu entkräften, und so machte er oft den Eindruck eines Mannes, dem es mehr um seine politische Reputation als um Prinzipien ging. Seine bürgerliche Herkunft, seine radikalen jugendlichen Neigungen machten ihn der Aristokratie verdächtig, und da er ihre Gewohnheiten und ihren Lebensstil nicht teilte, trauten sie seinen konservativen Überzeugungen nicht.

»Er ist wirklich so klug, wie man sagt«, war der überraschte Kommentar der Fürstin Lieven in einem Brief an Metternich. Doch diese Klugheit verließ ihn immer dann, wenn es um seinen eigenen Aufstieg ging.

Das Duell war die Folge einer Verkettung von Mißverständnissen. Doch seine Überzeugung, daß keine Regierung ohne ihn auskommen könne und er es deshalb nicht nötig habe, unter jemandem zu dienen, zeigt einen erstaunlichen Mangel an politischem Urteilsvermögen.

Canning war klug, aber nicht weise. Das Mißtrauen seiner aristokratischen Gegner wurde verstärkt durch seine »liberalen Neigungen«. Canning hatte kein wirkliches Verständnis der wirtschaftlichen und sozialen Probleme der industriellen Revolution. Doch sein Herkommen und ein Instinkt zogen ihn auf die Seite der liberalen bürgerlichen Mittelklasse. 1812 gewann er sein Parlamentsmandat in Liverpool als Vertreter der dortigen Kaufmannschaft. Von diesem Zeitpunkt an hatte er ein offenes Ohr für die Probleme der »City« und des aufsteigenden bürgerlichen Mittelstandes. Er umwarb die öffentliche Meinung und war einer der ersten Politiker, der sein rhetorisches Talent auch außerhalb des Parlaments einsetzte und zum Schrecken seiner Kollegen auf einem Empfang des Lord Mayors der City von London für seine politischen Überzeugungen warb.

Canning war ein Anhänger der repräsentativen Regierung. Als der König seine Außenpolitik nach 1822 zu durchkreuzen suchte, sagte er einmal zum österreichischen Botschafter: »Eine repräsentative Regierung hat noch einen Vorteil, den seine Majestät vergessen hat. Minister müssen ohne Klage die verbalen Bosheiten ertragen, mit denen ein König sich für seine machtpolitische Impotenz zu rächen sucht.«

Als Politiker war Canning Fachmann, Spezialist. Er hatte wenig Verständnis für den gebildeten Dilettantismus seiner aristokratischen Kollegen. Ausführliches Aktenstudium und die Detailkenntnis aller Probleme, mit denen er befaßt war, waren für ihn selbstverständlich.

Doch obwohl er ein Politiker modernen Stils war, hielt er an den alten aristokratischen Strukturen fest und wünschte Reformen nur innerhalb des durch diese Strukturen vorgegebenen Rahmens. Er war deshalb ein konsequenter Gegner der Parlamentsreform und ließ sich auch durch taktische Koalitionen mit den Whigs von diesem Weg nicht abbringen.

Für ihn repräsentierten die englischen Institutionen jenes zerbrechliche Gleichgewicht zwischen Demokratie und Aristokratie, zwischen Autokratie und Volksherrschaft, die als sich bekämpfende Prinzipien den europäischen Kontinent immer von neuem in Unruhe stürzten.

Das britische Parlament war für ihn keine demokratische Versammlung, die die Regierungsgeschäfte leiten sollte, sondern eine Interessenvertretung zur Kontrolle der königlichen Regierung. Canning war kein Liberaler, noch weniger ein Demokrat. Doch stützte er in den letzten Reformjahren des Kabinetts Liverpool alle Liberalisierungsmaßnahmen. Er trat für die Beseitigung des überholten Zollsystems und unwirtschaftlicher Steuern ein. Er wollte den Kornzoll abschaffen und den irischen Katholiken die staatsbürgerlichen Rechte geben. Sein gedanklicher Ansatzpunkt für diese Reformen war jedoch ein pragmatischer, kein humanitär idealistischer:

Die im Jahre 1801 von Pitt durchgesetzte Union mit Irland erforderte als Konsequenz, daß alle Bürger dieser Union die gleichen Rechte haben.

Außerdem erhoffte er sich von einem Abebben der religiösen Unruhen in Irland wirtschaftliche Investitionen und damit größere soziale Sicherheit.

In der innenpolitischen Diskussion Englands zu Beginn des 19. Jahrhunderts war Canning kein Erneuerer, kein Anreger, vielmehr stand er auf der Seite derjenigen, die im Rahmen der alten Ordnung die Dinge verbessern wollten. Nur selten blitzt in seinen Urteilen der Grundwiderspruch seiner Zeit auf, so beispielsweise, wenn er einmal düster bemerkt, »daß die Lords eine so beschränkte Sicht von ihrer gegenwärtigen Situation haben, daß sie nicht sehen können, daß wir an der Schwelle einer großen Auseinandersetzung zwischen Eigentum und Bevölkerung stehen und daß diese Auseinandersetzung nur durch die mildeste und liberalste Gesetzgebung abzuwenden ist.«

Doch zu keinem Zeitpunkt ist ihm der Widerspruch aufgegangen, der darin lag, daß die wirtschaftliche und soziale Entwicklung des Landes über den Rahmen einer aristokratischen Repräsentation hinausgewachsen war.

Zwischen 1801 und 1831 war die Einwohnerzahl Liverpools von 82000 auf 202000 gewachsen, die Einwohnerzahl von Leeds von 53000 auf 123000, Sheffield und Birmingham verdoppelten ihre Größe im gleichen Zeitraum, Manchester wuchs von 95000 Einwohnern auf 238000 und Glasgow von 77000 auf 183000. Der erste dampfgetriebene mechanische Webstuhl wurde 1806 in Manchester aufgestellt, 12 Jahre später gab es bereits 2000, 5 Jahre später 10000 und im Jahre 1835 gab es in England 85000 und in Schottland 15000 dampfbetriebene Webstühle.

Demgegenüber wurden von den 658 Parlamentssitzen im Jahre 1827 276 von der Aristokratie kontrolliert, davon 203 von konservativen Landbesitzern. Acht Peers des Vereinigten Königreichs kontrollierten allein 57 Parlamentssitze. Der konstitutionelle Rahmen war zu eng geworden. Daß er dennoch bis 1831 unverändert hielt, war nicht zuletzt der Persönlichkeit Cannings zu verdanken, der mit seiner erfolgreichen Außenpolitik nach 1822 das alte System zumindest eine Zeitlang mit der liberalen öffentlichen Meinung des Landes versöhnte und damit die Legende vom Volksfreund George Canning begründete.

Als Canning im Jahre 1822 das Außenministerium von Castlereagh übernahm, stand er drei Problemen gegenüber, die das nach 1815 unter Mitwirkung Englands geschaffene Allianzsystem zu erschüttern drohten:

Spanien versank in innenpolitischen Auseinandersetzungen zwischen Liberalen und Reaktionären, und die spanischen Kolonien drifteten allmählich vom Chaos in die Unabhängigkeit. Die Auseinandersetzungen in Spanien hatten auf Portugal, mit dem England durch einen besonderen Beistandsvertrag verbunden war, übergegriffen, und die Griechen versuchten unter dem Beifall des liberalen Europas die türkische Herrschaft abzuschütteln.

Canning war wie Castlereagh der Meinung, daß England bei der Unterdrückung des spanischen Konstitutionalismus nicht an die Seite der kontinental-europäischen Monarchien gehöre und daß es notwendig sei, den Griechen zu Unabhängigkeit und Freiheit zu verhelfen, ohne dadurch den russischen Einfluß im östlichen Mittelmeer zu stärken.

Doch während Castlereagh diese Ziele innerhalb des von Metternich geführten Allianzsystems erreichen wollte, vermochte Canning mit diesem System nichts anzufangen. Die Unterschiede in den Zielsetzungen der beiden Rivalen waren gering.

Letztlich war es ein außenpolitischer Methodenstreit, in dem Canning als geschickter Propagandist seiner selbst in der öffentlichen Meinung den Sieg davontrug. Durch den anfänglichen Widerstand des Königs, den fortdauernden Widerstand des konservativen Adels und den öffentlich geäußerten Haß Metternichs wurde dieser Methodenstreit zum scheinbar ideologischen Streit. Cannings Vorgehen in der Sache war pragmatisch und von taktischer Brillanz. Nachdem Frankreich zugunsten des spanischen Absolutismus militärisch interveniert hatte, setzte Canning mit Hilfe amerikanischer diplomatischer Unterstützung im Dezember 1824 die Anerkennung der Unabhängigkeit von Buenos Aires, Mexiko und Kolumbien durch. Frankreich wurde gegen seinen Willen ein Partner dieser diplomatischen Abmachung, da es englische Truppen auf der Pyrenäen-Halbinsel fürchtete.

Einen Umsturz in Portugal konnte Canning durch die Entsendung britischer Truppen in dieses Land im Jahre 1826 verhindern.

Die wiedereingesetzte Bourbonenmonarchie in Spanien wurde so von ihrem südamerikanischen Reichtum getrennt, und Canning konnte zu Recht vor dem britischen Unterhaus sagen, daß »wenn Frankreich Spanien habe, es ein Spanien ohne seine westindischen Besitzungen sein solle. Ich rief die neue Welt ins Leben, um das Gleichgewicht der alten wiederherzustellen«.

Dieser kühne Satz war keine leere Phrase, da die britische Flotte die neuen Staaten Südamerikas vor französischer oder spanischer Intervention schützte und die neuen Märkte den englischen Kaufleuten öffnete.

Die zur gleichen Zeit verkündete Monroe-Doktrin[9] war demgegenüber bei den damaligen Kräfteverhältnissen eine bloße Deklamation, deren Anspruch Canning für England nicht akzeptierte, da er in ihr bereits die Gefahr eines amerikanischen Staatenbundes unter Führung der Vereinigten Staaten witterte.

Auch die griechische Frage löste Canning unter Umgehung des traditionellen Allianzsystems im Alleingang mit Rußland. Indem er Rußland in die Verantwortung für das östliche Mittelmeer einbezog, ohne ihm die Möglichkeit zu eröffnen, sich in Griechenland oder der europäischen Türkei festzusetzen, wurde er zum Schöpfer der griechischen Unabhängigkeit, die die Seeschlacht von Navarino wenige Tage nach seinem Tod im Jahre 1827 endgültig sicherte.

Canning hatte bis zum Jahre 1827 seine außenpolitischen Ziele erreicht, England an die Spitze der europäischen Entwicklung gestellt und Metternichs Einfluß auf Mitteleuropa zurückgedrängt. Die Heilige Allianz war zerbrochen, noch ehe die Revolutionen von 1830 und 1848 das Wiener System endgültig zerstörten.

Cannings auswärtige Politik folgte dem Ideal Pitts. Es war eine Politik, die landreiche koloniale Erwerbungen ablehnte, Kriege zu vermeiden suchte und statt dessen auf Seehandel und Seemacht setzte.

Es war eine Politik, die sich aus den Verwicklungen auf dem europäischen Festland heraushielt und mit einem wachsamen Auge das Machtgleichgewicht in Europa kontrollierte.

Cannings Politik stand in der Tradition des großen Dogen Mocenigo, der Venedig zu Beginn des 15. Jahrhunderts davor gewarnt hatte, zugleich See- und Landmacht sein zu wollen und damit die eigenen Kräfte zu überanstrengen. Trotz dieser Warnungen gewann Venedig in den folgenden Jahren mit der Eroberung der Terra ferma jene überdehnten Festlandsgrenzen, die es schließlich die Kraft kosteten, die zur Seeabwehr der Türken notwendig gewesen wäre.

Auch England sollte fünfzig Jahre nach Cannings Tod jene verhängnisvolle Wendung zur Inbesitznahme riesiger Gebiete, vor allem in Afrika, vollziehen, durch die es seine Überlegenheit zur See an die Vereinigten Staaten verlor.

Heute erscheint uns Cannings Außenpolitik deshalb als »modern«. Seine interessenbestimmte Unterstützung des Konstitutionalismus auf der Pyrenäen-Halbinsel und in Südamerika verschaffte ihm den Ruf eines Liberalen.

Als Lord Liverpool im Jahre 1827 starb, sah der von Cannings Außenpolitik längst überzeugte König in ihm den natürlichen Nachfolger.

Doch Canning hatte die Ablehnung durch den konservativen Adel trotz oder gerade wegen seiner außenpolitischen Erfolge nicht überwinden können.

Als er vom König mit der Regierungsbildung beauftragt wurde, gab es eine konservative Revolution. 41 Mitglieder der Regierung Liverpool traten zurück. Die Hälfte des Kabinetts weigerte sich, unter Canning zu dienen, und der Herzog von Wellington trieb seine Feindschaft sogar so weit, sein Armeekommando zurückzugeben.

Der König reagierte gelassen. So wie sein Vater sich aus den Händen der Whigs befreit hatte, wollte der König keine Diktatur der Torys dulden.

Canning bildete ein Koalitionskabinett aus gemäßigten Tories und gemäßigten Whigs und zerbrach damit die klassische Parteienstruktur Englands.

Wenn Canning länger gelebt hätte – darüber sind sich heute fast alle Historiker einig –, hätte er eine neue Partei der Mitte geschaffen, links von den Konservativen und rechts von den Liberalen, eine Partei, die möglicherweise schon in den vierziger Jahren des 19. Jahrhunderts mehrheitsfähig gewesen wäre und der politischen wie gesellschaftlichen Entwicklung Englands eine andere Richtung gegeben hätte.

Canning hätte damit ein Problem gelöst, das sich in der englischen Politik der letzten 150 Jahre immer wieder gestellt hat und das sich heute erneut in Form der sozial-liberalen Allianz stellt.

Um der Wahrheit willen sei hinzugefügt, daß er dies weniger aus Überzeugung denn aus Not versucht hat. So haben die Umstände aus dem umstrittenen Parteipolitiker Canning den zukunftsweisenden Staatsmann für das 19. wie für das 20. Jahrhundert gemacht, einen Mann, auf dessen moderne Innen- wie Außenpolitik sich heute alle englischen Politiker berufen. Und wenn England im Falklandkrieg in einigen südamerikanischen Staaten Unterstützung fand, dann hat dies auch etwas mit Cannings langlebigem politischem Erbe zu tun.

Lord Grey
1764-1845

Die öffentliche Meinung hat eine Entdeckung gemacht – die politische Kultur. Sie wird angemahnt, eingefordert oder vermißt. Nur selten macht sich jemand die Mühe, sie mit konkreten Ereignissen oder Personen in Verbindung zu bringen oder gar sie zu definieren. Welchen Verlust an politischer Kultur wir in allen demokratischen Ländern erlitten haben, seit der Berufspolitiker an die Stelle des Gentleman-Politikers getreten ist, wird uns immer dann schmerzlich bewußt, wenn sich Politiker von Machtverlust durch demokratische Abwahl bedroht fühlen. Wo der Machterhalt zum Selbstzweck und die Politik zur existentiellen Lebensgrundlage wird, kann politische Kultur nicht gedeihen, da sie die Freiheit des Geistes und damit auch das Freisein zum Verzicht voraussetzt, eine Fähigkeit, die unsere Berufspolitiker weitgehend verloren haben.

Das Gegenbild wird durch einen Mann verkörpert, der England aus dem aristokratischen in das demokratische Zeitalter geführt hat. Charles Grey war eine außerordentliche Mischung aus hochfliegendem Idealismus und pragmatischem Machtbewußtsein, der das Machthaben jedoch als Bürde und nicht als Lust empfand. Das Landleben, die Familie, der Freundeskreis waren ihm teuer, Politik dagegen eine lästige Pflicht, die ihn von den schönen Dingen des Lebens entfernte, ohne ihm die geringste Befriedigung zu gewähren.

Die Macht suchte er nicht als Selbstzweck, sondern als eine Möglichkeit, einem Ideal zu dienen. Charles Grey hat England vor einer Revolution bewahrt und mit einer Gruppe adeliger Freunde das bürgerliche Zeitalter eröffnet. Die Ablösung der Aristokratie und der Aufstieg der Mittelklassen vollzog sich im Unterschied zum europäischen Kontinent ohne Gewalt.

Man hat dies dem Pragmatismus der Engländer, ihrem Realitätssinn und ihrer Theoriefeindlichkeit zugeschrieben. All dies ist richtig, doch der wichtigste Grund war das Vorhandensein einer Aristokratie, die auf eine seit dem Altertum nicht mehr erlebte Weise Herrschaftsbewußtsein, administrative Fähigkeiten, Lebenskultur und politische Klugheit verband und die dadurch, daß sie an einem bestimmten Punkt der historischen Entwicklung ihre

Herrschaft mit anderen teilte, sich selbst das schönste Denkmal gesetzt hat. Es waren fast alles Freunde des schon 1806 verstorbenen Charles James Fox, der mit seiner Vitalität, seinem Kunstsinn, seiner Leidenschaft für die Poesie, seiner hinreißenden Beredsamkeit und seiner Liebe zur Freiheit zum Idol seiner Anhänger wurde. Noch viele Jahre nach seinem Tod ehrten sie sein Andenken, indem sie seinen Kampf für ein freiheitliches England fortsetzten.

In den sechzig Jahren, die den Reformgesetzen von 1830 vorausgingen, erreichte die englische Gesellschaft und mit ihr das, was man die aristokratische Vorstellung vom Gentleman nennen könnte, ihren Höhepunkt. Daß Freiheitsliebe und geistige Unabhängigkeit zu den Idealen dieser Gesellschaft gehörten, verdankt sie Fox.

Charles Grey war der erste Schüler und beste Freund dieses großen Parlamentariers. Die Familie der Greys stammt aus Northumberland, einem rauhen und kargen Land, oft verwüstet durch die Grenzkriege zwischen England und Schottland. Die Leute von Northumberland sind stolz und unabhängig. Die Greys of Howick waren Soldaten des Königs, die mit Auszeichnung in vielen Schlachten der englischen Geschichte gefochten haben. Charles Grey wurde hier 1764 geboren. Eton und Cambridge waren die Entwicklungsstationen, der Eintritt ins Parlament die fast notwendige Folge von Herkunft und Ausbildung.

Der junge Charles Grey konnte und wollte sich dem Einfluß von Fox auch dann nicht entziehen, als der Wahlsieg Pitts von 1784 die Hoffnung der Whigs begrub, die Geschicke des Landes wieder zu bestimmen. Der Ausbruch der Französischen Revolution spaltete die Whigs in Bewunderer und Gegner der Ereignisse von 1789. Charles Grey folgte Fox und gründete mit einigen jungen Aristokraten die »Gesellschaft der Volksfreunde«, die sich für parlamentarische Reform und allgemeines Wahlrecht einsetzte.

Fox hielt seine schützende Hand über diese radikale aristokratische Vereinigung und beschleunigte dadurch die Spaltung der Whigs. Charles Grey hat später seinen mehr jugendlich-leichtsinnigen als klugen Schritt bedauert, da er ihn in die Nähe der Radikalen, der englischen Jakobiner brachte. Doch diese Tat hat sein ganzes weiteres politisches Leben bestimmt. Von der ersten Erklärung für Parlaments- und Verfassungsreform im Jahre 1792 bis zur glücklich beendeten Wahlrechtsreform im Jahre 1832 hat sein politisches Wirken einem Ziel gedient – der Reform des britischen Unterhauses.

Im Jahre 1793 veröffentlichte die »Gesellschaft der Volksfreunde« ihren berühmten Bericht über den Stand der parlamentarischen Repräsentation Englands. Daraus ergab sich, daß von den 513 Unterhaussitzen für England und Wales 300 von sogenannten »Eigentümern« bestimmt wurden. Von diesen »Eigentümern« waren 71 Mitglieder des Houses of Lords und 91 selbst Inhaber eines Unterhaussitzes. Insgesamt entschieden nur 11075 Wähler über die Mehrheit in England und Wales. 51 Wahlkreise gab es, in denen weniger als 50 Wähler über den jeweiligen Sitz im Unterhaus bestimmten. Noch schlimmer war die Situation in Schottland. Von den 2 Millionen Einwohnern Schottlands hatten nur 2643 das Wahlrecht. Während es in England immerhin öffentliche Wahlkämpfe gab, waren die schottischen Sitze fest in der Hand einer kleinen geschlossenen Oligarchie. Die Unterhaussitze wurden als Eigentum betrachtet und in Zeitungen zum Verkauf angeboten. Falls ein Eigentümer bankrott machte, fiel sein Wahlsitz in die Konkursmasse. Es fällt schwer, bei diesen Zuständen von Repräsentation zu sprechen, noch schwerer, die Verteidigung dieses Systems durch Edmund Burke zu begreifen. Auf der Grundlage seines Berichts brachte Grey im Jahre 1797 eine Wahlrechtsreform ein, die die »rotten boroughs« beseitigen, die Repräsentation der Grafschaften verbessern und einer größeren Anzahl von Bürgern das Wahlrecht geben sollte. Obwohl seine Reformvorstellungen vom Grundsatz eines allgemeinen, gleichen Wahlrechts noch weit entfernt waren, versagte sich das britische Unterhaus mit 256 gegen 91 Stimmen diesem letzten Versuch vor der großen Wahlrechtsreform im Jahre 1832, den neuen Mittelklassen Zugang zur politischen Macht zu verschaffen. Die gegenrevolutionäre Stimmung, die Edmund Burke mit den *Betrachtungen über die Französische Revolution* ausgelöst hatte, hatte inzwischen auch den englischen Mittelstand erfaßt. Pitt, der im Jahre 1785 selbst dem Parlament einen Reformvorschlag unterbreitet hatte, denunzierte Greys Gesetzentwurf als revolutionären Umsturz.

Dies war keine Zeit für Reformen und selbst ein so kluger und bedachtsamer Anhänger der Whigs wie der Historiker des römischen Staates, Gibbon, bemerkte aus Lausanne über Greys Vorschlag: »Mir schaudert vor Greys Entwurf, ich bedaure die halbe Unterstützung von Fox, bewundere die Festigkeit von Pitts Erklärung und entschuldige die übliche Unbalanciertheit von Burke. Solche Männer wie Grey, Sheridan, Erskine haben das Talent zum Unheil. ... Lassen Sie sich nicht in einer falschen Sicherheit wiegen; erinnern Sie sich des stolzen Bauwerkes der französischen Monarchie. ... Sie ist zu Staub zerfallen, sie ist von der Erde verschwunden. Wenn diese gewaltige Warnung keine Wirkung auf die besitzenden Klassen Englands hat, wenn sie nicht jedermanns Auge öffnet und jedermanns Arm erhebt, dann werden sie ihr Schicksal verdienen.« Gibbon war nicht der einzige, der so dachte. Die konservativen Whigs verließen unter der Führung des Herzogs von Portland ihren Führer Fox und schlossen sich furchtsam und kleinmütig Pitts reaktionärem Kurs an. Greys Kampf galt jetzt der Pittschen Unterdrückungspolitik, der Aufhebung der Habeas-Corpus-Akte und der Verfolgung der radikalen Reformer. Fox und Grey konnten zwar die Verabschiedung der Unterdrückungs-gesetze im Parlament nicht hindern, doch ihre Opposition hinderte die Regierung daran, in der Durchführung dieser Gesetze bis zum Äußersten zu gehen. Dennoch sahen die Whigs um Grey und Fox nach ihren parlamentarischen Niederlagen keinen Sinn mehr in der Fortsetzung des parlamentarischen Kampfes und zogen sich auf ihre Landsitze zurück. Diese Entscheidung, deren Urheber Grey war, ist damals und später viel kritisiert worden. Alle, die im politischen Kampf das Bohren harter Bretter sehen, haben diesen Aristokraten vorgeworfen, den privaten Lebensgenuß öffentlicher Verantwortung vorzuziehen. Zumal Grey war unter seinen Freunden dafür berühmt, daß er jeden Vorwand nutzte, um seine Zeit in seinem geliebten Northumberland zu verbringen. Fox zog es zu Lukrez, Vergil und Chaucer; Grey zu den Gedichten Southeys und Coleridges, zu seiner zahlreichen Familie und den ausgedehnten Ritten über die Hügel Northumberlands. Politischer Ehrgeiz war ihnen nicht fremd, doch er war nicht ihr Lebensinhalt und keine Existenzfrage.

Nach unseren Erfahrungen mit der durch maßlosen politischen Ehrgeiz bedingten charakterlichen Deformation sind wir geneigt, milder über diese Sezession von 1797 zu denken. Obwohl ein solches Verhalten im Zeitalter des demokratischen Berufspolitikers unvorstellbar erscheint, wäre es für manchen von ihnen eine nützliche Charakterprobe.

Nach Pitts Tod trat Grey zuammmen mit Fox in das »Ministerium aller Talente« ein und war nach dem Tod seines Mentors für kurze

Zeit Außenminister und Führer des Unterhauses. Doch die Zeiten waren ihm nicht geneigt, und der König haßte ihn. Das Ministerium fiel im Jahre 1807, als es den Versuch unternahm, Erleichterungen für Katholiken beim Eintritt in die Armee durchzusetzen. Die einzige Maßnahme von Dauer war die endgültige Abschaffung des Sklavenhandels, die Grey und seine Freunde Fox auf dem Totenbett versprochen hatten. Mit dem Jahre 1807 setzte in England eine ununterbrochene Herrschaft der Tories ein, die besser gerüstet waren, das Land in einem Weltkrieg zu führen. Grey – obwohl nach wie vor Führer der wenigen Whigs – zog sich mehr und mehr ins Privatleben zurück und versuchte die Parteiführung, das Erbe von Fox, abzuschütteln. Seine Urteile über die kriegerischen Ereignisse der Zeit waren oft furchtsam und meistens kurzsichtig. Er hatte weder Vertrauen in Wellingtons berühmten Spanienfeldzug noch in die alliierte Kriegskunst von Moskau bis Waterloo.

Nach dem Ende des Krieges mußten noch fünfzehn Jahre vergehen, in denen die englische Gesellschaft zwischen Revolution und Reform schwankte, ehe die Whigs wieder eine Chance erhielten. Es war eine Zeit der Unentschiedenheit, eine Übergangszeit. Alle Parteien waren blind gegenüber der industriellen Entwicklung des Landes und den damit verbundenen sozialen Problemen. Die regierenden Tories hatten die Überzeugung Burkes verinnerlicht, daß die englische Verfassung, so wie sie sich bis zum Ende des 18. Jahrhunderts entwickelt hate, für alle Zeiten Bestand und Gültigkeit habe und deshalb nichts an ihr geändert werden dürfe. Die Whigs hatten nach ihrer Niederlage von 1797 die Reformdiskussion abgebrochen. Sie warteten ihre Zeit ab, wobei sie in der Gefahr standen, von den radikalen Reformern an den Rand der Entwicklung gedrängt zu werden. Grey war davon überzeugt, daß die Parlamentsreform erst dann wieder auf die politische Tagesordnung gehöre, wenn die Mittelklassen sie einforderten. Die schnell wieder verlöschende radikale Agitation in den ersten Jahren nach Waterloo hielt er zu Recht für ein Strohfeuer. So war Grey auch nicht bereit, den berüchtigten Scheidungsprozeß des Königs zu einem Angriff auf die konservative Regierung zu nutzen. Zwar plädierte er in einer abgewogenen Rede für die Unschuld der Königin, doch politische Folgerungen aus dem Mißmanagement der konservativen Regierung wollte er nicht ziehen. Als Canning nach Castlereaghs Tod Außenminister wurde, versuchte er mit einer »liberalen Außenpolitik«, die Kleider der Whigs zu stehlen. Obwohl ein unbedingter Gegner der Wahlrechtsreform und ein Anhänger der Burkeschen Verfassungstheorien, wurde Canning für kurze Zeit zum Heros des liberalen Europa. Als er 1827 Premierminister wurde, traten einige Whigs gegen Greys Rat in seine Regierung ein. Es war der Tiefpunkt der alten Whig-Partei, und die neuerliche Spaltung hätte, wenn Canning am Leben geblieben wäre, zum politischen Aus für diese Partei werden können. Nach Cannings plötzlichem Tod versuchte Wellington seine Politik fortzusetzen und konnte mit der Katholikenemanzipation eine weitere liberale Maßnahme, für die die Whigs seit dreißig Jahren vergeblich eingetreten waren, durchsetzen.

Es waren äußere Ereignisse, die im Jahre 1830 die Aussichten der Whigs verbesserten. Im Jahre 1830 starb Georg IV., brach die Juli-Revolution in Frankreich aus und in ihrem Gefolge eine Revolution in Brüssel. Die Nachkriegsordnung des Wiener Kongresses war brüchig geworden. Revolutionsgefahr verband sich mit Kriegsgefahr. Grey, der immer darauf bestanden hatte, daß die Reformbewegung eine Volksbewegung sein müsse, fand sich bestätigt. Das Oberhaus hatte es abgelehnt, die Vertretung zweier Wahlflecken, deren Unterhaussitze wegen Korruption eingezogen werden sollten, an die Stadt Manchester zu geben, die ohne Vertretung im Unterhaus war.

Die Weigerung des Oberhauses löste einen Sturm der Entrüstung aus. Als die nach Thronwechsel und Neuwahlen im Amt bestätigte Regierung die Reformfrage in der Thronrede nicht ansprach und Wellington trotz Greys Intervention darauf beharrte, daß »die Gesetzgebung und das System der Repräsentation voll und ganz das Vertrauen des Landes besitzen«, war es um die Tories geschehen. Als Wellington sich nach dieser Antwort unter dem Schweigen des Hauses setzte und sich an seinen Nachbarn mit der Frage wandte, was er denn Schlimmes gesagt habe, antwortete dieser: »Ach nichts, Sie haben nur den Rücktritt der Regierung angekündigt.«

In kürzester Zeit gelang es Grey, sein aristokratisches Reformkabinett aus Whigs und einigen früheren Anhängern Cannings – Palmerston und Melbourne – zu bilden. Es war das blaublütigste Kabinett der englischen Geschichte. In ihm saß kein Bürgerlicher und nur ein einziger Mann von jungem Adel. Fast die Hälfte der Minister waren Verwandte Greys. Die Ausarbeitung der Reform-Bill vertraute Grey seinem Schwiegersohn Durham und Lord John

Russell aus der berühmten Märtyrerfamilie[10] von 1683 an. Ihr Vorschlag sah die Einziehung von 160 Sitzen und deren Zuteilung an die bisher unvertretenen Städte und Grafschaften vor. 60 englische »rotten boroughs« sollten beide Vertreter und 47 zumindest einen Vertreter verlieren.

Der Kampf um die Reform-Bill zwischen Grey, dem König, dem Unterhaus, dem Oberhaus und den Radikalen im Lande gehört zu den spannendsten Vorgängen der englischen Geschichte. Als Russell den verblüfften Konservativen, die eine gemäßigte Reform erwartet hatten, während der ersten Lesung im Unterhaus die Liste der Wahlkreise vorlas, die es künftig nicht mehr geben würde, schlug ihm höhnisches Gelächter entgegen. Wenn die Tories auf sofortiger Abstimmung bestanden hätten, wäre der Entwurf niedergestimmt worden. Als sie sich von der Überraschung erholt hatten, war die Stimmung im Lande so reformfreudig, daß viele nicht mehr wagten, dagegen zu stimmen. In einem nicht reformierten Unterhaus wurde das Reformgesetz mit einer Stimme Mehrheit angenommen. 62 Mitglieder des Unterhauses, deren Vertretung eingezogen werden sollte, stimmten für das Gesetz. Als das Kabinett kurz darauf in einer Einzelfrage im Unterhaus unterlag, bat Grey den König um die Auflösung des Parlaments. Die Neuwahlen wurden zu einem persönlichen Triumph des Premierministers. Die Whigs erhielten in allen umkämpften Wahlkreisen eine überwältigende Mehrheit. Greys Sieg ähnelte dem Pitts im Jahre 1784. Doch er hatte ihn ohne die Unterstützung des Königs und der Finanzinteressen errungen. Grey war zum Volkshelden geworden.

Um Adel und Besitz im Lande nicht zu verängstigen, ergriff die Regierung harte Maßnahmen gegen ausbrechende soziale Unruhen. Doch der neue Innenminister Melbourne wendete nicht nur die Zwangsgesetze strikt an, er suchte auch Kontakt zu radikalen Arbeiterführern, um Unruhen vorzubeugen. In dem neu gewählten Unterhaus wurde die Reform-Bill in zweiter Lesung mit einer Mehrheit von 136 Stimmen angenommen. Doch damit begann erst der Kampf mit den Lords. In einer großen Rede versuchte Grey, seine Standesgenossen von der Notwendigkeit der Aufgabe überholter Privilegien zu überzeugen. Grey erinnerte die Lords daran, daß die Entscheidung für Revolution oder Reform in ihre Hand gelegt sei. Doch das Oberhaus lehnte das Gesetz mit einer Mehrheit von 41 Stimmen ab. Das Erstaunliche daran war, daß die alte Aristokratie in ihrer Mehrheit für das Gesetz war, daß aber der junge Adel und die Bischöfe entschlossen waren, ihre Privilegien um den Preis einer Revolution zu verteidigen.

England stand damit am Rand des Bürgerkrieges und ein falscher Schritt hätte das Land in Brand setzen und seine Institutionen vernichten können. Die Gegner im Oberhaus waren zu zahlreich, um sie durch einen Pairsschub[11] zu überwältigen. Andererseits brachen überall im Lande Unruhen aus. Schlösser wurden gestürmt, Höfe in Brand gesetzt, Maschinen zerstört. Bristol brannte fast völlig nieder, als einer der eifrigsten Gegner der Reform-Bill im Unterhaus als Richter in die Stadt kam. Doch Grey ließ sich zu keinen unüberlegten Handlungen hinreißen.

Im Dezember 1831 brachte die Regierung einen zwar im Grundsatz unveränderten, jedoch in den Einzelheiten aufgrund der Kritik der konservativen Opposition verbesserten Gesetzentwurf ein, der im Unterhaus eine Mehrheit von zwei zu eins fand. Damit stellte sich erneut die Frage nach einem Pairsschub. Am 15. Januar 1832 gelang es Grey, vom König ein dahingehendes Versprechen zu erhalten. Die Anzahl der neu zu ernennenden Peers war nicht begrenzt. Der König hatte nur zur Bedingung gemacht, daß nicht mehr als drei neue Adelstitel geschaffen, im übrigen aber die ältesten Söhne von Oberhausmitgliedern in das House of Lords berufen werden sollten. Grey versuchte auch jetzt noch, die Krise zu vermeiden. Für ihn war der Pairsschub die ultima ratio. Seine Nerven waren stärker als die der meisten Kabinettskollegen, die die Krise sofort zum Ausbruch bringen und den König zur Ernennung neuer Lords zwingen wollten. Im April 1832 verabschiedete das Oberhaus unter der Drohung seiner Entmachtung in zweiter Lesung die Reform-Bill mit 184 zu 175 Stimmen. Der Kampf schien gewonnen, doch wenige Tage später versuchten die Lords in den Ausschußberatungen die Abschaffung der »rotten boroughs« von der Neuzuteilung der Parlamentssitze an Städte und Grafschaften zu trennen und nur letztere in dritter Lesung passieren zu lassen. Jetzt zögerte der König, sein Versprechen zu halten, und kam auf die merkwürdige Idee, Wellington zu bitten, das Reformgesetz im Oberhaus durchzusetzen. Grey trat zurück, und Wellington versuchte, eine Regierung zu bilden.

Wieder stand das Land am Rande des Bürgerkrieges. Denn Greys Rücktritt war im Lande als Beginn einer neuen Reaktion mißverstanden worden. Der Gedanke des Königs, eine liberale

Maßnahme von einem konservativen Kabinett ausführen zu lassen, erwies sich als zu kompliziert für die öffentliche Meinung wie für die konservativen Unterhausabgeordneten, die ihrem Führer die Gefolgschaft verweigerten. Sie hatten gegen ihre Überzeugung die Emanzipation der Katholiken durchgeführt, sie wollten nicht noch einmal gegen ihre Überzeugung der ihnen verhaßten Wahlrechtsreform zum Siege verhelfen. Der König mußte Grey zurückrufen. Am 4. Juni passierte das Gesetz in dritter Lesung das Oberhaus. Grey hatte gewonnen. England stand am Beginn eines neuen bürgerlichen Zeitalters. Greys Mäßigung, seiner Klugheit und seiner Nervenstärke war es zu verdanken, daß das Land den Sprung über den Abgrund geschafft hatte. Er hatte den Lords zwar gedroht, aber er hatte die Verfassung nicht umgestürzt, wie es sich viele seiner Anhänger gewünscht hatten. Das Oberhaus blieb eine machtvolle Institution der reformierten Verfassung.

War die Reform ein gutes, ein richtiges Gesetz? Darüber ist in der Folge in England heftig gestritten worden. Vor allem von den Konservativen stammt der Vorwurf, daß die Reform von 1832 zu uniform gewesen sei und zu wenig die regionalen und landschaftlichen Besonderheiten berücksichtigt habe, ja daß in einzelnen Fällen ein weitergehendes Wahlrecht für Arbeiter, wie es zum Beispiel im Wahlkreis Westminster bestand, zugunsten des Prinzips zehn Pfund Grundrente wieder abgeschafft worden sei. So sehr diese Kritik im einzelnen berechtigt ist, so wenig trifft sie das gesamte Reformwerk. Wenn die Whigs statt eines einheitlichen Prinzips regionale Unterschiede zum Kern ihrer Reform gemacht hätten, wäre ihnen der Vorwurf der parteipolitischen Vorteilssuche nicht erspart geblieben. Nur dadurch, daß sie den nicht repräsentativen Wahlkreisen mit einem sauberen Schnitt ein Ende bereiteten, war die Reform populär und unangreifbar. Der größte Teil der Arbeiterschaft erhielt das Wahlrecht durch Disraelis Wahlrechtsreform im Jahre 1867, die auf den im Jahre 1832 gelegten Grundlagen weiterbaute. Der große Radikale John Bright urteilte später über Greys Reform: »Es war kein guter Entwurf, aber es war ein großes Gesetz, als es verabschiedet wurde.« Dies ist auch das Urteil der Geschichte.

Grey hatte die Revolution vermieden, die geschichtliche Aufgabe der Whigs erfüllt und Raum für neue gesellschaftliche Kräfte geschaffen. Es war das Ende einer Ära und doch gab es niemanden, der in der neuen Zeit schon führen konnte oder wollte. Die Whigs blieben – nach einem überwältigenden Wahlsieg im Jahre 1832 – noch fast zehn Jahre lang an der Macht. Sie schufen die Sklaverei ab, reformierten die indische Verwaltung, gaben Schottland eine kommunale Selbstverwaltung und begannen mit einer Sozialgesetzgebung, die die Arbeitszeit von Kindern einschränkte und Fabrikinspektoren als Kontrolleure einsetzte.

Als Lord John Russell die protestantische Staatskirche Irlands entstaatlichen wollte, brach das erste Reformministerium im Jahre 1834 auseinander.

Siebzig Jahre hat Lord Grey einer Sache gedient, die meiste Zeit davon in unfruchtbarer Opposition. Doch dadurch, daß er in schwieriger Zeit – als die englischen wie die europäischen Uhren anders gingen – der Sache der englischen Freiheit wie der Sache der Wahlrechtsreform treu blieb, hat er sich den Ehrentitel eines großen britischen Staatsmannes erworben. Grey hat den Stab weitergereicht; er hat dem englischen Liberalismus einhundert Lebensjahre geschenkt. Die liberalen Reformkabinette von Gladstone und Asquith am Ausgang des 19. und zu Beginn dieses Jahrhunderts wären ohne Lord Grey nicht denkbar gewesen.

William Lamb, Lord Melbourne
1779-1848

Wir leben in einer Zeit des Übergangs. Die parteipolitischen Strukturen verändern sich. Alte Parteien treten von der Bühne ab, neue
politische Kräfte formieren sich und repräsentieren neue Wertbe-
griffe.

Parteien sind Ausdruck gesellschaftlicher Kräfteverhältnisse
und gesellschaftspolitischer Wertvorstellungen. Wenn sie ihre
Aufgaben erfüllt haben und in einer sich wandelnden Welt keine
neuen Aufgaben finden, verschwinden sie.

Neue gesellschaftliche Kräfte drängen nach vorn, ohne daß
schon deutlich ist, ob ihre Wertvorstellungen von Dauer sein werden.

Eine solche Zeit des Übergangs benötigt geistige wie politische
Führung, gerade weil sie zu einer durchgreifenden inneren Erneuerung noch nicht fähig ist. Es herrscht ein gesellschaftspolitischer
Schwebezustand, der das neue gesellschaftliche Kräftegleichge-
wicht noch nicht erkennen läßt. Geistige Führung in einer solchen
Zeit hat mehrere Möglichkeiten: Die eine weist den Weg zur kraftvollen Innovation der politischen Institutionen wie der sie tragen-
den Wertvorstellungen. Eine solche Reformhaltung setzt die Überzeugung von der Richtigkeit bestimmter Ziele voraus. Eine zweite
Möglichkeit ist die bewußte Abwehr ebendieser Erneuerung und
das Festhalten am Tradierten, aus der Einsicht heraus, daß dieses
das Richtige ist.

Es gibt jedoch noch eine dritte Möglichkeit politischen Handelns. Sie besteht im Festhalten am Bestehenden, verbunden mit
einer großen Toleranz gegenüber dem Neuen. Sie versucht eine Polarisierung der Gesellschaft zu vermeiden in der Überzeugung, daß
das Tradierte zwar noch immer das Bessere ist, daß es aber zunehmend an Legitimation verliert und daher neue Überzeugungen
ernst genommen werden müssen.

Man könnte diese Haltung auch als konservativen Reformis-
mus bezeichnen. Politisches Handeln in Übergangszeiten ist immer noch und zuerst eine Frage der handelnden Persönlichkeiten.
Sie bestimmen das geistige Klima, in dem sich gesellschaftliche
Veränderungen vollziehen oder auch abgebrochen werden.

Ein Rückblick auf andere Übergangszeiten mit ganz ähnlichen

Problemen kann helfen, Maßstäbe für politisches Handeln heute zu finden.

Der Übergang vom 18. ins 19. Jahrhundert, von der aristokratischen Vorherrschaft zum bürgerlich-viktorianischen Zeitalter vollzog sich in England in den ersten dreißig Jahren des 19. Jahrhunderts. Dieser Übergang ging einher mit dem Zerfall der traditionellen Whig-Partei, die zu einem bestimmten Zeitpunkt ihre historische Aufgabe erfüllt hatte und deshalb anderen politischen Strömungen Platz machen mußte. Die Whigs waren im 18. Jahrhundert eine kuriose Mischung von freiheitsliebenden Aristokraten und konservativen Grundbesitzern, deren Selbstsicherheit aus der Überzeugung herrührte, daß ihre materielle Basis sicher und das Land ohne sie nicht zu regieren sei. Ihre politischen Prinzipien brachte Lord Grey im Jahre 1817 auf die Formel »das Parteiprinzip, das die Whigs auszeichnet, ist das Prinzip der Mäßigung und der Freiheit in Religion und Regierung, vollständige Toleranz oder besser, die Zurückweisung aller Intoleranz. Kurz: Keine Ungleichheit, die sich nicht zwingend aus der Notwendigkeit der Staatssicherheit ergibt.«

Die Whigs waren daher die Partei der katholischen Emanzipation, der religiösen Gleichberechtigung der Dissenter, sie waren die Partei der freien Rede und der freien Presse.

Die Whigs glaubten an geordnete Freiheit, niedrige Steuern und wenig Staat. Sie standen gegen Despotismus und Demokratie. Ihr freiheitliches Credo hatte jedoch kein Pendant in einem sozialen Gewissen.

Die Probleme des Industriezeitalters waren den Besitzern riesiger Ländereien fremd. Sie verstanden die Gesetze der Volkswirtschaft nicht, und sie interessierten sich auch nicht dafür. Dennoch war keine Gesellschaft dem Renaissanceideal der vollkommenen Persönlichkeit so nahe, wie die Whig-Aristokratie der letzten sechzig Jahre vor der Wahlrechtsreform. Von ihrem großen Idol Fox hatten sie die Freiheitsliebe, die Warmherzigkeit und die gelassene Natürlichkeit. Sie waren spontan und rückhaltlos offen, sie zeigten ihre Gefühle, sie liebten die Natur und die Menschen, und ihre großen Landhäuser waren Orte einer informellen und lauten Fröhlichkeit.

Erzogen ohne Pedanterie, gelassen und doch nicht nachlässig, gebildet, aber nicht affektiert, waren sie auf natürliche Weise zivilisiert. Und als das 19. Jahrhundert anbrach, gehörte die Whig-

Aristokratie für einen kurzen glücklichen Moment zwei Welten an:

Die klare rationale Welt des 18. Jahrhunderts wurde in das weiche Licht einer romantischen Morgendämmerung getaucht. »Vielleicht«, schreibt George Trevelyan, »hat sich keine Gesellschaft von Männern und Frauen seit Erschaffung der Welt so vieler verschiedener Seiten des Lebens mit so großer Begeisterung erfreut wie die englische Oberschicht dieser Zeit.«

Und Harold Nicolson, selbst ein später Nachfahre dieser Gesellschaft, schrieb: »Es macht mir Freude, daran zu denken, daß es, bevor das Zeitalter der bürgerlichen Wohlanständigkeit anbrach und die Himmel Englands verdunkelte, diesen Kreis von Menschen gab, die wie edles Damwild in der Sonne glänzten.«

Die Whigs waren Reformer aus Liebe zur Freiheit, obwohl ihre materiellen Interessen sie mehr und mehr auf die Seite der Reaktion trieben.

Doch auch die Tories waren zu dieser Zeit innerlich zerrissen. Neben den reaktionären Aristokraten, die eine Art gesellschaftliches Gegenbild der Whigs ohne deren Freiheitsliebe waren, standen die bürgerlichen Reformer, die bereits die Interessen der industriellen Mittelklasse im Auge hatten und für eine ferne Zukunft auch über wohlfahrtsstaatliche Reformen für den vierten Stand nachdachten, Gedanken, die den Whigs fremd waren.

Die Whigs gehörten der Vergangenheit an und waren dennoch eine Partei des Fortschritts. Sie standen für liberale Reformen und wollten den neuen sozialen Kräften der Mittelklasse den Weg zur Machtteilhabe freimachen, ohne daß sie mit dieser Mittelklasse etwas gemein hatten.

Sie gehörten einer anderen Kultur an, und diese Kultur hatte sie Toleranz und die Fähigkeit des Zuhörens gelehrt. Sie wußten im tiefsten Innern ihres Herzens, daß ihre Zeit zu Ende ging, aber sie wollten, anders als die konservativen Aristokraten, selbst die neue Zeit herauführen. Sie handelten gegen ihre materiellen Interessen, aus Einsicht in die Notwendigkeit, aber auch aus einer rational nicht zu erklärenden Anhänglichkeit an ihren großen Führer Fox, dessen Wirkung auf die englische Politik weit über seinen Tod im Jahre 1806 hinausreichte.

Als die Whigs im Jahre 1830 die Regierung übernahmen, war dieses blaublütige Reformkabinett in seiner Zusammensetzung sehr viel aristokratischer als seine konservativen Vorgänger. Nur ein solches Kabinett konnte ohne einen revolutionären Umsturz die aristokratische Vorherrschaft im Parlament brechen und die außerparlamentarische bürgerliche Opposition in das politische Leben des Landes integrieren. Nachdem diese Aufgabe gelöst war, war der historische Auftrag der Whigs erfüllt, ohne daß es zu ihnen schon eine Alternative gegeben hätte. Das Neue konnte sich entwickeln, aber es hatte sich noch nicht formiert. Die Umwandlung der beiden aristokratischen Klubs der Whigs und Tories in die bürgerlichen Parteien Gladstones und Peels hatten sich noch nicht vollzogen. Dennoch mußte das Land regiert werden, und die neuen Wähler wollten es nicht von einer Partei regiert sehen, die der Wahlrechtsreform so zähen Widerstand entgegengesetzt hatte.

In dieser Situation des Übergangs trat eine Persönlichkeit an die Spitze der Whigs, die selbst in einzigartiger und für das Land idealer Weise diesen politischen Schwebezustand verkörperte und die aufgrund ihrer Veranlagung wie ihrer Fähigkeiten England sicher durch diese schwierige Zeit führte.

William Lamb, nach dem Tode seines Vaters Lord Melbourne, gehörte nicht zu den großen Whig-Familien. Väterlicherseits stammte er aus dem Mittelstand, mütterlicherseits aus der englischen Gentry[12]. Daß er schon als Kind zu Füßen von Fox saß und in den Häusern der Whig-Aristokratie spielte, verdankte er seiner Mutter, die in einer für das 18. Jahrhundert typischen Weise die grande dame mit der politischen Vertrauten führender Männer der Zeit verband. Lady Melbourne wurde von vielen bewundert. Zu ihren größten Verehrern gehörte Byron, der ihr manche Verszeile gewidmet hat. Ein anderer ihrer Bewunderer war Lord Egremont, dessen Palast Petworth heute noch von seiner Leidenschaft für Turners Bilder zeugt. Daß Melbourne in seinen späteren Jahren Lord Egremont zum Verwechseln ähnlich sah, ist schon von boshaften Zeitgenossen nicht für zufällig gehalten worden.

In den Kinderzimmern von »Devonshire House«[13] lernte er auch Caroline Ponsonboy kennen, deren Mutter mit den großen Whig-Familien verschwistert und verschwägert war. Die Ehe mit ihr, bald belastet durch Carolines Verhältnis mit Byron, war eine der großen Skandalaffären des prüde werdenden 19. Jahrhunderts.

Seine hypersensible, intelligente, aber völlig unbalancierte Frau machte William Lamb zur öffentlichen Figur, noch ehe er eine Persönlichkeit des öffentlichen Lebens wurde. Für den heutigen Betrachter ist diese Beziehung nur deshalb von Bedeutung, weil sich hier bereits Lambs liebenswürdige Schwächen offenbaren, die seine Qualitäten als Parteiführer und Premierminister ausmachen sollten: Nachsichtige Toleranz gegenüber allen Verfehlungen, verbunden mit einem Mangel an Leidenschaftlichkeit, der es ihm unmöglich machte, seine egozentrisch-depressive Frau wirklich an sich zu binden. Lambs Haltung gründete auf dem pessimistischen Glauben, daß alle Menschen nicht nur fehlbar, sondern häufig unfähig und manchmal böswillig sind. Daher betrachtete er jeden Versuch, die Dinge zu ordnen, als nutzlos, da dies nur zu neuen Verwicklungen führen mußte. Es war die Lebensphilosophie des »Schwierigen«, ein aus Erfahrung und Einsicht gewonnener rationaler Pessimismus, der Melbournes Handeln im Persönlichen wie im Politischen bestimmte. So schwankte er auch in den Jahren vor der Reform-Bill zwischen einem rationalen Konservativismus und einer emotionalen Bindung an das Erbe von Fox. Der Sturz der Tories fand ihn im Jahre 1830 zwischen allen Stühlen, die große Wahlrechtsreform wollend und doch zugleich fürchtend. Im Reformkabinett Lord Greys wurde Melbourne Innenminister. Das Land stand 1830 am Rande einer Revolution. Zu den politischen Unruhen um die Wahlrechtsreform kam die wirtschaftliche Katastrophe zweier Mißernten. Verarmte Landarbeiter zerschlugen Maschinen und zündeten Höfe an. Die besitzenden Klassen wurden von Panik ergriffen und forderten den Einsatz des Militärs. Melbourne verstand die wirtschaftlichen Zusammenhänge nicht, doch er begriff, daß eine »militärische Lösung« der wirtschaftlichen Probleme Englands Freiheiten zerstören würde, und er widerstand diesem Ansinnen. Recht und Verfassung mußten aufrechterhalten werden. Sie waren der einzige Schutz gegen das Chaos wie gegen die Despotie.

So weigerte sich Melbourne auch standhaft, Polizeispitzel gegen die Landarbeiter einzusetzen, um nicht ein Klima der falschen Verdächtigungen und ungerechten Anklagen aufkommen zu lassen. Melbournes Haltung war von Erfolg gekrönt. Nach der Wahlrechtsreform klangen die Unruhen ab, ohne daß die Freiheitsrechte der Engländer wie in den Zeiten Pitts außer Kraft gesetzt worden wären.

Seine Einstellung gegenüber diesem Reformwerk war typisch für das innere Gespaltensein der Whigs. Von seiner Erziehung wie von seiner Herkunft her war er Aristokrat und das neue bürgerliche Zeitalter war ihm fremd. Seine Argumentation für die Öffnung des Parlaments war eine rein pragmatische. In einer großen Rede im House of Lords im Oktober 1831, die, wie die Zeitgenossen bemerkt haben, von »melancholischer Eloquenz« war, gab er offen zu, daß er in der Vergangenheit gegen diese Reform gewesen sei und dies gern weiter so gehalten hätte. »Doch wenn eine Institution nicht länger den Respekt des Landes genießt, muß sie verändert werden, und obgleich es unsere Pflicht sein kann, dem Willen des Volkes eine Zeitlang zu widerstehen, ist es nicht möglich, ihm auf Dauer zu widerstehen. ... Wenn die Wünsche des Volkes auf Vernunft und Gerechtigkeit gründen und wenn sie mit den grundlegenden Prinzipien der Verfassung übereinstimmen, dann müssen Gesetzgebung und Regierung dem Volkswillen nachgeben, oder sie werden vernichtet.«

Die parlamentarische Interessenlage der Whigs war nach dieser Reform sehr kompliziert. Die neue bürgerliche Klasse war konservativ, sie verfocht eine engherzige materielle Interessenpolitik. Für sie waren Fox und Grey Figuren der Vergangenheit, deren Ideale nicht die ihren waren. Für weitere Reformvorhaben war die Wählerbasis zu schmal, da sich die Zustimmung des Landes nicht in parlamentarische Unterstützung umsetzen ließ. So entstand eine seltsame Situation.

Die Whigs hatten keine Aufgabe mehr zu erfüllen und konnten doch die Regierung an niemanden abgeben, da niemand eine Mehrheit hatte. Sie galten als Garanten einer Reformpolitik, die sie gar nicht durchsetzen konnten und für die sie auch nicht vorbereitet waren. Sie mußten deshalb im Bündnis mit Kräften regieren, die ihnen wesensfremd waren und deren Ziele sie nicht gutheißen konnten.

Es gab keine Alternative zu ihnen, und doch wußte jeder, daß sie eine Partei ohne politische Zukunft waren.

Als in dieser Situation 1834 Lord Grey zurücktrat, war Melbourne sein natürlicher Nachfolger, denn er verkörperte dieses politische Spannungsverhältnis in seiner eigenen Person.

Die politische Philosophie Melbournes ist von seiner persönlichen Lebensphilosophie kaum zu trennen. Die persönliche Erfahrung hatte ihn gelehrt, daß die Welt hauptsächlich von Narrheit, Eitelkeit und Selbstsucht regiert wird, eine Einschätzung, die ihn gegenüber allem menschlichen Tun zu großer Toleranz neigen ließ.

Melbourne war Pessimist. Er glaubte nicht, daß es möglich sei, das Los der Menschen zu verbessern oder gar eine Gesellschaft nach vernünftigen Grundsätzen zu bauen. Vielmehr war er davon überzeugt, daß alle Versuche, Gutes zu tun, zumindest in der Politik nur den einen Erfolg hatten, die Dinge zu verschlimmern und neue Verwicklungen den alten Problemen hinzuzufügen. Doch dieser Pessimismus hatte ihn nicht zum Menschenfeind werden lassen. »Das schlimmste an der Gegenwart«, bemerkte er einmal zu einem Freund, »ist, daß die Menschen einander so verdammt hassen. Ich für meinen Teil liebe sie alle.«

Doch diese Liebe war die eines melancholischen Zynikers, der die Menschen weder bessern noch erziehen wollte. Er lehnte es ab, *Oliver Twist* zu lesen, da er davon überzeugt war, daß die Dickenssche Welt sich nicht ändern ließ. Aus dieser persönlichen Einstellung floß ein pragmatischer Konservativismus. Seine Prinzipien waren die von 1688: Unverantwortlichkeit der Krone und Verantwortlichkeit der Minister, Sicherung von Macht und Würde des Parlaments und Aufrechterhaltung von Recht und Gesetz. Diese Grundsätze waren die politische Erbschaft der alten Whig-Partei, doch sie reichten im 19. Jahrhundert nicht mehr aus, die industrielle Revolution zu steuern und ihre sozialen Schäden zu mildern.

Sein institutioneller Konservatismus verband sich mit großer religiöser Toleranz, die ihn zum Gegner der anglikanischen Kirche in Irland machte. Als durch und durch unabhängiger Geist verachtete er gleichermaßen religiöse wie politische Heuchelei.

Melbourne war der erste Premierminister, der es ablehnte, Parteigänger mit Ämtern zu versehen, wenn sie für diese Ämter ungeeignet waren. Seine Unabhängigkeit war mit Geld nicht zu kaufen und durch Orden nicht zu verführen.

Als ein schottischer Adliger den Distelorden haben wollte, verweigerte er dies mit der Begründung, daß er ihn nur essen würde. Und als ein hoch dekorierter englischer Aristokrat noch mehr Orden verlangte, war seine Antwort: »Mein Gott, will er einen Hosenbandorden für jedes Bein?«

Leere Symbole, unverdienter Rang und die darauf gegründete Arroganz waren dem Skeptiker zutiefst zuwider.

Seine Gelassenheit gegenüber dem politischen Treiben konnte bis zur Sorglosigkeit gehen. Am Ende einer dreistündigen Kabinettsitzung, die der Kornzollfrage galt, rief er plötzlich in den allgemeinen Aufbruch hinein: »Haben wir uns nun entschlossen, den Zoll zu erhöhen oder zu senken. Es ist ja eigentlich nicht besonders bedeutsam, nur wir sollten wenigstens alle das gleiche sagen.«

Es ist schwer zu entscheiden, inwieweit diese Haltung nur aristokratischer Nonchalance oder einem persönlichen Nihilismus entsprang. Sein Biograph Philip Ziegler kommt zu dem Urteil, daß Melbourne der gefährlichste aller Reaktionäre war: Ein intelligenter Skeptiker, der fähig war, die Kraft der gegnerischen Sache zu sehen und zu verstehen, und der ihr deshalb nicht mit blinder Feindschaft, sondern mit humorvoller und scharfzüngiger, jedoch in der Sache destruktiver Argumentation begegnete.

Melbourne hatte eine überragende Fähigkeit, hoffnungslose Dinge geschickt zu verteidigen. In jeder Situation sah er deutlich, welche Argumente für und welche gegen den jeweiligen Kurs sprachen, und da er alle für gleich unerfreulich hielt, beschloß er meistens, nichts zu tun.

Doch dieser Pessimismus im Hinblick auf die Gestaltungsmöglichkeiten der Politik ging einher mit der hellsichtigen Fähigkeit, im Gegner den Partner von morgen und nicht den Feind zu sehen. Melbourne grenzte seine politischen Gegner nicht aus. Er wußte, daß er sich in einer Übergangszeit befand und daß es darauf ankam, Staat und Gesellschaft möglichst unversehrt in das neue Zeitalter hinüberzuführen.

Er war nicht so sehr ein Mann des 18. Jahrhunderts, ein Überlebender aus einer großen Tradition, als vielmehr ein Mann des frühen 19. Jahrhunderts, der sich selbst weder dazu bringen konnte, das Neue mit voller Überzeugung anzunehmen noch das Alte mit voller Kraft zu bewahren.

Es war sein persönliches wie politisches Dilemma. Ein Dilemma, das er nicht zu lösen vermochte und das ihn gerade deshalb zu einer Persönlichkeit auf der Höhe seiner Zeit machte.

Es gibt keinen traurigeren Anblick als den eines großen Reformministeriums, das keine reformerischen Energien mehr in sich hat. Nur zwei liberale Reformvorhaben waren noch übriggeblieben – die englische Gemeindereform und die irische Kirchenreform. In beiden Fällen ging es nicht um soziale Fragen, sondern um eine Anpassung von Institutionen an das neue bürgerliche Zeitalter. Große englische Städte wurden noch immer vom »Lord of the manor« regiert, demokratische Stadträte gab es kaum, die Gemeindeverwaltungen wurden durch Kooption erneuert. Inkompetenz und Korruption waren die Folge. Die irische Kirche war eine Kirche ohne Gläubige. Kirchensteuern dienten der Erhaltung eines protestantischen Klerus, in dessen Kirchen oft nur ein oder zwei Gläubige den Gottesdienst besuchten. Hier Wandel zu schaffen war eine Aufgabe, die in der Foxschen Tradition lag.

Im übrigen sah er es als seine Aufgabe an, zusammen mit den bürgerlich-radikalen und irisch-katholischen Verbündeten der Whigs, das Land zu administrieren, bis neue Kräfte den Ring betreten konnten. Die Vorstellung, eine Gesellschaft zu gestalten und zu reformieren, war einem Mann wie Melbourne fremd.

Das konstitutionelle Gefäß der Gesellschaft mußte in Ordnung gehalten werden, die Gesellschaft selbst sollte sich frei und ohne staatliche Eingriffe entwickeln. Es war das traditionelle Whig-Ideal, das schon überständig war, denn die neuen Industriestädte Mittelenglands erforderten nicht nur Gemeindereformen, sondern auch soziale Reformen und eine soziale Gesetzgebung zum Schutz der Schwachen in der Gesellschaft. Doch die Zeit dafür war noch nicht gekommen. Das Neue war schon überall sichtbar, aber es hatte noch nicht genug Kraft, sich politisch zu artikulieren oder gar politische Macht auszuüben.

Als 1837 die 18jährige Königin Viktoria den Thron bestieg und das neue viktorianische Zeitalter einläutete, konnte Melbourne noch einmal für kurze Zeit all seine politischen Fähigkeiten wie seine charakterlichen Eigenschaften in den Dienst dieses Übergangs von einer Zeit in die andere stellen.

Die Beziehung zwischen Königin Viktoria und ihrem ersten Premierminister ist oft beschrieben worden. Sie wird meistens in zarten Pastellfarben als die Romanze eines weisen alten Staatsmannes gemalt, der in der neuen Königin eine Tochter fand, die er selbst nicht gehabt hatte. Daß in dieser Beziehung auch emotionale und intellektuelle Verführung eine Rolle gespielt hat, wird heute kaum noch bestritten. Die 18jährige Viktoria war völlig unerfahren, sie hatte keine Vorstellung von ihren Aufgaben und ihren Machtbefugnissen. Es bleibt Melbournes großes Verdienst, daß er, obwohl Parteipolitiker, die Erziehung der jungen Königin von allen parteipolitischen Vorurteilen freihielt. War der Monarch bis zu dieser Zeit noch in der Lage gewesen, einen von der Parlamentsmehrheit getragenen Premierminister abzulösen, wenn dieser ihm persönlich nicht paßte, so begann unter Königin Viktoria die Zeit des heute noch geübten Konstitutionalismus, in der der Monarch keinen Einfluß mehr auf die Auswahl der Parteiführer hat.

Melbourne vermochte es, die Königin allmählich aus ihren Vorurteilen zu lösen und ihr die Überzeugung zu vermitteln, daß die Wähler im Lande und nicht der Thron die Regierung des Landes zu bestimmen habe.

Er tat dies mit weiser Unvoreingenommenheit, so daß selbst seine parteipolitischen Gegner ihm hierbei Fairneß und Klugheit bescheinigt haben.

Er mußte die Königin mit allen ihm zu Gebote stehenden Verführungskünsten dazu bewegen, das Parteienspiel zu akzeptieren, und er mußte sie von Anfang an darauf vorbereiten, daß sie ihn eines Tages verlieren und durch den Führer der anderen Partei würde ersetzen müssen. Die Wahlen von 1837 und 1841 zeigten deutlich den Trend zum bürgerlichen Konservativismus.

Melbourne hatte diesen Wechsel vorbereitet. Er selbst wollte und konnte kein bürgerlicher Parteiführer sein. Mit seinem Rücktritt im Jahre 1841 zerfiel auch die alte traditionsreiche Whig-Partei, um erst in den sechziger Jahren des 19. Jahrhunderts als die neue liberale Partei Russells und Gladstones wiederzuerstehen.

Die großen aristokratischen Namen folgten bis auf wenige Ausnahmen ihren materiellen Interessen, die Bentincks, die Portlands, die Derbys und Carringtons wurden konservativ. Die idealistische Tradition von Fox hatte ihre Kraft eingebüßt.

Das Urteil über Melbourne wird immer ein zwiespältiges bleiben, je nachdem, wie man geistige Führung in einer Zeit des Übergangs versteht.

Während sein Biograph Philip Ziegler ihn letztlich negativ beurteilt und in ihm einen zynischen Opportunisten ohne politische Prinzipien sieht, der unter jenes berühmte biblische Verdikt fällt, daß die Lauen ausgespieen werden, kann man ihn auch wie David Cecil als die große integrierende Persönlichkeit sehen, die durch ihre persönlichen Eigenschaften, ihren Charme, ihre Liebenswürdigkeit, ihre Gelassenheit und ihre Toleranz Andersdenkenden gegenüber in einer Zeit, in der England leicht einer Revolution hätte zum Opfer fallen können, den Bruch vermieden und das Land in ein neues Zeitalter geführt hat.

Melbourne hat über geistige Führung nie gesprochen, wahrscheinlich hat er darüber nicht einmal nachgedacht. Doch hat er einige Jahre lang genau das Richtige getan. Er hat, obwohl auf einer Seite stehend, die andere nicht ausgegrenzt. Er hat, obwohl kulturell dem 18. Jahrhundert angehörend, dem 19. den Weg bereitet. Er hat eine Königin, die mit dem Bewußtsein der absoluten Monarchin den Thron bestieg, zu einer konstitutionellen Herrscherin erzogen, die England noch in das 20. Jahrhundert geführt hat.

Nicht Polarisierung, sondern Integration war Melbournes Ziel. Dazu mußte er, obwohl in der Tradition der Whigs stehend, über das Parteiinteresse hinauswachsen. Er wurde so, ohne es zu wollen, zur nationalen Figur. Wahrscheinlich ist es in einer Zeit des leeren Aktivismus, des unablässigen politischen Spiels auf der Bühne kaum vorstellbar, daß Führung auch im Abwarten bestehen kann.

Attentismus verbunden mit Toleranz kann eine richtige politische Haltung in einer Zeit sein, die ihrer selbst nicht sicher ist. Melbourne war die vollkommene Verkörperung von Hofmannsthals »Schwierigem« in der Politik.

Daß solche Persönlichkeiten heute in der Politik nicht mehr möglich sind, sagt sehr viel über die politische Kultur im demokratischen Massenzeitalter aus. Wir sollten den Verlust bedauern, ohne ihn zu beklagen.

Sir Robert Peel
1788-1850

Der Streit um Sir Robert Peel dauert noch immer an. Den einen
ist er der Begründer der modernen konservativen Partei Englands,
den anderen ist er der Zerstörer dieser Partei. Die einen feiern ihn
als den geistigen Vater jenes libertären middle-class-Konservati-
vismus, dem auch Margaret Thatcher anhängt, die anderen sehen
in ihm den Verräter konservativer Ideen, dessen Politik letztlich
die Vorherrschaft der Liberalen und ihres Führers Gladstone für
die zweite Hälfte des 19. Jahrhunderts begründet hat. Da sein Erbe
und Gegner in der konservativen Partei, Disraeli, auch die intellektuelle Geschichte dieser Partei geschrieben hat, hat sein Verdam-
mungsurteil über die Politik Peels lange Zeit Bestand gehabt,
obwohl gerade Disraeli schließlich den gleichen Weg wie sein großer Gegner gegangen ist. Auch Disraeli hat die traditionellen Institutionen des konservativen England – Krone, Kirche und Oberhaus – und die Vorherrschaft der landbesitzenden Aristokratie
durch ein Bündnis mit einer anderen Klasse abgesichert. Der Gegensatz zwischen Konservativismus à la Peel und Toryismus à la
Disraeli[14] ist deshalb weitgehend eine intellektuelle Spielerei.

Die moderne konservative Partei hat zwei Väter – Peel und Disraeli. Beiden verdankt sie, daß sie die Klassenauseinandersetzun-
gen im England des 19. Jahrhunderts überstanden hat und daß sie
die traditionellen Institutionen des Landes bis weit in das 20. Jahrhundert hinein abzustützen vermochte.

Beide haben ihren Ursprung in der Partei Pitts, in dessen Person
sich konservative, reformerische und reaktionäre Tendenzen
mischten. Doch je länger der Kampf mit Frankreich dauerte, desto
konservativer und innenpolitisch unbeweglicher wurde Pitt. Die
Französische Revolution verursachte nicht nur einen Bruch bei
den Whigs zwischen Burke auf der einen und Fox auf der anderen
Seite, sie verursachte auch eine – wenn auch weniger tiefgehende
– Spaltung der Freunde Pitts in reformwillige und reformunwillige
Konservative.

In den Jahren nach den napoleonischen Kriegen war diese Spal-
tung verdeckt durch jenen middle of the road-Konservativismus
Lord Liverpools, der es während seiner fast fünfzehnjährigen
Amtszeit als Premierminister verstand, beiden Spielarten des

Konservativismus, die man – fälschlicherweise – mit den Namen Castlereagh und Canning verbindet, Raum zu geben, ohne sich letztlich für eine Richtung zu entscheiden.

In diesen fünfzehn Jahren veränderte sich das Land von Grund auf. Während die politischen Persönlichkeiten ihre Erziehung noch im 18. Jahrhundert erhalten hatten, in dem England eine offene Aristokratie, gegründet auf Landbesitz und Ämterpatronage durch die Krone war, entwickelten sich zu Beginn des 19. Jahrhunderts im Zuge der industriellen Revolution eine industrielle Mittelklasse und eine Arbeiterklasse. Diese beiden neuen Klassen waren nicht mehr durch die alten feudalen Bande mit der Aristokratie verbunden; ihre wirtschaftliche und soziale Existenz richtete sich nach den Gesetzen des Marktes.

Beide Klassen forderten ihren Anteil an der Regierung des Landes, und die England zu Beginn des 19. Jahrhunderts beschäftigende Parlamentsreform war nur die konstitutionelle Umschreibung der Frage, wie man die neuen Schichten an den Regierungsgeschäften des Landes beteiligen sollte. Für eine nationale Partei gab es damals *drei* Möglichkeiten. Die Konservativen konnten sich zurückziehen auf die Vertretung der aristokratischen landwirtschaftlichen Interessen. Sie konnten sich der industriellen Revolution entgegenstellen und allmählich zu romantischen Emigranten im eigenen Land werden. Evelyn Waugh hat es noch im 20. Jahrhundert bedauert, daß die Konservativen diesen Weg nicht gegangen sind.

Die zweite Möglichkeit bestand in einem Bündnis mit den Mittelschichten und einer Art von Machtteilung zwischen landbesitzendem Adel und bürgerlichen Fabrikanten.

Die dritte Möglichkeit war ein Bündnis der Aristokratie mit der Arbeiterklasse gegen jene Mittelschichten, deren Denken in Soll und Haben und deren utilitaristische Philosophie dem politischen Romantiker Disraeli so zuwider waren wie Bismarck und Fontane in Preußen.

An diesem Scheideweg der konservativen Partei Englands steht die Figur Robert Peels.

Er war der Abkömmling von Baumwollspinnern aus Lancashire, der Vater und der Großvater hatten Fabriken in Nord- und Mittelengland, doch bereits der Vater hatte den Reichtum der Familie durch den Erwerb von Land aristokratisiert. Robert Peel war also Bürgersohn und Angehöriger des landbesitzenden Adels. Die

Familientradition der Peels bestimmte ihn zu einem Anhänger von
»Pitts Partei«. Harrow und Oxford, Eintritt ins Parlament und erste administrative Aufgaben vollzogen sich mit und unter »Pitts
Freunden«. Seine erste große Bewährungsprobe waren die sechs
Jahre als Minister für Irland, in denen er seine administrativen Fähigkeiten schulen konnte und dem von religiösen und sozialen Unruhen geschüttelten Land eine gewisse Stabilität verschaffte.

Allerdings – und dies sollte später für seine weitere Karriere fa-
tal werden – war und blieb er ein unbedingter Gegner der Emanzipation der Katholiken in Irland. Als Innenminister in der Regierung Liverpool schuf Peel die Londoner Polizei, deren Spitzname
»Bobby« auf seinen Vornamen zurückgeht. Nach dem Tode Liverpools im Jahre 1827 und dem kurz darauf folgenden Tode Cannings war Peel der natürliche Führer der Konservativen im Unterhaus.

Es war die erste große Krise seiner politischen Laufbahn. Denn
die Situation in Irland hatte die meisten der verantwortlichen Politiker Englands davon überzeugt, daß die von Pitt im Jahre 1800
versprochene Katholikenemanzipation, ohne die die Union mit Irland Stückwerk bleiben mußte, nun endlich durchgeführt werden
müsse. Peel war immer ein Gegner dieses Schrittes gewesen und
hätte konsequenterweise einer Regierung, die die Emanzipation
des katholischen Teils der irischen Bevölkerung zum Programm
erhob, nicht angehören dürfen. Daß er dennoch blieb, ja sogar das
Gesetz durch das Unterhaus brachte, ist ihm von seinen Gegnern
immer als ein Akt der politischen Untreue, des Verrats an Grundsätzen ausgelegt worden. Dieser Glaubwürdigkeitsverlust war
auch der Grund dafür, daß die konservative Partei ziellos in die
berühmte Reformkrise trieb.

Jeder vernünftige Mensch war davon überzeugt, daß das alte
Parlament mit seinen »rotten boroughs«, den Wahlflecken, die
von Grundbesitzern vergeben wurden oder in denen zehn Wähler
einen Parlamentsabgeordneten bestimmten, nicht zu halten sei.
Dies sah auch Peel, doch wollte er sich nicht ein zweites Mal dem
Vorwurf des Verrats aussetzen und eine Maßnahme durchführen,
die von den Grundbesitzern der Partei aus persönlichem Interesse
wie aus innerster Überzeugung abgelehnt wurde.

Die seit 25 Jahren von der Macht abgeschnittenen Whigs ergriffen die Chance und reformierten in durchaus vorsichtiger Weise
das Parlament. Für wenige Monate waren sie die nationale Partei

Englands, und die fälligen Neuwahlen verschafften ihnen in dem reformierten Parlament 320 Sitze; hinzu kamen 190 radikale und irische Abgeordnete. Diesem Block standen nur 150 Konservative gegenüber. Die alte konservative Partei war damit fast ausgelöscht, ein Neuaufbau unumgänglich geworden. Neuaufbau hieß zu allererst, die Partei für die neuen Wähler wählbar zu machen. Die Whigs verdankten ihren Triumph den bürgerlichen Mittelschichten, und es war daher nur konsequent, wenn Peel den Versuch unternahm, eben diese Mittelschichten für die konservative Partei zurückzugewinnen, denn sie bestimmten das intellektuelle Klima des Landes. Sie vertraten das, was man den Geist des Zeitalters nennt. Wettbewerb, staatliche Nichteinmischung, Handelsfreiheit und die protestantische Arbeitsethik kündigten das neue bürgerliche, das viktorianische Zeitalter an.

Sich diesem neuen Zeitgeist entgegenzustemmen in einer Zeit, in der er noch unverbraucht, in der die Ideale noch frisch, in der die negativen Folgen dieser Geisteshaltung noch nicht in das breite Bewußtsein gedrungen waren, wäre für eine politische Partei, die das Ziel hatte, die Regierung des Landes zu bilden, selbstmörderisch gewesen. Auch das Bündnis mit der neuen Arbeiterklasse war noch keine echte Alternative, da die Arbeiter nach der Wahlrechtsreform von 1832 keine Stimmen und damit auch keinen Einfluß besaßen.

»Tory democracy« erforderte eine weitere Wahlrechtsreform, wie sie dann 1867 Disraeli durchgeführt hat. Peel mußte mit den Tatsachen leben, und diese Tatsachen zwangen ihn zur Anpassung an das Bürgertum. Mit seinem »Tamworth Manifest« an die Wähler seines Wahlkreises Tamworth im Jahre 1834 vollzog er diese Anpassung. Den von der Inkompetenz der Whig-Regierung enttäuschten Mittelklassewählern versprach er die Aufrechterhaltung der neuen konstitutionellen Ordnung, eine gute Regierung, sparsame Finanzwirtschaft, die Berücksichtigung der landwirtschaftlichen industriellen und Handelsinteressen, die sorgfältige Überprüfung der bürgerlichen wie der kirchlichen Institutionen sowie die Korrektur erwiesener Mißbräuche und die Beseitigung wirklicher Übelstände. Es war ein Wahlmanifest der Allgemeinplätze ohne intellektuelle Perspektive. Die der konservativen Partei so wichtigen traditionellen Einrichtungen des Landes wurden kaum erwähnt. Disraeli hat diesem Wahlmanifest in seinem berühmten Roman *Coningsby* nicht zu Unrecht vorgeworfen, daß hier der Versuch gemacht worden sei, eine Partei ohne Prinzipien zu formen. Was, so fragt er in seinem Roman, will man eigentlich bewahren? Die Vorrechte der Krone, wenn sichergestellt ist, daß sie nicht ausgeübt werden, die Unabhängigkeit des House of Lords, wenn sichergestellt ist, daß die Lords sie nicht nutzen, die Kirche, wenn sichergestellt ist, daß sie von der Regierung gelenkt wird.

Tatsächlich hat Disraeli mit dieser Kritik einen Teil der britischen Verfassungswirklichkeit, wie sie sich im 19. Jahrhundert herausgebildet hat, beschrieben: Die traditionellen aristokratischen Institutionen behielten ihre Rechte, übten sie aber gegenüber der gewählten Volksvertretung nur mit äußerster Zurückhaltung aus. In der politischen Theorie mochte Disraeli recht haben, in der politischen Praxis erbrachte das neue Programm Peels der konservativen Partei im Jahre 1834 einen Zugewinn von 100 Mandaten und im Jahre 1841 den Sieg. Auch Peels Regierungspraxis von 1841 bis 1846 verfolgte diesen soliden, unaufregenden bürgerlichen Reformkurs, ohne die aristokratischen Interessen zu beeinträchtigen. Die Wiedereinführung der Einkommenssteuer stellte die Finanzen des Landes auf eine stabile Grundlage. Die Bank von England wurde zum Währungshüter des Landes. Mit einem neuen Fabrikgesetz wurden erste Auswüchse der frühindustriellen Ausbeutung beschnitten.

Alle diese Maßnahmen trugen dazu bei, die soziale Unruhe der Chartistenbewegung[15] allmählich verebben zu lassen und England in das ruhige Fahrwasser des mittelviktorianischen Gesellschaftskompromisses zu steuern. Wäre Peel an diesem Punkte seiner politischen Laufbahn zurückgetreten, so wäre er der Nachwelt als einer der großen konservativen Premierministr Englands in Erinnerung geblieben. Doch es gab eine Frage, an der seine auf die Ausbalancierung gesellschaftlicher Interessen gerichtete Politik scheitern mußte: der Freihandel.

Das bürgerliche England kämpfte für den Freihandel, damit England zur Werkstatt der Welt werden konnte. Die englische Aristokratie kämpfte für den Schutzzoll, um ihre wirtschaftliche Vormachtstellung zu erhalten. Beides war unvereinbar. Einen Kompromiß gab es hier nicht. Der Freihandel entsprach dem Geist des Zeitalters, die Schutzzollpolitik dem Geist der konservativen Partei.

Peel mußte sich entscheiden, und er entschied sich wieder einmal für den Zeitgeist und gegen die Partei. Das Ende ist schnell erzählt. Nachdem Peel im Jahre 1846 zur Beseitigung einer vermeintlichen Hungerkatastrophe in Irland die Kornzölle aufhob, verlor er zwei Drittel der konservativen Partei. Er konnte die Maßnahme nur mit Hilfe seiner politischen Gegner durchsetzen, die ihn bei der nächsten Abstimmung fallenließen.

Aus diesem Geschehen entspringt der Vorwurf des Verrats und der Zerstörung der konservativen Partei, die über Jahre hinweg in der Opposition blieb und – von kurzlebigen Regierungen abgesehen – erst im Jahre 1874 wieder eine Mehrheitsregierung unter Disraeli bilden konnte.

Es ist heute kaum noch nachvollziehbar, mit welcher Leidenschaft – ja mit welchem persönlichen Haß – die Auseinandersetzungen zwischen Peel und seinen konservativen Widersachern ausgetragen wurden, und doch konnte sich Peel darauf berufen, daß er mit dieser Tat im Interesse des landbesitzenden Adels handelte. Es war eine konservative Tat, da sie Klassenkampf und soziale Auseinandersetzungen verhinderte und der konservativen Partei das Odium purer Interessenvertretung nahm. Es ist immer schwer zu sagen, wie die Geschichte eines Landes verlaufen wäre, wenn in einer bestimmten Situation die verantwortlichen Politiker anders gehandelt hätten. Doch eines läßt sich sagen:

Der Freihandel führte entgegen den Erwartungen der konservativen Grundbesitzer nicht zum Niedergang der englischen Landwirtschaft. Im Gegenteil: Die englische Landwirtschaft ist noch heute die produktivste und gesündeste in Europa.

Wahrscheinlich hat Peel mit der Aufhebung des Kornzolls ebenso viel zur Verlängerung der Vorherrschaft der britischen Aristokratie beigetragen wie Disraeli mit seiner Wahlrechtsreform von 1867. Gerade weil dies auch schon damals von vielen Einsichtigen gesehen wurde, ist der Haß verwunderlich, mit dem Sir Robert Peel über das Grab hinaus von seiner Partei verfolgt wurde.

Er war ein fähiger Administrator, wahrscheinlich der beste Premier, den England je gehabt hat. In seinem Kabinett von 1842 saßen fünf zukünftige Premierminister. Er war ein glänzender Redner, und er beherrschte das Parlament wie nach ihm nur noch Gladstone. Und doch ist es ihm nicht gelungen, sich einen Platz im Herzen der konservativen Partei zu verschaffen. Arrogant und ungeduldig mit intellektuell unter ihm Stehenden, war er doch zugleich sensibel und vertrug Kritik nur schwer. Seine ganze Persönlichkeit hatte etwas Angestrengtes. Sein Vater soll ihn schon in der Wiege zum Premierminister bestimmt haben, und sein ganzes Leben machte den Eindruck, als ob er sich Mühe gegeben habe, diesem Anspruch gerecht zu werden.

Und noch etwas kommt hinzu: Peel entsprach in geradezu klassischer Weise dem Geist des viktorianischen Zeitalters. Er war der Premierminister der industriellen Revolution.

Wir haben uns heute angewöhnt, über die Viktorianer zu lächeln. Sie gelten als »angestaubt«. Das mag ungerecht sein, doch sein Erbe und Nachfolger, der Literat und politische Romantiker Disraeli hat die englische Politik mit jenem Hauch von Exotik und Fremdartigkeit durchweht, der ihn auch heute noch zu einer interessanten, ja fast liebenswerten Figur macht.

Peel teilt das Schicksal aller Viktorianer, nachdem dieses Zeitalter unwiderruflich zu Ende gegangen ist. Disraeli hingegen wird immer im Herzen seiner Partei einen Platz behalten.

Lord Palmerston
1784-1865

Als Lytton Strachey im Jahre 1918 sein Buch *Eminent Victorians* veröffentlichte, hatte der Erste Weltkrieg die Legende vom goldenen viktorianischen Zeitalter schon zerstört. Strachey vollzog literarisch nach, was im Granatenhagel auf den Schlachtfeldern Flanderns und Frankreichs vollendet worden war: die Zertrümmerung eherner Marmorstatuen, die sich als Gipsbüsten entpuppt hatten.

Heute, fast siebzig Jahre später, greift Margaret Thatcher wiederum auf das viktorianische Zeitalter zurück, um ihre Landsleute zu Fleiß und Sparsamkeit, zu Moral und Nationalstolz anzuhalten. Und noch gibt es nur wenige Warner, die, wie der frühere britische Premierminister Heath oder ihr vormaliger Außenminister Pym, hinter diesen viktorianischen Tugenden das häßliche Gesicht des Kapitalismus und die insulare Arroganz einer untergegangenen Welt sehen. Nostalgie ist das vorherrschende Lebensgefühl, zumal sich im Falklandkonflikt »Viktorianisches« so großartig bewährt hat.

Was ist, was war aber nun viktorianische Politik? In diesem Jahr jährt sich zum 205. Male der Geburtstag eines Mannes, der wie kein anderer als Repräsentant der viktorianischen Epoche gelten kann. Henry John Temple, Viscount Palmerston stand im Einklang mit seiner Zeit. Er war der große Staatsmann des mitviktorianischen England, der Held des liberalen Europa, Champion der Freiheit und der Schrecken der reaktionären Höfe. Auf dem europäischen Kontinent sangen damals die Schulkinder: »Hat der Teufel einen Sohn, ist es sicher Palmerston.« Und als er schon achtzig war, antwortete Bismarck dem jungen Holstein auf die Frage, was er für seine Berühmtheit tun könne: »Bringen Sie Palmerston um.«

Als Palmerston geboren wurde, erinnerten sich die ältesten seiner Pächter noch an die Proklamation von William und Mary im Jahre 1688. Als er 1865 starb, erlebten Kinder sein Staatsbegräbnis in der Westminsterabtei mit, die die Ankündigung der totalen Kapitulation des Deutschen Reiches durch Churchill im Jahre 1945 erleben sollten.

Im Jahre seiner Geburt zählte Großbritannien 9 Millionen Einwohner, von denen über 80% in der Landwirtschaft arbeiteten.

Bei seinem Tode waren es 25 Millionen, von denen fast 60% in Städten lebten und in der Industrie arbeiteten. Nichts verdeutlicht eindringlicher den Wandel, den Großbritannien zu Lebzeiten Palmerston durchmachte.

Der Sproß aus altem Landadel begann seine politische Karriere als Kriegsminister einer konservativen, ja reaktionären Regierung. Er beendete seine Laufbahn an der Spitze des ersten »radikalen« englischen Kabinetts und als Führer der Liberalen. 35 Jahre lang, von 1830 bis 1865, bestimmte er mit kurzen Unterbrechungen die britische Außenpolitik, davon fast 10 Jahre als Premierminister. Zweimal in seiner Laufbahn appellierte er – ein ungeheuerlicher Vorgang – gegen das Parlament an die Öffentlichkeit und gewann. Beide Male waren Recht und Moral nicht auf seiner Seite. Ein drittes Mal wurde er von der ihn hassenden Königin Viktoria gestürzt, obwohl er in der Sache recht hatte.

Das Zeitalter Palmerstons war, verglichen mit unserem Jahrhundert, eine Zeit verhältnismäßiger außen- und innenpolitischer Ruhe. Eine Ausnahme bildete nur das Jahr 1848. Kriege gab es nur an den Rändern Europas, auf der Krim, in den Vereinigten Staaten und in Schleswig-Holstein.

Die großen außenpolitischen Krisen der damaligen Zeit wecken heute kaum noch Interesse, obwohl sie viel dazu beigetragen haben, die Konstellation von 1914 vorzubereiten: die Entstehung Belgiens, die Orientkrise im Jahre 1839/40, die Revolutionen auf der iberischen Halbinsel, der Krimkrieg, der amerikanische Bürgerkrieg und schließlich die Schleswig-Holstein-Frage. Dennoch hat Palmerston bis heute seinen Ruf als geschickter Diplomat und bedeutender Staatsmann gewahrt. Und während seine Zeitgenossen, wie Russell und Aberdeen, dem Vergessen anheim gefallen sind, ist Palmerstons Ruhm noch immer ungebrochen.

Dies verblüfft um so mehr, als er die Ereignisse kaum je lenken und nur in wenigen Fällen entscheidend beeinflussen konnte: Belgien verdankt ihm seine Entstehung und seine immerwährende Neutralität, in der Orientkrise von 1840 bewahrte er die Türkei vor dem Zerfall, und am Ende des Krimkrieges setzte er die Entmilitarisierung des Schwarzen Meeres durch.

Doch diese Erfolge reichen nicht aus, um seinen Nachruhm zu erklären. Der Wahrheit dicht auf der Spur ist der konservative Tagebuchschreiber Greville, der Palmerston haßte und doch mit einer gewissen Anerkennung unter dem 4. März 1850 in seinem Tagebuch vermerkt: »Diplomatie war eine Sache der Dynastien. Palmerston erkannte die Völker an.« Instinktiv begriff dieser Aristokrat die wichtigste Entwicklung des 19. Jahrhunderts – die Nationalisierung der Massen, und er nutzte sie.

Wo Grillparzer resignierend den Satz niederschrieb: »Von der Humanität über die Nationalität zur Bestialität«, machte Palmerston mit seinem gesunden Selbstbewußtsein Politik. Er schwamm auf den zwei großen Strömungen des Jahrhunderts, dem Liberalismus und dem Nationalismus, und indem er sich diesen Strömungen anbequemte, wurde er zum Idol des englischen Mittelstandes und der national gesinnten Arbeiterschaft.

Doch während er dem Liberalismus nur Lippenbekenntnisse zollte, die ihn nichts kosteten, aber in ganz Europa zu dem Mann machten, an dem sich die Geister schieden, erfand er zur Durchsetzung seiner nationalistischen und imperialistischen Ziele die Kanonenboot-Diplomatie.

Ihre Grundsätze hatte er sehr früh, im Jahre 1808, bei der Debatte um die Beschießung Kopenhagens verkündet: Das Völkerrecht soll in den internationalen Beziehungen beachtet werden, aber nur so lange, wie es nicht mit den britischen Lebensinteressen in Konflikt kommt. Und zu einem späteren Zeitpunkt sagte er einmal im Unterhaus: »Wir haben keine dauerhaften Alliierten, und wir haben keine dauerhaften Feinde. Wir haben nur dauerhafte Interessen, und ihnen zu dienen ist unsere Pflicht.«

Wenn man diese Interessen analysiert, so stellt sich sehr schnell heraus, daß es für Palmerston nur ein wirkliches Interesse gab – den ungehinderten britischen Handel. Wer ihm widerstrebte, konnte sich nicht auf das internationale Recht berufen, dafür konnte er sich um so mehr auf die Treffsicherheit der britischen Schiffsgeschütze verlassen. Zwei Beispiele seien hier angeführt aus einer langen Reihe von heute fast unvorstellbaren außenpolitischen Ungeheuerlichkeiten.

Das erste Beispiel ist die Behandlung Chinas, ein Thema, an das sich Margaret Thatcher beim Blick auf die Zukunft Hongkongs manchmal erinnern mag. Dreimal kam Palmerston in Konflikt mit dem Reich der Mitte. Die Auslöser waren oft trivial. Ein britischer Geschäftsmann hatte sich über den Lärm einer chinesischen Handsäge oder eines chinesischen Fruchtverkäufers geärgert, verprügelte ihn auf offener Straße und wurde dann entsprechend den Gesetzen des Landes dafür bestraft.

Doch hinter diesen Anlässen standen vitale britische Interessen. England bezahlte seinen Teeimport mit Opium, dessen fürchterliche Wirkung die überständige chinesische Gesellschaft noch zusätzlich demoralisierte. Nachdem der Kaiser von China deshalb die Unterdrückung des Opiumhandels zu seiner Politik gemacht hatte, beschlagnahmten die chinesischen Behörden in Kanton gewaltige Mengen geschmuggelten Opiums. Außerdem wiesen sie einen notorischen britischen Opiumhändler und Schmuggler aus. Dies war Kriegsgrund genug. Die englische Flotte blockierte chinesische Häfen, zerstörte chinesische Schiffe und beschoß chinesische Städte. Der große Historiker Macaulay erklärte im britischen Parlament, daß die Chinesen bei ihrem Versuch, die Übel des Opiums zu unterdrücken, ein sehr viel schwereres Übel begangen hätten, nämlich die Verletzung britischen Privateigentums und die Behinderung des freien Handels.

China konnte sich gegen die englische Übermacht nicht wehren. Im August 1842 mußte es im Friedensvertrag von Nanking allen Kompensationsforderungen nachgeben. China mußte außerdem für die Kosten des gesamten Krieges aufkommen, d. h. es mußte auch die Munition bezahlen, mit der chinesische Städte beschossen worden waren.

1856 kam es erneut zu Auseinandersetzungen. Noch immer war der Opiumhandel in China nicht legalisiert, und gelehrte schottische Doktoren überschütteten Palmerston mit Denkschriften, in denen nachgewiesen wurde, daß Opium viel weniger schädlich sei als Alkohol und er deshalb in Peking auf die Legalisierung des Opiumhandels drängen solle.

Im übrigen bedienten sich britische Kaufleute chinesischer Piraten. Eines dieser Schiffe wurde 1856 unter britischer Flagge von chinesischen Behörden aufgebracht, die Schmuggler und Piraten vor Gericht gestellt. Obwohl das Schiff nicht mehr als britisches registriert war, nahm Palmerston diesen Vorfall zum Anlaß, Kanton in Schutt und Asche zu legen. Der Opiumhandel wurde legalisiert.

Als sich 1858 die Chinesen weigerten, britische Gesandte zu empfangen, schickte er gleich eine ganze Armee, die Peking einnahm und den Sommerpalast des Kaisers niederbrannte. Palmerston war sehr erfreut über diesen Akt der Barbarei, und er schrieb in einem Brief, »daß die Schwärze der Asche deutlich machen soll, wo er gestanden hat«.

Wie die Behandlung des »barbarischen Chinas«, so auch die des christlichen Griechenland. Als einem in Gibraltar geborenen portugiesischen Juden namens Don Pacifico bei Unruhen in Athen Haus und Mobiliar zerstört wurden, schickte Palmerston 1850 die Flotte in den Hafen von Piräus. Der Hafen wurde blockiert, griechische Schiffe aufgebracht, der Kriegszustand erklärt. Palmerston forderte eine Wiedergutmachung, die weit über das hinausging, was Don Pacifico bei den Unruhen verloren hatte. Die Griechen mußten nachgeben und die britische Flotte feierte einen großen Triumph gegenüber einem wehrlosen Land.

Zur Ehrenrettung Englands muß gesagt werden, daß nicht alle Engländer so dachten wie Palmerston. Doch es muß zugleich hinzugefügt werden: Die Mehrheit stimmte Palmerston zu. Palmerstons Chinapolitik führte zu einer schweren Auseinandersetzung im englischen Unterhaus, bei der die radikalen Freihändler Cobden und Bright an der Seite der Konservativen Derby und Disraeli den Zynismus und die moralische Verwerflichkeit dieser Politik anprangerten. Das Unterhaus sprach Palmerston sein Mißtrauen aus. Er appellierte an das Land und gewann die Wahl.

Auch seine Politik gegenüber Griechenland wurde im britischen Parlament heftig kritisiert. Das Oberhaus sprach unter konservativer Führung Palmerston sein Mißtrauen aus, doch dieser appellierte in einer berühmt gewordenen leidenschaftlichen fünfstündigen Rede im Unterhaus an die Instinkte des Nationalismus, und er wurde am Ende der Debatte von seinen Anhängern begeistert gefeiert.

Diese Rede ist als Civis-romanus-sum-Rede in die englische Geschichte eingegangen, denn Palmerston schloß mit den berühmten Worten, daß jeder britische Untertan wie in den Tagen Roms sagen können soll: Ich bin ein römischer Bürger. Und wo immer er sich befindet, soll er sicher sein, daß das wachsame Auge und der starke Arm Englands ihn vor jedem Angriff und jeder Ungerechtigkeit schützen werden.

Palmerston hatte den Ton der Zeit getroffen, einer Zeit, in der die europäischen Staaten damit begannen, die Welt unter sich aufzuteilen, um dann im Ersten Weltkrieg beim Kampf um diese Aufteilung das alte Europa endgültig zu zerstören.

Palmerston mußte mit dieser Politik in einem Klima Erfolg haben, in dem die respektable *Times* nach dem Aufstand in Indien 1857 unwidersprochen schreiben konnte:

»Jeder Baum und jeder Dachsparren an diesem Ort (Delhi) sollen das Skelett eines Aufständischen tragen.«

Es entsprach dieser Arroganz der Macht, daß der britische Außenminister Palmerston den achtzigjährigen Botschafter Frankreichs, Talleyrand, zwei Stunden in seinem Vorzimmer warten ließ und, auf diese Unhöflichkeit angesprochen, kühl bemerkte, daß Talleyrand schließlich nichts anderes zu tun habe, als hier seinen Geschäften nachzugehen.

Es war die gleiche Arroganz, die ihn veranlaßte, einen Mann als Botschafter nach St. Petersburg zu senden, von dem er wußte, daß der Zar ihn niemals empfangen würde.

Es war die gleiche Arroganz, die ihn veranlaßte, nach dem Besuch des österreichischen Generals Haynau, der sich bei der Niederschlagung der 48er Revolution einen schlechten Namen gemacht hatte und der in England verprügelt worden war, eine öffentliche Entschuldigung abzulehnen und statt dessen zu schreiben:

»Die Bierkutscher sind zu tadeln wegen der Art und Weise, wie sie vorgingen. Statt Haynau zu schlagen, hätten sie ihn auf einem Bettuch des öfteren in die Höhe schleudern, dann ordentlich in der Gosse wälzen und schließlich in einer Droschke heimschicken sollen, nicht ohne vorher den Fahrpreis bis zum Hotel entrichtet zu haben.« Man bedenke, es war der Außenminister ihrer britannischen Majestät, der dies schrieb. Übrigens wurde Haynau des gleichen Verbrechens – des Auspeitschens und des Erschießens von Aufständischen – angeklagt, das Palmerston in Indien und auf den Ionischen Inseln selbst angeordnet hatte.

Es war die gleiche Arroganz der Macht, die ihn an den britischen Gesandten in Neapel, der sich über eine die Theaterlogen betreffende Anordnung des Polizeiministers beschwerte, schreiben ließ:
»Ich würde an Ihrer Stelle das Ansinnen erst erheben, nachdem unser Geschwader in der Bucht von Neapel gegenüber dem königlichen Palast Anker geworfen und die Gesandtschaft an Bord genommen hat. Dann würde ich ein Boot an den Strand senden mit der Forderung, daß binnen zwei Stunden der König seine Antwort senden müsse, des Inhalts, daß Massa entlassen sei; eine halbe Stunde gerechnet für die Laufzeit des Briefes, eine andere halbe Stunde als Laufzeit für die Antwort und eine volle Stunde für die Abfassung des Briefes. Vergeht die Zeit ohne genügende Antwort, so muß der Palast zusammengeschossen und das Bombardement fortgesetzt werden.«

Der Polizeiminister Massa wurde entlassen.

Es war die gleiche Arroganz der Macht, die ihn im britischen Unterhaus die Kritiker einer solchen Politik als Agenten des Auslands, ja als Feinde Englands anprangern ließ. In seinen Mitteln war Palmerston nie wählerisch. Bei den berühmten Chinawahlen 1857 erklärte er in einer offiziellen Rede vor dem Lord Mayor von London und dem Diplomatischen Corps, daß die Konservativen so prochinesisch seien, daß es eigentlich logisch sei, wenn sie das Geld vorstreckten, das von einem chinesischen Gouverneur auf die Köpfe von Engländern ausgesetzt worden sei.

Dabei war Palmerston selbst keineswegs konsequent. Sobald er auf einen Stärkeren traf, konnte sich der britische Bürger nicht darauf verlassen, daß das Völkerrecht zu seinen Gunsten gebrochen wurde.

Im amerikanischen Bürgerkrieg hatten die Nordstaaten sowohl britische Schiffe aufgebracht wie auch einen britischen Seemann getötet. Palmerston reagierte nicht, obwohl ihm der konservative Unterhausabgeordnete Lord John Manners vorhielt, daß man wohl nun an den Beerdigungsfeierlichkeiten und der endgültigen Zugrabetragung des Civis romanus teilnehme. Sein Kabinettskollege Sidney Herbert stellte zu Recht einmal fest, »Palmerston kann nie der Versuchung widerstehen, denen, die er nicht fürchtet, mit den Fäusten zu drohen. Nehmen sie den Kampf an, rennt er weg.«

Offiziell las sich diese Politik allerdings anders. Geradezu klassisch geworden ist eine Depesche über die Beziehungen zu Japan aus dem Jahre 1864: »Ich denke, daß unsere Beziehungen zu Japan durch die üblichen und unvermeidlichen Stadien der Beziehungen zwischen starken und zivilisierten Nationen mit schwächeren und weniger zivilisierten gehen. Zuerst – Handelsabkommen, danach Bruch des Abkommens, allgemeine Empörung – Wiedergutmachung wird gefordert und verweigert. Die Reparation wird gewaltsam erzwungen. Danach tritt Ruhe ein – erneute Versuche, die Abkommen zu brechen. Danach erfolgreicher Einsatz der überlegenen britischen Macht und schließlich friedlicher Handel, vorteilhaft für beide Parteien. Wir sind durch all diese Stadien mit China gegangen. Wir sind gerade auf dem halben Wege mit Japan.«

So eindeutig und klar sein Verhalten war, wenn die Interessen Englands auf dem Spiel standen, so zweideutig war es gegenüber den liberalen Bewegungen, obwohl gerade sie seinen Nachruhm auf dem europäischen Kontinent begründet haben.

Auch hier hatte er seine Grundsätze früh formuliert. In seiner ersten großen außenpolitischen Rede über Portugal im Jahre 1829 forderte er die Regierung auf, sich mit konstitutionellen Staaten gegen reaktionäre Autokraten zu verbünden. Und wenige Monate später begrüßte er die Julirevolution in Frankreich mit den Worten: »Wir werden der Sache des Liberalismus überall in der Welt zutrinken.«

In einer offiziellen Depesche liest sich das so: »Ich betrachte konstitutionelle Staaten als die natürlichen Verbündeten dieses Landes, und wer immer die Geschicke dieses Landes lenkt, wird seine Pflicht darin sehen, die Interessen dieser Staaten nicht zu vernachlässigen.«

Tatsächlich hat sich Palmerston fast immer anders verhalten. Als die Polen 1831 die zaristische Herrschaft abschütteln wollten, weigerte er sich, Vertreter der Aufständischen zu empfangen. Ja, schlimmer noch: Als der Aufstand zusammengebrochen war, versuchte er alles in seiner Macht Stehende zu tun, die polnischen Flüchtlinge von England fernzuhalten. Zwar hatten England und Frankreich mit den konstitutionellen Regierungen Spaniens und Portugals 1834 die berühmte Quadrupel-Allianz geschlossen, Hilfe ließ er diesen Regierungen jedoch in ihren Auseinandersetzungen mit reaktionären Thronprätendenten nicht zukommen. Das gleiche wiederholte sich in der Revolution von 1848. Palmerston hatte nicht die geringsten Sympathien für den Kampf der Deutschen, Österreicher und Ungarn für Einheit und Freiheit, was zu ihrem Leidwesen besonders die Schleswig-Holsteiner erfahren mußten. Vielmehr betrachtete er die Unverletzlichkeit des österreichischen Kaiserreiches als ein Hauptziel der britischen Politik. Als der große Liberale entpuppte er sich erst, als Rußland die Auslieferung der in die Türkei übergetretenen ungarischen und polnischen Aufständischen verlangte. Diesem Begehren trat er entschlossen entgegen, nicht aus liberaler Überzeugung, sondern aus Furcht vor dem wachsenden Einfluß Rußlands in der Türkei. So blieb es den Zeitgenossen auch völlig unverständlich, weshalb er die Österreicher zwingen wollte, die Lombardei der italienischen Einigung zu opfern, Venetien hingegen bei Österreich verbleiben sollte. Diese Logik, die Palmerston auch noch mit den Grausamkeiten der Österreicher in Italien, Galizien und Ungarn begründete, leuchtete so wenig ein, daß der österreichische Staatskanzler, Fürst

Schwarzenberg, den edlen Lord an die Grausamkeiten Englands in Irland erinnern konnte und in einem Brief süffisant schrieb:

»Wir haben niemals unseren Rat bezüglich der Zustände in Irland gegeben, und ich muß freimütig gestehen, daß ich der ewigen Belehrungen müde bin, dieses Tones, einmal herablassend und pedantisch, einmal beleidigend und jedenfalls immer unerträglich, und wir haben uns entschlossen, das nicht länger hinzunehmen.«

Die österreichische Politik öffentlich der Grausamkeit zu zeihen, war allerdings erstaunlich bei einem Mann, der Griechen auf den Ionischen Inseln auspeitschen und Aufständische in Indien ohne Gerichtsurteil wahllos exekutieren ließ und der auch ganz persönlich nicht gerade ein Mann von großer Humanität war.

Im Herbst des Jahres 1847 trafen neun Schiffe in der Bucht von Quebec ein, die 2000 ehemalige Pächter von den irischen Gütern Lord Palmerstons an Bord hatten. Er hatte sie zur Auswanderung veranlaßt, um den »Menschenüberschuß« auf seinen irischen Besitzungen zu verringern. Die Passagiere kamen in Kanada, bar aller Mittel, teilweise sogar ohne Kleidung an. Auf einem der Schiffe, das am 30. Oktober in Quebec einlief, waren 107 von Palmerstons ehemaligen Pächtern am Fieber gestorben, und von den 477, die überlebt hatten, waren 174 fast nackt. Die Einwohner von Quebec mußten sie mit Kleidern versorgen, damit sie das Schiff verlassen konnten.

Der Mann, der sich in seinem Salon von Chartistenführern mit Sesseln die Arbeit an einer Spinnmaschine nachstellen ließ, da er nicht glauben konnte, daß Kinderarbeit wirklich so furchtbar sei, wie sie von Charles Dickens dargestellt wurde, war für eine Armenhausgesetzgebung mitverantwortlich, die dafür sorgte, daß der Aufenthalt in den englischen Armenhäusern der Gipfel der Trostlosigkeit war.

Bier und Tabak waren verboten, die Frauen waren von ihren Männern und Kindern getrennt, Geschenke waren nicht erlaubt, und in vielen Fällen war es sogar verboten, am Sonntag in die Kirche zu gehen, weil diese Abwechslung die Monotonie der Armenhausexistenz unterbrechen und damit den abschreckenden Charakter mindern würde.

Es ist kein Wunder, daß der österreichische Staatskanzler Schwarzenberg die Heuchelei des britischen Premierministers nur schwer ertragen konnte. Es war die nämliche Heuchelei, die ihn zwar leidenschaftlich für die Abschaffung des Sklavenhandels eintreten, ihn zugleich aber die Südstaaten im Amerikanischen Bürgerkrieg unterstützen ließ. Im Englischen hat man dafür das Wort »cant«, das mit Scheinheiligkeit nur ungenau übersetzt ist.

Als Palmerston im Jahre 1865 starb, schrieb die *Kölnische Zeitung:* »Wenn irgend jemand in Zukunft die Absicht hat, das Porträt des englischen Staatsmannes zu skizzieren, sollte er versuchen, die Geschichte Lord Palmerstons zu schreiben. Selbst wenn England fortfährt, seine Zivilisation und seinen Reichtum zu vergrößern, wird es nicht für lange seine führende Position in der Welt behalten, und es mag sein, daß in zukünftigen Zeiten der Name Palmerstons gleichbedeutend mit Englands größtem Ruhm sein wird. Eine Generation wird es der anderen weitergeben: Wir alle sind stolz auf ihn.«

Zwanzig Jahre später fragte der alte Freihändler und Liberale John Bright den jungen Lord Rosebery, als er Außenminister in Gladstones Regierung wurde, ob er die Tagebücher Grevilles über Palmerstons Amtsführung im Auswärtigen Amt gelesen habe. Als Rosebery das bejahte, antwortete Bright: »Dann wissen Sie, was Sie zu vermeiden haben. Tun Sie das genaue Gegenteil von dem, was er getan hat. Seine Amtsführung im Auswärtigen Amt war ein einziges langes Verbrechen.«

Große Männer und viktorianische Grundsätze taugen eben nur sehr beschränkt als Vorbild.

William Ewart Gladstone
1809-1898

Es ist nicht schwer, heute über William Ewart Gladstone zu lächeln und ihn der Selbstgerechtigkeit, der Heuchelei und des rhetorischen Prunks zu zeihen.

Muß es nicht Heuchelei sein, wenn ein Politiker über einen Gegner in sein Tagebuch schreibt: »Gott ist mein Zeuge, ich habe nicht den Wunsch, ihm Schmerz zu bereiten. Ich habe wirklich das vollste Verständnis für seine große Begabung und möchte nur beten, daß er sie gut anwendet.«

Können wir es heute noch ertragen, wenn ein Mann, der das höchste Staatsamt errungen hat, hierzu notiert: »Der Allmächtige scheint mich zu erhalten und mich für einen besonderen Zweck aufzusparen, tief unwürdig wie ich mich weiß. Ruhm seinem Namen.« Unsere Zeit ist solchen Anrufungen des Höchsten nicht günstig, und wenn der so Formulierende ein ehrgeiziger Parteipolitiker ist, hat er kaum eine Chance, dem Vorwurf der Heuchelei zu entgehen. Denn wir sind gewohnt zu fragen: Was verbirgt sich hinter solchen Floskeln, welche Interessen, welcher Klassenstandpunkt hüllt sich in diesen Mantel christlicher Rhetorik?

Moral in der Politik hat keine Konjunktur, da die vielen moralisch anfechtbar handelnden Politiker die öffentliche Meinung in der Überzeugung bestärkt haben, daß es Moral in der Politik nicht gibt.

Gladstone war schon in seiner Zeit eine Ausnahmeerscheinung, ein Gesinnungspolitiker unter lauter Interessenpolitikern, ein Moralist unter vielen Zynikern.

Die beiden großen Antriebe Gladstones waren eine tiefe, echte Frömmigkeit und ein unbezähmbarer Drang, die Welt zu verbessern. Um politisch erfolgreich handeln zu können, mußte sich Gladstone allerdings auf die Welt einlassen, wie sie nun einmal war. Er mußte Kompromisse schließen und auf die Interessen seiner Anhänger Rücksicht nehmen. Um das Gute durchzusetzen, wie er es sah, konnte er sich nicht oft eine Haltung kompromißloser Konsequenz leisten, wie sie in der berühmt gewordenen Antwort an einen unzufriedenen Anhänger zum Ausdruck kommt:

»Ich hoffe, mein sehr verehrter Freund, der Abgeordnete für Tilbury wird die Regierung nicht einen Tag länger unterstützen, als es sich mit seinem Rechts- und Pflichtgefühl verträgt.« So konnten seine Kritiker mit Karl Marx spötteln: »Gladstone hat viel Gewissen in die Diplomatie gebracht, aber auch viel Diplomatie in das Gewissen.«

Der Gesinnungspolitiker begegnet in Deutschland besonderem Mißtrauen, und es ist dafür typisch, daß die beiden gegensätzlichen Repräsentanten deutscher Politik im späten 19. Jahrhundert – Bismarck und Karl Marx – sich in der Verachtung für Gladstone einig waren. Erst recht seit Max Webers gefährlicher Unterscheidung zwischen Gesinnungs- und Verantwortungsethik sind deutsche Politiker nur allzugern bereit, ihrem nackten Machiavellismus den schillernden Begriff der Verantwortungsethik umzuhängen. Gladstone hat es – zumindest in der Theorie – immer abgelehnt, mit den Begriffen gut und schlecht Hokuspokus zu treiben. Für ihn wurden moralisch minderwertige Handlungen nicht durch sogenannte geschichtliche Aufgaben oder staatspolitische Notwendigkeiten entschuldigt. Er war – zumindest in der Theorie – auch nicht bereit, bedenkliche Mittel zur Erreichung richtiger Ziele einzusetzen. Die Prinzipien der öffentlichen Moral waren für ihn ebenso bestimmt, wie die der privaten Moral. Gladstone hat in seinem politischen Leben mehrmals das getan, was die Verantwortungsethiker seit Max Weber am meisten verabscheuen – aus moralischer Überzeugung handeln und den Erfolg Gott anheimstellen. Er opferte seine Partei für die gerechte Sache Irlands, und er trat von einem Amt zurück, als auch nur der Schatten einer Unwahrhaftigkeit auf ihm zu liegen schien. Unsere Parteistrategen hätten ihn der Verantwortungslosigkeit geziehen. Zu sehr haben sie sich an eine Politik des parteipolitischen Machterhalts mit moralisch zweifelhaften Mitteln gewöhnt, als daß es ihnen noch in den Sinn käme, die Nützlichkeit solcher Praktiken und ihre Auswirkungen auf die politische Kultur des Landes zu bedenken. Dem Zynismus der Regierenden entspricht der Zynismus der Regierten. Gegen diesen Zynismus hat Gladstone sein Leben lang gekämpft.

Grundsatzlosigkeit und Bedenkenlosigkeit in der Politik waren in seinen Augen moralische Mängel, die das Volk korrumpierten. Doch obwohl er sich in der politischen Welt oft wie ein unschuldiges Kind bewegte – »lange Jahre hindurch scheine ich Maßnahmen einfach so betrachtet zu haben, wie sie an sich waren, und berücksichtigte nicht, wie sie von anderen aufgefaßt werden würden« –, sahen seine der politischen Moral verpflichteten Analysen oft weiter und tiefer als die kurzfristigen der Interessenpolitiker. Über die Abtrennung Elsaß-Lothringens nach dem Deutsch-Französischen Krieg schrieb er an seinen Außenminister Granville: »Während ich die schwere Schuld Frankreichs immer stärker empfinde, packt mich jetzt das Gefühl, daß die gewaltsame Losreißung und Übertragung die Dinge noch weiter verschlimmert und daß mit ihr eine neue Reihe europäischer Verwicklungen beginnt.« Wie recht er damit hatte, sollte die Geschichte der nächsten fünfzig Jahre beweisen.

Die Ergebnisse des Berliner Kongresses von 1878 verdammte er nicht nur, weil sie sein Gegenspieler Disraeli ausgehandelt hatte, sondern auch, weil er richtig voraussah, daß die künstlich geschaffenen Grenzen auf dem Balkan in wenigen Jahren verschwinden würden. Für Home Rule trat er deshalb so leidenschaftlich ein, weil er als Alternative nur die endgültige Trennung Irlands von England sah, die 1921 Wirklichkeit wurde.

Als England Ende der neunziger Jahre an dem Rüstungswettlauf teilzunehmen begann, der zum Ersten Weltkrieg führte, trat Gladstone lieber zurück, als eine Politik zu unterschreiben, die nach seiner Überzeugung »im Bankrott aller europäischen Staaten enden würde«.

Auch diese düstere Prophezeiung sollte sich in wenigen Jahren erfüllen. Wenn Bismarck einmal abfällig bemerkte, »mit Gladstone über auswärtige Politik zu sprechen, hat wenig Zweck, weil er für die auswärtige Politik seines Landes einfach kein Verständnis hat«, so hat die Geschichte dieses Urteil längst revidiert.

Gladstone war zu seiner Zeit eine Ausnahmeerscheinung, und er wäre auch heute unzeitgemäß. Denn Politik war für ihn eine sittliche Verpflichtung, die moralisches Handeln zwingend erforderlich machte.

Als die Regierung Peel, in der er das Amt des Handelsministers bekleidete, einem irisch-katholischen Priesterseminar finanzielle Zuwendungen machte, trat er nicht deshalb zurück, weil er diese Maßnahme für falsch hielt, sondern weil er in einem Buch eine andere Auffassung dazu vertreten hatte. Er stimmte als einfacher Abgeordneter für die Vorlage, um sich nicht dem Verdacht auszusetzen, seine Meinung dem Amt zuliebe gewechselt zu haben. Gladstone war auch als Politiker zuerst Christ.

Er brachte sich in erhebliche Schwierigkeiten durch ein Rettungswerk an Prostituierten, das er mit viel Geld und persönlicher

Ansprache in den Dirnenvierteln Londons auch dann noch fort-führte, als er Premierminister geworden war.

Die Sache der Gerechtigkeit, so wie er sie verstand, ging ihm über parteipolitische Opportunität.

Seine Anteilnahme am Los der Gefangenen des Risorgimento, die in den Kasematten »König Bombas« in Neapel verhungerten, hat für viele Jahre die englische Politik gegenüber der italienischen Einigung bestimmt.

Mit seinem Kampf für die Rechte Irlands zerstörte er nicht nur die Liberale Partei, sondern am Ende auch sein eigenes Lebens-werk.

Seine Schlußrede vor der Abstimmung über die erste Home-Rule-Vorlage gehört zum Bewegendsten und Ehrlichsten politischer Rhetorik:

»Irland« – so die Schlußsätze dieser Rede – »steht an der Schranke des Parlaments wartend, hoffnungsvoll, fast flehend. Irlands Worte sind wahr und nüchtern. Es bittet, die Vergangenheit zu vergessen, und an diesem Vergessen sind wir tiefer interessiert als Irland. Sie sind heute abend gebeten worden, der ererbten Tra-dition treu zu bleiben. Welcher Tradition? Durchsuchen Sie die Li-teratur aller Länder, Sie werden nicht ein einziges Buch, ein einziges Wort finden, in dem das Verhalten Englands gegen Irland anders behandelt ist als mit tiefer, bitterer Verurteilung. Sind es diese Traditionen, denen treu zu bleiben wir ermahnt wurden? Nein, sie sind eine traurige Ausnahme in dem Ruhm unseres Lan-des. Sie sind ein großer dunkler Fleck auf den Seiten seiner Ge-schichte. Wir wünschen vielmehr: zu den Traditionen zu stehen, deren Erben wir in allen anderen Angelegenheiten sind, und unser Verhältnis zu Irland diesen anderen Traditionen anzupassen. ... Denkt nach, ich beschwöre euch, denkt gut, denkt weise, denkt nicht an den Augenblick, denkt an die kommenden Jahre, ehe ihr dies Gesetz verwerft.«

Gladstone glaubte und appellierte an die guten Eigenschaften im Menschen.

Immer wieder hat er sich im Laufe seiner politischen Karriere über die Köpfe seiner parlamentarischen Kollegen hinweg an die britischen Volksmassen gewandt.

Ihnen vertraute er mehr als den Reichen und Mächtigen, ihrem Urteil unterbreitete er seine Politik, da sie nach seiner Überzeu-gung nicht von Klasseninteressen korrumpiert waren.

Der Verbesserung ihres Loses galten seine großen Reformen wie die Reform des britischen Schulsystems, die Öffnung des Staatsdienstes für alle, die Entstaatlichung der irisch-protestantischen Kirche und das erste Gewerkschaftsgesetz.

»Gladstone«, so urteilt der Historiker Trevelyan, »hat mehr als ein anderer Mensch dafür getan, die Maschinerie des britischen Staates und die Gepflogenheiten der britischen Politiker den modernen demokratischen Bedingungen anzupassen, ohne den besten Standard der alten Welt vollkommen preiszugeben.«

Unzeitgemäß waren auch Gladstones Friedensliebe und sein konsequenter Antiimperialismus.

In einer Zeit des dröhnenden Nationalismus hatte er den Mut, einen internationalen Streitfall von einem Schiedsgericht entscheiden zu lassen (Alabama-Fall); er war der einzige Staatsmann, der im 19. Jahrhundert die Kraft aufgebracht hat, eine Annexion aus freien Stücken rückgängig zu machen und der Burenrepublik Transvaal ihre Selbständigkeit zurückzugeben.

Gladstone war davon überzeugt, daß Großbritannien in seinem Kolonialreich genug zu tun habe, und er lehnte deshalb den Erwerb neuer oder die Ausdehnung bestehender Kolonien ab. Er setzte sich für die kollektive Verantwortlichkeit der Mächte bei internationalen Streitigkeiten ein und formulierte ganz im Gegensatz zum Zeitgeist:

»Im Rechtsstandpunkt sind wir alle gleich, und England darf für sich keine pharisäische Überlegenheit beanspruchen.« Die Prinzipien Gladstones waren in einer Welt des politisch-moralischen Pragmatismus ein Beispiel liberaler politischer Kultur. Sein Lebensweg, seine Handlungsweisen, seine Skrupel und seine Schwierigkeiten mit der Welt der Interessen sind auch heute noch idealtypisch für die Schwierigkeiten des Gesinnungsethikers in der Politik. Gladstone bleibt das bisher einzige Beispiel eines christlichen Staatsmannes und eines Antimachiavellisten.

Seine politische Karriere begann der Abgott der Liberalen als reaktionärer Tory.

Alle Maßnahmen, deren Durchführung den Ruhm seines Alters ausmachen sollten, hat er in seinen frühen Jahren mit der ganzen Glut seiner sittlichen Überzeugung abgelehnt. Er war ein Gegner der Wahlrechtsreform von 1830. Er stimmte gegen die Zulassung der Dissenter zu den Universitäten, gegen die Ermäßigung der Kornzölle, gegen die Vermögenssteuer, gegen die Aufhebung der

Sklaverei, gegen die Beseitigung der Prügelstrafe im Heer und gegen die Aufhebung der Union mit Irland. Daneben schrieb er ein Buch über *Die Kirche und ihr Verhältnis zum Staat*, in dem er dem Staat die Durchsetzung der wahren Religion – das war für Gladstone die anglikanische Staatskirche – zur Pflicht machte. Wegen dieses Buches, dessen Hauptthese er schon wenige Jahre später widerrief, trat er von seinem ersten Amt zurück. Die folgenden Jahre sahen Gladstone auf der Suche nach einer neuen politischen Heimat. Nachdem die Konservative Partei über der Aufhebung des Kornzolls auseinandergebrochen war, schwankte er als Anhänger Peels zwischen den Konservativen und den Liberalen, gleicherweise von Disraelis Opportunismus wie von Palmerstons Jingoismus[16] abgestoßen. Umworben von beiden Gruppierungen wurde er 1852 in einer Koalitionsregierung Schatzkanzler und präsentierte dem Parlament ein liberales Budget mit demokratischen Tupfern. Er behielt die Einkommenssteuer bei und ermäßigte den für die kleinen Leute besonders lästigen Teezoll.

Nach seinen neapolitanischen Erfahrungen wurde seine Distanz zu Palmerston geringer, und im Jahre 1859 trat er wiederum als Schatzkanzler in eine liberale Regierung ein.

Sein zweites großes Budget aus dem Jahre 1860 gilt den Historikern noch heute als ein finanzpolitisches Glanzstück. Es war ein Markstein in der englischen Wirtschaftsgeschichte, weil es das Freihandelsprinzip bis in die letzten finanzpolitischen Konsequenzen durchführte.

Gladstone schaffte alle Schutzzölle ab und besiegelte für zwei Menschenalter Englands Rolle als Werkstatt der Welt.

Er war endgültig Liberaler geworden und übernahm nach Palmerstons Tod im Jahre 1865 die Führung der Liberalen Partei.

Die innere Wandlung, die Gladstone durchgemacht hat, kommt am besten in seiner damals die Geister scheidenden Feststellung über das Wahlrecht zum Ausdruck: »Ich wage es auszusprechen, daß jeder Mensch, der nicht durch irgendeinen Gesichtspunkt der persönlichen Ungeeignetheit oder der politischen Gefahr präsumtiv ungeeignet ist, einen moralischen Anspruch darauf hat, in den Umkreis unserer Verfassung einzutreten.«

Dies war eine revolutionäre Feststellung in einem Land, in dem sich auch die Whigs in der Nachfolge Edmund Burkes zu der Auffassung bekannten, daß es keine allgemeinen Menschenrechte gibt und daß jeder Engländer nur das Recht habe, gut und nach gerechten Gesetzen regiert zu werden.

Daß ausgerechnet sein Gegenspieler Disraeli das von ihm ange-
strebte, aber von der Partei verworfene allgemeine Wahlrecht für
Haushaltsvorstände einführte, hat er nie verwunden. Es bestärkte
ihn in seiner Überzeugung von der Grundsatzlosigkeit des neuen
konservativen Parteiführers.

Die unter dem neuen Wahlrecht abgehaltenen Wahlen brachten
dennoch einen überwältigenden Sieg der Liberalen, und Gladstone
konnte als Premierminister darangehen, die liberalen und demokratischen Reformen durchzuführen, die ihm am Herzen lagen.

Die Entstaatlichung der irischen Kirche, eine erste zaghafte irische Landreform, eine Schul- und Universitätsreform, die Öffnung
des öffentlichen Dienstes und die Abschaffung der Ämterkäuflich-
keit waren Maßnahmen, die nur teilweise den Interessen der Ober-
und Mittelschichten entsprachen.

Wie immer nach Jahren des Reformeifers schlug das Pendel in
die andere Richtung aus. Neuwahlen erbrachten im Jahre 1874
eine Mehrheit für Disraeli, der mit der Losung »Ruhe im Innern
und kraftvolle Vertretung britischer Interessen in der Welt« vor
die Wähler getreten war. Das wohlhabende Bürgertum begann,
sich von Gladstone abzuwenden. Es wollte nicht durch weitere Reformen ein Reich der Gerechtigkeit verwirklichen, sondern es
wollte durch kraftvolle Machtpolitik das Reich ausdehnen und
Geld verdienen.

Die folgenden Jahre waren geprägt von Gladstones letzter großer Auseinandersetzung mit Disraeli. Hier trafen nicht nur zwei
unterschiedliche politische Temperamente, sondern zwei entge-
gengesetzte Charaktere aufeinander.

Am 1. September 1833 notierte Disraeli in sein Tagebuch: »Ich
habe das ganze Jahr ununterbrochen mit Faulenzen und Vergnü-
gungen zugebracht.«

Am 29. Dezember des gleichen Jahres notierte Gladstone in sein
Tagebuch: »Ich habe mich jetzt mit den Maximen vertraut gemacht, die für den Erfolg in der Gesellschaft maßgebend sind.«

Während Disraeli Gesellschaftsromane schrieb, versuchte
Gladstone die christliche Tradition im Homer nachzuweisen. Disraeli war ein intellektueller Pragmatiker, dessen Überzeugungen
von den Umständen abhängig waren, Gladstone ein Gesinnungs-
ethiker, der für seine Überzeugungen die Gelegenheiten suchte, sie
in die Tat umzusetzen.

Gladstone sah in Disraeli nicht nur einen politischen Gegner, sondern den Repräsentanten eines falschen moralischen Prinzips. Er machte ihn für den Verfall der politischen Kultur Englands verantwortlich und hielt ihn am Ende seines Lebens für einen politischen Verführer, der eine ganze Klasse von Politikern demoralisiert hatte.

Disraelis Politik der Einflußsicherung und der kolonialen Ausdehnung durch den Erwerb der Suezkanal-Aktien und der Insel Zypern hielt Gladstone für eine Politik der glänzenden Verschwendung.

Sein Abscheu richtete sich gegen den Geist des Jingoismus, für den er Disraeli verantwortlich machte und der im Unterschied zu dem von ihm gleichfalls bekämpften Chauvinismus Palmerstons auch noch den Makel hatte, auf der Seite der Unterdrücker zu stehen.

Als sich die Balkanvölker in den siebziger Jahren gegen die türkische Herrschaft erhoben, forderte Gladstone in einer populären Flugschrift die Türken auf, christliches Land freizugeben.

Gegen den überparteilichen Grundsatz britischer Staatsraison von der Unverletzlichkeit des Osmanischen Reichs setzte er das moralische Recht der Balkanchristen auf Freiheit von Unterdrückung. In einem beispiellosen Wahlkampf um den schottischen Parlamentssitz Midlothian stellte er die Wähler vor die schlichte Alternative zwischen Gut und Böse und gewann.

Der moralische Appell an das Gerechtigkeitsgefühl brachte den Liberalen bei den allgemeinen Wahlen von 1880 vor allem in Schottland und Wales eine große Mehrheit und verschob das Schwergewicht der Partei an die Ränder der britischen Insel.

Gladstone wurde zum zweiten Mal Premierminister.

Doch die Rahmenbedingungen für eine liberale Regierung hatten sich verschlechtert. Gladstone war nicht wegen eines Programms gewählt worden, sondern die Wähler hatten die Politik seines Vorgängers verworfen.

Sie hatten sich noch einmal – zum letzten Mal – gegen den Imperialismus entschieden.

Aber das Klima veränderte sich. In Europa begannen die »dröhnenden neunziger Jahre« mit ihrem »Scramble for Africa«[17], und Gladstone fand sich immer stärker von den britischen Mittel- und Oberschichten isoliert.

Imperialismus und Jingoismus waren die Reaktion des Mittelstandes auf die Bedrohung britischen Prestiges als Folge des ständig schrumpfenden Vorsprungs der britischen Wirtschaft vor ihren Konkurrenten.

Die Königin war ein Exponent dieser Stimmung.

Ihr Haß gegen Gladstone war Ausdruck des Hasses der britischen Oberklasse, die begann, die Rhetorik der moralischen Entrüstung gegen ihren Erfinder einzusetzen. Auch Gladstone konnte sich der imperialistischen Stimmung nicht völlig entziehen.

Als er im Jahre 1882 Alexandria bombardieren und Ägypten besetzen ließ, um eine nationale Reformbewegung zu unterdrücken, hatte er seinen imperialistischen Sündenfall begangen, und Anhänger wie Gegner bezichtigten ihn der Heuchelei.

Über seine Versuche, das ägyptische Abenteuer moralisch zu rechtfertigen, witzelte die öffentliche Meinung: »Gladstone kann die meisten Menschen von den meisten Dingen überzeugen, und vor allem sich selbst kann er von fast allem überzeugen.«

Die ägyptische Verwicklung führte schließlich zu dem berühmten Untergang Gordons in Khartoum, einer der großen falschen Heldenlegenden des viktorianischen Zeitalters.

Obwohl Gordon mit seiner Weigerung, Khartoum und den Sudan zu räumen und das Land den Anhängern des Mahdi zu überlassen, sich selbst ins Unrecht gesetzt hatte, wurde er zum Helden der chauvinistischen Massen.

Gladstone mußte erleben, wie die gleichen Volksmassen, deren politischem Urteil er vertraut hatte, die Fenster seines Stadthauses einwarfen und seine Friedensliebe auf den Straßen und Plätzen Londons verhöhnten.

Aus dem gefeierten Grand Old Man (GOM) war plötzlich der Murderer of Gordon (MOG) geworden.

Wieder stand die Königin an der Spitze des Volkszorns, und Gladstone erhielt eine bittere Lektion über die Wankelmütigkeit der Menge und die Gefahren des Populismus.

Die letzten Jahre seines politischen Wirkens galten der Lösung der irischen Frage, die ihn seit der Mitte der achtziger Jahre ganz gefangennahm und der er schließlich Partei und Lebenswerk opferte. Der Schatten Irlands, die Bürde jahrhundertealten Unrechts, lastete schon damals schwer auf der englischen Politik.

Die Unterdrückung der irischen Katholiken und die Ausbeutung der irischen Pächter durch englische Grundbesitzer hatten die grüne Insel an den Rand des Chaos gebracht.

Die neuartige Boykottbewegung war so erfolgreich, daß Gladstone zu Zwangsgesetzen greifen mußte und den Führer der Iren, Parnell, verhaften ließ.

Dies verschlimmerte die Lage auf der Insel noch, und Gladstone versuchte nun mit einem neuen Landgesetz faire Pachten, Schutz vor Vertreibung und die Möglichkeit des freien Pachtverkaufs durchzusetzen.

Kurze Zeit darauf wurden Gladstones Neffe, der Staatssekretär für Irland, Lord Cavendish, und ein hoher Beamter im Phoenixpark in Dublin ermordet. Dieser Mord zeigte den englischen Politikern, daß die irische Frage durch wirtschaftliche Reformen allein nicht zu lösen war.

Die von Parnell geführte irische Partei nahm nach der Wahlreform von 1884 eine Schlüsselstellung in der Machtbalance des britischen Unterhauses ein.

Konservative wie Liberale versuchten die Unterstützung der Iren zu gewinnen.

Als Gladstone nach einem kurzen konservativen Zwischenspiel 1886 zum dritten Mal Premierminister wurde, trat er das Amt an, um sich, wie er es selbst ausdrückte, auf dem Altar der irischen Sache zu opfern. Die Partei folgte ihm dabei nur widerwillig. Die Wahlen waren mit einem Sozialprogramm gewonnen worden, das die Zuteilung von Land an Landarbeiter, gestaffelte Einkommenssteuer, kostenlose Volksschulen, Selbstverwaltung der Kreise und Gemeinden, die Entstaatlichung der anglikanischen Kirche, allgemeines Wahlrecht für Männer und die Bezahlung der Abgeordneten versprochen hatte.

Die Whig-Aristokraten wollten Gladstones Weg nicht länger mitgehen. Die Weigerung Lord Hartingtons, des Repräsentanten des Hauses der Herzöge von Devonshire, in die dritte Regierung Gladstone einzutreten, setzte den Schlußpunkt hinter zwei Jahrhunderte Parteigeschichte, in der die Whigs die Liberalen geführt und ihnen den Namen gegeben hatten.

Aber auch radikale Abgeordnete, wie der Birminghamer Schraubenfabrikant Chamberlain und der altgewordene Vorkämpfer für den Freihandel, Bright, hielten die Durchführung sozialer Reformen für wichtiger als die Lösung der irischen Frage.

Gladstones Home-Rule-Vorlage wurde 1886 mit überwältigender Mehrheit abgelehnt.

Noch einmal schien es, als ob das Schicksal Irland eine Chance geben wollte.

Die *Times* hatte Briefe veröffentlicht, die beweisen sollten, daß der irische Führer Parnell den Mord im Phoenixpark gutgeheißen hatte. Die Briefe entpuppten sich als plumpe Fälschung.

Parnell wurde für kurze Zeit der Heros der Liberalen. Doch ein Ehescheidungsprozeß, den der Mann seiner langjährigen Geliebten im Jahre 1890 anstrengte, zerstörte alle Hoffnungen. Viktorianische Prüderie siegte über politische Vernunft. Auch die Liberalen mußten im Zeitalter der Königin Viktoria die Beziehungen zu einem Mann abbrechen, der öffentlich den geltenden Moralvorstellungen Trotz geboten hatte.

Als Gladstone 1892 nach einem matten Wahlsieg zum letzten Mal Premierminister wurde, waren die Leidenschaften erschöpft. Das Land wollte von den Liberalen eine Wegweisung in den Wohlfahrtsstaat und interessierte sich nicht für die Lösung der irischen Frage.

Zwar erhielt die zweite Home-Rule-Vorlage eine knappe Mehrheit im Unterhaus, doch das Oberhaus verwarf das Autonomiestatut für Irland, ohne daß es deswegen einen Aufschrei der Empörung im Lande gab.

Gladstone hatte sich selbst überlebt.

Als ihm seine Parteifreunde die Besetzung Ostafrikas und ein Flottenrüstungsprogramm aufzwingen wollten, trat er zurück.

Das Urteil über Gladstone ist heute nicht mehr vom parteipolitischen Standpunkt des Betrachters abhängig.

Die damaligen Kämpfe sind Geschichte, nur die Nachrichten aus Irland erinnern uns von Zeit zu Zeit an die verpaßten Gelegenheiten für ein friedliches Zusammenleben.

Die politische Weitsicht Gladstones ist heute – mit einer Einschränkung – unbestritten: Die Zerstörung seiner Partei durch eine Politik des moralischen Rigorismus hat er wohl nicht vorausgesehen. Indem er die Kräfte der Liberalen an das irische Problem band, hat er den Aufstieg der Labourpartei herbeigeführt.

Im Jahre 1886 gab es keine Labourpartei, zwanzig Jahre später bezeichneten sich bereits 53 Mitglieder des House of Commons als Labour. Gladstone hinterließ keine politische Schule. Er hat es versäumt, rechtzeitig ein liberales Programm zu entwickeln. Er hat seine große intellektuelle Begabung nie an die Aufgabe gewagt, eine Strategie für das Überleben des Liberalismus im 20. Jahrhundert zu entwickeln. Die Partei war ihm im wesentlichen Mittel zur Lösung konkreter Aufgaben.

Dieser Mangel an ideologischen Überzeugungen war im 18. und 19. Jahrhundert eine Ursache für die Toleranz und Dezenz der englischen Gesellschaft, aber er muß auch für die Probleme und Schwächen Englands im 20. Jahrhundert verantwortlich gemacht werden. Das »muddle through« hat hier seinen Ursprung.

Die Vernachlässigung der Brot- und Butterprobleme, die Distanz zu einer Zeit, in der die gerechte Verteilung des Wohlstandes fast ebenso wichtig wird wie die Wertschöpfung, hat den Mann, den sie liebevoll »People's William« nannten, gegen Ende seines politischen Lebens den Volksmassen entfremdet.

Dennoch ragt Gladstone mit all seinen Fehlern turmhoch über seine Zeitgenossen hinaus. Er wurde zum Propheten einer politischen Haltung, die an das Gute im Menschen glaubt, an seine besseren Eigenschaften appelliert und seiner Vernunft vertraut.

Gladstone hat in einer Welt, in der die übrigen Staatsmänner nie andere Ziele gekannt haben als die des persönlichen, parteilichen oder nationalen Eigennutzes, die sittlichen Verpflichtungen des Staatsmannes hochgehalten und ihnen immer wieder im täglichen politischen Betrieb Geltung verschafft. Daß er dabei oft ein Trumpf-As im Ärmel stecken hatte, hätte man ihm verziehen; daß er behauptete, Gott persönlich habe es ihm zugesteckt, war für seine Zeitgenossen nur schwer erträglich. Wenn es jedoch Ziel politischen Handelns ist, dem Nächsten wie dem Ganzen zu dienen, so ist Gladstone von allen Politikern und Staatsmännern diesem Ziel am nächsten gekommen.

Benjamin Disraeli
1804-1881

Der alte Jude, das ist der Mann.
(Bismarck über Disraeli anläßlich des Berliner
Kongresses 1878)

Kein britischer Staatsmann hat die Phantasie der Mit- und Nachwelt so stark beschäftigt wie Benjamin Disraeli. Der glanzvolle
und zugleich erstaunliche Weg dieses Nachfahren jüdischer Einwanderer vom skandalumwitterten Romanschriftsteller an die
Spitze des britischen Weltreiches ist so abenteuerlich und roman-
haft, daß er einem Helden Balzacs oder Stendhals als Vorwurf gedient haben könnte. Vor dem Hintergrund des ersten Maschinen-
zeitalters und der heraufdämmernden Massendemokratie repräsentiert die Gestalt dieses großen Engländers die Abendröte des
genialen Individuums in der europäischen Geschichte.

Obwohl Disraeli zusammen mit seinem großen Gegenspieler
Gladstone für das viktorianische England mit all seiner geistigen
und moralischen Beschränktheit in Anspruch genommen wird,
steht er als Staatsmann, Philosoph und Romancier über dieser
Epoche. Sein mit tiefer historischer Weisheit verbundener philoso-
phischer Skeptizismus macht Disraeli zu einer zeitlosen, überna-
tionalen Figur, gleich dem ewigen Juden, der Zeit und Raum, ohne
zu altern, durchschreitet. Disraelis Gedanken, seine politisch-phi-
losophischen Überzeugungen sind jung geblieben, und sprechen
zu uns aus seinen witzigen, amüsanten Romanen, die soviel Ähn-
lichkeit mit dem Werk eines anderen Meisters stilistischer Eleganz
– Oscar Wilde – aufweisen.

Der Anfang des jungen Disraeli war schwer. Aus einem nicht
unvermögenden Elternhaus stammend, fehlten ihm doch die Kon-
takte und Beziehungen zur Aristokratie, die einem jungen Mann
bürgerlicher Herkunft allein den Weg in das Parlament ebnen
konnten. Seine ersten Versuche – Gründung einer Zeitung, Veröffentlichung eines Schlüsselromans und drei erfolglose Kandidatu-
ren als Radikaler, Unabhängiger und Tory waren ein völliger
Fehlschlag und belasteten Disraelis Lebensweg mit hohen Schulden und einem nie mehr ganz zu besiegenden Mißtrauen der gebildeten Öffentlichkeit.

Als ihm dann die Frau eines konservativen Gutsbesitzers, die später Mary Anne Disraeli heißen sollte, einen Parlamentssitz beschaffte, fiel er mit seiner im Byron-Stil deklamierten Jungfernrede glatt durch. Der fremdartige Dandy war mit seinen anmaßenden Posen auf den einhelligen Widerstand jener Klasse wohlanständiger Gentlemen und Fabrikbesitzer gestoßen, die das Rückgrat des neuen Parlaments bildeten und für die Dezenz und Unauffälligkeit Werte waren, gegen die man nicht ungestraft verstieß. Es war der tiefste Punkt seiner Laufbahn. Als im Jahre 1841 Peel die erste konservative Regierung nach der Wahlreform bildete, erhielt Disraeli trotz eines Bittbriefes an den neuen Premierminister kein Amt.

An diesem Wendepunkt seiner Karriere stehen drei junge Aristokraten: George Smythe, Lord John Manners und Alexander Ballie-Cochrane. Abkömmlinge uralter Geschlechter, nannten sie traumhafte Schlösser ihr eigen. Ihre Erziehung hatten sie in Eton und Cambridge genossen, hatten dort ihre Freundschaft begründet und eine gemeinsame politische Doktrin ersonnen, die auf der Wiederherstellung der alten Institutionen und der Aussöhnung des Volkes mit einer ihrer Pflichten bewußten Aristokratie beruhte. Disraeli schloß sich dieser Gruppe an und wurde ihr Führer. Seine romantische Phantasie war sofort entflammt. Hier war ein Ideal, für das zu kämpfen sich lohnte. Monarchie, Kirche und Adel waren durch die Tradition der Jahrhunderte geheiligte Institutionen. Auf ihnen beruhte die Freiheit des Engländers. Sie zu verteidigen gegen den Ansturm der von Bentham und Mill verkörperten liberalen Nützlichkeitsideologie empfanden Disraeli und seine aristokratischen Freunde als heilige Aufgabe. Die Geschichte dieses Jung-England genannten Bundes hat all den nostalgischen Charme, der so oft dem Kampf für eine im Grunde verlorene Sache eigen ist. England stand vor einer gewaltigen Industrialisierungswelle, und es war auch Disraeli klar, daß deren Probleme nicht mit mittelalterlichen Einrichtungen gelöst werden konnten. Der Industrialismus, für den Peel und Cobden und letztlich auch Gladstone standen, war keine Religion für die Jugend. Ihrem Bedürfnis nach Begeisterung hatte diese Krämerideologie nichts zu bieten. Es war daher bis zu einem gewissen Grade eine Flucht vor der Wirklichkeit. Und doch ist damit nicht alles über Jung-England gesagt. Ausgehend von Bolingbrokes Warnungen vor einem hemmungslosen Finanzkapitalismus und dem daraus folgenden Elend breiter

Schichten, forderten Disraeli und seine Freunde das Bündnis zwischen Aristokratie und Arbeiterschaft, um den Mittelstand, dem sie eine Lösung der sozialen Frage nicht zutrauten, zu einer sozialen Haltung zu zwingen. Aristokratie war für diese jungen Adligen zuerst Verpflichtung, den Schwachen zu helfen, eine Vorstellung, die den Whigs und den mit ihnen verbündeten Liberalen fremd war und die Disraeli schließlich als sozialen Konservativismus in die Tory-Partei einbrachte. Insofern war Jung-England die Keimzelle für eine Erneuerung dieser alten Partei, die den Gentlemen von England trotz des Ansturms des Liberalismus noch fünfzig Jahre Herrschaft und Verantwortung sicherten.

Disraeli hat in seiner berühmten Romantrilogie – *Coningsby, Sybil* und *Tancred* – seinen Freunden ein schönes literarisches Denkmal gesetzt. Eingebettet in eine ebenso romantische wie abenteuerliche Handlung unternahm er in diesen Romanen den Versuch, gegen die mit dem Namen Macaulays verbundene und das 19. Jahrhundert beherrschende »Whig Interpretation of History« eine eigene konservative Geschichtsbetrachtung zu setzen. Hierin spielen die durch die Auflösung der Klöster reich gewordenen Whig-Aristokraten die Rolle von Bösewichtern, die, um eine direkte Besteuerung ihrer Reichtümer oder gar die Rückgabe der Kirchengüter zu verhindern, zuerst Karl I. ermorden lassen und dann seinen Bruder Jacob II. vom Thron vertreiben. Mit Hilfe holländischen Geldes und des Krieges gegen Frankreich haben sie schließlich dem Land eine oligarchische – »venezianische« – Verfassung aufgezwungen und die Könige aus dem Hause Hannover auf den Status von Dogen herabgedrückt. Die Whigs waren für Disraeli keine Aristokratie, sondern eine Oligarchie, die nicht davor zurückschreckte, mit den radikalen Massen und den aufrührerischen Iren zu paktieren, um an der Herrschaft zu bleiben. Ihr Bündnis mit den antiaristokratischen Kräften in der Wahlreform von 1832 wertete Disraeli als Verrat an den Interessen des Grundbesitzes, der nach seiner Überzeugung das Rückgrat Englands bildete. In bewegenden Bildern hat Disraeli in einem dieser Romane auch das Elend der Industriearbeiterschaft geschildert. Allein die im Lande fest verankerte und sich ihrer Verpflichtung bewußte Aristokratie hielt Disraeli für fähig, den Bruch zwischen den zwei Nationen, den Armen und den Reichen, zu heilen. Auch hier warf Disraeli den Whigs vor, durch ihr Bündnis mit der Mittelklasse zu einer echten Sozialgesetzgebung unfähig zu sein. Als die geistigen

Väter eines modernen Konservativismus stellte er Bolingbroke, Burke und Pitt heraus, wobei er Bolingbroke wegen seines kompromißlosen Eintretens für eine soziale Monarchie und seines Kampfes gegen die Krämerlords um Walpole die Palme zuspricht.

Es ist oft und auch zu Recht von Historikern darauf hingewiesen worden, daß dieses Bild der englischen Geschichte ideologisch verzerrt ist. Die großen Whig-Familien waren weder eine geschlossene Oligarchie noch ihr politisches Handeln allein von wirtschaftlichem Eigennutz bestimmt. Der ältere Pitt, Burkes Förderer Lord Rockingham, Fox und schließlich Burke selbst traten für eine nationale Politik ein. Ihr Kampf für religiöse Toleranz, die Selbstverwaltung der Kolonien und eine von Korruption freie Verwaltung enthielt viel von dem, was Disraeli später als Premierminister selbst vertreten sollte. Man tut deshalb gut daran, seine Darstellung der englischen Geschichte seit 1688 nicht als das Ergebnis ernsthafter historischer Forschung zu betrachten. Sie ist vielmehr als eine ideologisch fundierte Warnung an die Liberalen und die halbherzigen Konservativen der eigenen Partei zu verstehen, nicht an der aristokratischen Vorherrschaft im Lande zu rühren.

Disraelis Warnung kam zur rechten Zeit. Die Kritik Jung-Englands an Peels Regierung hatte diesen zwar gegen Disraeli erbittert, seine parlamentarische Mehrheit aber in keiner Weise gefährdet. Nun aber trat ein Umstand ein, der das Schicksal Disraelis und der konservativen Partei mit einem Schlag veränderte. Seit langem wurde die öffentliche Meinung von dem Streit zwischen Schutzzöllnern und Freihändlern erschüttert. Während die Freihändler im Kornzoll ein Hindernis für die Entwicklung Englands zur Werkstatt der Welt sahen und mit einer Massenagitation für billiges Brot die Regierung unter Druck zu setzen versuchten, sahen die Schutzzöllner im Kornzoll das Bollwerk des adligen Grundbesitzes gegen seine wirtschaftliche Überflügelung durch die neue Bourgeoisie. Der Kornzoll war daher ein zentraler Punkt des konservativen Parteiprogramms. Im Verlauf des Jahres 1845 wurde jedoch deutlich, daß Peel entschlossen war, den Kornzoll aufzuheben. Innerlich längst von den Argumenten der Freihändler überzeugt, bedurfte es für Peel nur eines kleinen Anstoßes, um ihn in die Arme der Kornzoll-Gegner zu treiben. Diesen Anstoß brachte ungewöhnlich schlechtes Wetter im Herbst 1845, das eine Mißernte befürchten ließ. Zugleich war in Irland eine Kartoffelkrankheit ausgebrochen. Peel geriet in Panik. Die Vorstellung einer

Hungersnot in England und Irland verbunden mit revolutionären Unruhen veranlaßte ihn, einen Gesetzentwurf zur sofortigen Aufhebung der Getreidezölle im Unterhaus einzubringen. Die Partei war entsetzt. Es war Disraelis große Stunde und zugleich ein großer Tag der britischen Parlamentsgeschichte. In einer hinreißenden Rede klagte er Peel des Verrates an der Gentry an. Leidenschaftlich verteidigte er das aristokratische Prinzip des Landes, auf dem für Disraeli die Freiheit Englands beruhte. Die Beifallskundgebungen dauerten mehrere Minuten. Als die Sitzung zu Ende war, umringten die Landjunker Disraeli und boten ihm, den sie einst niedergeschrien und verachtet hatten, die Führung einer neu zu gründenden Schutzzollpartei an. In diesem Moment verkörperte dieser so unenglische Nachfahre portugiesischer Juden das aristokratische England. Er, der kaum einen Ackergaul von einem Reitpferd unterscheiden konnte, dem Bewegung in frischer Luft zuwider war, verteidigte das alte, das ländliche England gegen die tödliche Bedrohung durch die industrielle Revolution, die so gar nichts Romantisches hatte. Byron stand gegen Bentham, die Individualität historisch gewachsener Einrichtungen gegen Bürokratie und Zentralismus. Die Abstimmung ergab eine Mehrheit von 97 Stimmen für die Aufhebung der Zölle. Doch die Regierung gewann nur dank der Unterstützung der Whigs und der Radikalen. Nur 112 Abgeordnete der Tory-Partei stimmten für Peel, 242 stellten sich auf die Seite Disraelis. Noch am Abend desselben Tages, an dem das Getreidegesetz angenommen worden war, wurde Peel durch eine Koalition von Schutzzöllnern und Whigs gestürzt. Im *Punch* erschien am nächsten Tag die folgende Notiz: »Bigamie. Ein Mann namens Peel wurde gestern dem Richter, Mr.Bull, vorgeführt. Er wird angeklagt, eine Frau namens Freihandel geheiratet zu haben, während seine erste Frau, Ackerbau, noch am Leben ist.«

Die alte Tory-Partei war auseinandergebrochen. Alle Minister außer Derby folgten Peel. Disraeli übernahm im Unterhaus zusammen mit Lord Bentinck, einem Sproß des Hauses Portland, die Führung der Schutzzollpartei. Schwere Jahre lagen vor dem neuen Leader. Die Peel-Anhänger hatten zusammen mit den alten Whigs und den Radikalen eine solide Mehrheit im Parlament, aus der sich allmählich die liberale Partei Englands entwickelte. Die Konservativen blieben in der Opposition. Zwei kurzlebige Minderheitskabinette wurden jeweils innerhalb weniger Monate gestürzt. Doch

Disraeli gab nicht auf. Die Partei mußte erzogen werden. Der Schutzzoll war tot, und die Tories brauchten ein neues Programm. Disraeli wartete auf eine Chance für seinen sozialen Konservativismus. Diese Chance bot sich im Jahre 1866. Seit der Wahlrechtsreform von 1832, die einer eng begrenzten Klasse der mittelständischen Bourgeoisie das Wahlrecht gegeben hatte, waren verschiedene Versuche unternommen worden, das Wahlrecht weiter auszudehnen. Bisher war wahlberechtigt, wer 10 Pfund Miete zahlte. Im Jahre 1866 hatte das liberale Kabinett Russell eine von Gladstone ausgearbeitete Wahlrechtsvorlage eingebracht, die diese Grenze auf 7 Pfund herabsetzen sollte, was die Zahl der Wähler von 900000 auf 1300000 erhöht hätte. Disraeli und der rechte Flügel der Liberalen verwarfen die Vorlage und stürzten die liberale Regierung. Die Arbeiter antworteten daraufhin mit Massendemonstrationen, und die Königin forderte von der neuen konservativen Regierung Derby-Disraeli, daß sie diese Frage endlich löse.

Im Grunde seines Herzens war Disraeli stets ein Anhänger des Stimmrechts für Kleinbürger und Arbeiter gewesen. Die Vereinigung von Aristokratie und Volk, die Jung-England erstrebt hatte, konnte auf diese Weise Wirklichkeit werden. Freilich hatte er bisher nur an eine Adelsherrschaft für das Volk gedacht, aber auch eine Herrschaft durch das Volk konnte in England jenes aristokratische Prinzip sichern, an dem sein Herz hing. Die Tories hatten keinen Grund, an einem Wahlrecht zu hängen, das von ihren Gegnern geschaffen worden war und ihnen dreißig Jahre den Zutritt zur Macht verwehrt hatte. Zudem waren diese Abgrenzungen von 5 oder 10 Pfund Miete willkürlich und anfechtbar. Disraelis genialer Gedanke war ein Wahlrecht für jeden Haushaltungsvorstand mit angemessenen Beschränkungen nach Zeit und Aufenthalt. Dies war wenigstens ein Prinzip und dazu noch ein konservatives, da Hausbesitzer im allgemeinen am Wohlstand des Landes interessiert sind. Die Mehrheit der Partei folgte ihm auf diesem Weg. Der Gedanke, die Liberalen auf ihrem ureigenen Felde zu schlagen, begeisterte sie. Viele der Liberalen wagten es nicht, gegen den konservativen Entwurf zu stimmen, und so erhielt das Ministerium eine Majorität von 21 Stimmen. Es war ein großer parlamentarischer Triumph. In einem feindseligen Parlament hatte Disraeli ein Gesetz zur Annahme gebracht, das die Liberalen seit dreißig Jahren vergeblich durchzusetzen versucht hatten. Disraelis sozialer Konservativismus hatte Gestalt gewonnen. Zwar verloren die

Konservativen die Wahlen des Jahres 1868, da die meisten der neuen Wähler noch nicht in die Wahlverzeichnisse eingetragen waren, doch sechs Jahre später erhielten die Tories zum ersten Mal die absolute Mehrheit. Disraeli war am Ziel. Aus einer permanenten Minderheitspartei war unter seiner Führung die nationale Mehrheitspartei geworden, eine Stellung, die die Tories bis in unsere Tage haben halten können.

Doch der Kampf war lang und entbehrungsreich gewesen. Als Disraeli im Jahre 1874 endlich an des glatten Mastes Spitze angekommen war und mit dem traditionellen Handkuß die Ernennung zum britischen Premierminister empfing, war er ein alter und verbrauchter Mann, der seinem von der Gicht geplagten Körper nur mit Mühe die täglichen Anstrengungen der Regierungsarbeit abringen konnte. Dreißig Jahre waren seit Jung-England vergangen. Nun endlich hatte er Gelegenheit, einen Teil seiner Ideen aus *Conningsby* und *Sybil* in die Tat umzusetzen: Die Arbeitszeit für Frauen und Kinder wurde auf 56 Wochenstunden herabgesetzt, ein Gesundheits- und Wohnungsbaugesetz wurde erlassen, die Rechte der Gewerkschaften erweitert und das Aufstellen von Streikposten erlaubt. Kloakenreinigungspolitik nannten seine Gegner diese Maßnahmen. Der alte Staatsmann ist bescheiden geworden. Er weiß, daß dies alles nicht die neue Verbindung von Adel und Volk ist, doch er muß Rücksichten nehmen. Die Tory-Partei war nicht mehr ausschließlich die Partei des grundbesitzenden Adels, sondern in wachsendem Maße auch die Partei von Handel und Industrie. Disraeli war seinen Jugendideen treu geblieben, doch Englands Charakter hatte sich gewandelt und wurde nun im wesentlichen durch seine Mittelklassen bestimmt. Ein Bündnis der Aristokratie mit den arbeitenden Massen gegen die neue Bourgeoisie war politisch nicht mehr durchsetzbar.

Disraelis Phantasie wich auf die Außenpolitik aus. Königin Viktoria wurde Kaiserin von Indien und der Seeweg zum neuen Kaiserreich durch den glänzenden Coup des Erwerbs der Mehrheit der Suezkanal-Aktien gesichert. Die Epoche des Imperialismus brach an. Noch einmal entfaltete Disraeli seine ganze politische Meisterschaft. Als Rußland einen Aufstand der christlichen Balkanvölker gegen die türkische Herrschaft zur Besetzung Konstantinopels und der Aufteilung der Türkei nutzen wollte, war es allein Disraeli, der gegen den Widerstand einer von Gladstone aufgeputschten öffentlichen Meinung und eines furchtsamen Kabinetts der russischen Expansion mit Festigkeit entgegentrat. Vom Berliner Kongreß brachte er nicht nur einen »Frieden mit Ehre«, sondern auch die Unterschrift für den Erwerb der Insel Zypern durch England zurück. Dreißig Jahre zuvor hatte er diesen Erwerb der Insel der Venus in seinem Roman *Tancred* vorausgesagt. Nun hatte er seinen Traum in Wirklichkeit verwandelt. Es war der Höhepunkt seiner Karriere. Die dankbare Königin machte ihn dafür zum Earl of Beaconsfield. Der kleine Ort war Burkes letzter Wohnsitz gewesen und beherbergte seine sterblichen Überreste. Disraeli hatte immer einen ausgesprochenen Sinn für historische Zusammenhänge.

Hätte er in diesem Moment wählen lassen, hätte es keinen Zweifel über den Ausgang gegeben. Doch politischer Ruhm verwelkt schnell. Unglückliche militärische Verwicklungen in Afghanistan und Südafrika führten rasch zu einer Ernüchterung über Disraelis romantischen Imperialismus. Gladstone gewann die Wahlen von 1880. Ein Jahr später lag Disraeli im Sterben. Er trat dem Tod mit der heiteren Gelassenheit entgegen, mit der er gelebt hatte. Als die Königin ihn besuchen wollte, lehnte er dies höflich mit dem Bemerken ab: »Lieber nicht, sie würde mir doch nur Grüße an Albert auftragen.«

Disraelis Welt ist vergangen, der Einfluß der Aristokratie geschwunden, das House of Lords seiner Macht beraubt. England wird heute von einer Bürokratie regiert und von mächtigen Interessengruppen beherrscht. Disraeli hat diese Entwicklung in seinen letzten Lebensjahren mit wachsender Resignation vorausgesehen. Mit seinen aristokratischen Freunden hatte er davon geträumt, daß ein großer Mann, gestützt auf Adel und Königtum, Englands Erneuerung vollbringen könne, der altgewordene Beaconsfield wußte, daß dies ein Traum bleiben würde. In seinem vorletzten Roman *Lothair* schilderte er mit feinsinniger Ironie die aristokratische Gesellschaft wie eine exotische Blüte, die sich nur öffnet, um zu verwelken. Die Nachfahren Jung-Englands glichen eher den zarten Gestalten der Proustschen Romane als jenen großen Führern, die er mit soviel Liebe in seinen Romanen beschrieben hatte. Sie hatten nicht mehr die Kraft und auch nicht mehr die wirtschaftlichen Mittel, um sich gegen das bürgerliche Zeitalter zu behaupten.

Dennoch ist Disraelis Kampf für das aristokratische Prinzip nicht umsonst gewesen. Indem er die Vorherrschaft dieser Klasse über die industrielle Revolution hinaus verlängerte, wurden aristokratische Lebensformen und Wertvorstellungen Vorbild auch für die neuen Mittelklassen. Damit blieb England bis heute jene demokratische Massengesellschaft amerikanischer Prägung erspart, die auf dem Kontinent Soziologen und Politikern als Inbegriff demokratischen Fortschritts gilt. Dies hat dem Land eine politische Stabilität gegeben, die es bis heute trotz des Verlustes eines Weltreichs und schwerer wirtschaftlicher Strukturprobleme vor krisenhaften Erschütterungen bewahrt hat.

Lord Salisbury
1830–1903

Der dritte Marquess of Salisbury führte die Konservative Partei 21 Jahre und war 14 Jahre britischer Premierminister.

Er war mit den Worten Robert Blakes »die herausragendste intellektuelle Erscheinung, die die Konservative Partei jemals hervorgebracht hat«. Er war im letzten Viertel des 19. Jahrhunderts der führende europäische Staatsmann, vergleichbar nur mit Bismarck; doch verglichen mit Peel oder Disraeli hat er im Ruhmestempel der Konservativen Partei nicht den ihm zustehenden Platz erhalten und ist auch von den Historikern eher nachlässig behandelt worden.

Salisbury, der heute einer konservativen intellektuellen Zeitschrift den Namen gibt, erscheint uns ausschließlich als eine Figur der Vergangenheit, die letzte große aristokratische Persönlichkeit des viktorianischen Zeitalters. In die liberal-konservative Tradition des modernen englischen Konservativismus scheint er nicht zu passen. Lytton Stracheys Abrechnung mit den Viktorianern hat auch Salisbury zum intellektuellen Strandgut des 19. Jahrhunderts degradiert.

Die Geschichte wird bekanntermaßen von den Siegern geschrieben, und die demokratischen Sieger sind dieser intellektuell-aristokratischen Figur nicht gerecht geworden.

Robert Talbot Gascoyne Cecil, Lord Salisbury, der Nachfahr zweier berühmter Staatsmänner der ersten Elisabeth und Jakobs I., war Hocharistokrat und dennoch in vielem ganz untypisch für seine Klasse.

Mit seinen Vorfahren William Cecil, Lord Burghley, dem treuen Ratgeber der ersten Elisabeth, und Robert Cecil, First Earl of Salisbury, dem Minister Jacobs I., verbinden ihn Intellektualität und geistige Unabhängigkeit.

Als England 1864 in der Schleswig-Holstein-Frage Dänemark im Stich ließ, schrieb Salisbury in der *Quarterly Review* über die englische Politik: »Wäre unser Ministerium heroischer und unser Zeitalter weniger selbstsüchtig, so würde England wahrscheinlich die Gefahr – wie groß auch immer – der Infamie vorgezogen haben, einen Verbündeten zu verraten, den es in die Gefahr verwikkelt hatte. Aber unser Ministerium ist nicht heroisch und unser

Geschlecht, obwohl nicht gleichgültig gegenüber dem Ruhme, bevorzugt ihn, wenn er sicher und billig ist. Ein Krieg am anderen Ende der Welt, der die Effektenkurse nicht drückt und den Eisenhandel anregt, ist eine Sache, über die sich reden läßt, und solange diese Bedingungen beobachtet werden, halten sich die religiösen Bedenken gegen das Blutvergießen bescheiden im Hintergrund. Aber die Menschenliebe empfängt eine wundervolle Verstärkung, wenn der Profit mit ihr Hand in Hand geht. Es ist erstaunlich, wie schnell kriegerischer Eifer den zartesten Empfindungen der Menschlichkeit Platz macht, wenn der Krieg wahrscheinlich den Handel stören würde. Billiger Krieg ist die Losung, mit der die Unterhausmitglieder zu ihren Wählern zurückkehren würden – wenn unser Zeitalter nicht zu respektabel wäre, um seine wahre Gesinnung auszusprechen.«

Geschliffener und bösartiger hat auch Karl Marx nicht über das bürgerliche Zeitalter geurteilt.

Als das Oberhaus Stiftungen, die für Arbeitslose bestimmt waren, Erziehungszwecken zuwenden wollte – da es Menschen nicht guttue, Geld ohne Gegenleistung zu empfangen –, erklärte Salisbury: »In einem Hause, dessen sämtliche Mitglieder von ererbtem Reichtum leben, ist diese Begründung eine unanständige Heuchelei.« Unabhängigkeit des Urteils und Gleichgültigkeit gegen die Vorurteile seiner Mitmenschen erheben Salisbury hoch über den viktorianischen Konformismus seiner Zeit.

»Ein wenig Radikalismus ist sehr nützlich, um die natürliche Selbstsucht der Klassen, die die Macht haben, im Zaume zu halten. Das Gefühl, das ihr eigener Sturz möglich, wenn nicht wahrscheinlich ist, hält Mißwirtschaft und Spekulation in Grenzen und bringt gelegentliche Versuche praktischer Reformen hervor.« Salisburys Haltung war die eines Beobachters, der den »tödlichen Kampf von Kapital und Arbeit« mit Grauen, aber auch mit Hellsichtigkeit diagnostizierte, und sie war frei von jeder sentimentalen Bindung an die Bourgeoisie.

Kindheit und Jugend Salisburys waren trotz der Privilegien des Reichtums schwer. Er war ein schwieriger und ungewöhnlicher Junge: nervös, depressiv und in sich gekehrt, haßte er Spiele und Freundschaften. Sein Aufenthalt in Eton war ein Alptraum.

Aufgrund seiner Art wurde er von seinen Kameraden gehänselt und drangsaliert. »Alle Arten zu leben sind gleich uneinladend für mich«, schrieb er an seinen Vater als Summe seiner Erfahrungen in Eton und Oxford.

26jährig verlobt er sich mit der Tochter eines bürgerlichen Juristen. Als sein Vater gegen die Ehe Einwendungen erhebt, entgegnet Salisbury: »Deine Einwendungen gegen meine Ehe beruhen hauptsächlich auf den ›Entbehrungen‹, die sie mit sich bringen würde. Das Wort ›Entbehrungen‹ bedeutet den Verlust von etwas, das ich jetzt genieße. Wenn es sich bei den fraglichen Entbehrungen um den Mangel von Essen, Wärme und Kleidung handelt, so bin ich nicht bereit, sie hinzunehmen. Aber im übrigen kann ich nichts verlieren, was ich jetzt genieße, aus dem einfachen Grund, weil ich an überhaupt nichts einen Genuß habe.«

Er ritt nicht und beteiligte sich nicht an den aristokratischen Jagdgesellschaften. Er war ohne ästhetisches Empfinden mit einer Ausnahme: Er liebte die Autoren des 18. Jahrhunderts, Pope, Swift, Johnson und besonders Jane Austen. Sein Interesse galt der experimentellen Physik. Für die Elektrifizierung Hatfields war er bereit, auch den Brand dieses mit Kunstschätzen angefüllten Tudor-Schlosses in Kauf zu nehmen. Die von seinem Vater als unerwünscht bezeichnete Ehe zwang ihn, sein Geld durch Schreiben zu verdienen. So wurde er zum intellektuellen Widerpart der Wahlrechtsreform Disraelis, dessen Regierung er verließ, als Disraeli mit der Einführung eines Wahlrechts für alle Haushaltsvorstände einen Schritt in Richtung Demokratie tat.

Sein Vorwurf an die konservative Regierung: daß sie die Grundsätze, für die sie gewählt, preisgegeben und statt dessen etwas durchgesetzt hatte, wofür sie nicht gewählt worden war. Salisbury sah durch dieses Verhalten die politische Moral verletzt und befürchtete den Triumph des Opportunismus.

Trotz der eingetretenen Entfremdung wurde Salisbury im zweiten Kabinett Disraeli zuerst Minister für Indien, später Außenminister. Er begleitete den Premierminister auf den Berliner Kongreß und war der Schöpfer des berühmten Salisbury-Zirkulars, das die Verhinderung eines russisch dominierten Großbulgariens zum Ziel der europäischen Pentarchie machte. Das Ergebnis des Berliner Kongresses wurde in Deutschland und England als diplomatischer Triumph Bismarcks, Disraelis und Salisburys gefeiert. Wenige Jahre später waren die in Berlin künstlich gezogenen Balkangrenzen verschwunden, und das europäische Reich der Türkei lag in Trümmern.

Nach der Niederlage der Konservativen im Jahre 1880 und Disraelis Tod im darauffolgenden Jahr wurde Salisbury Oppositionsführer im Oberhaus.

1885 bildete er seine erste Regierung, die mit dem Problem Irland und Gladstones Ankündigung von Home Rule für die geplagte Insel konfrontiert war. Obwohl einige Mitglieder seiner Regierung einer solchen Lösung der irischen Frage zuneigten, lehnte Salisbury jedes Zugeständnis ab.

Als er 1886 die Iren mit den Hottentotten verglich, war eine Verständigung mit dem irischen Nationalismus unmöglich geworden. Nach Gladstones Sturz bildete Salisbury 1886 sein zweites Kabinett, das durch Tatenlosigkeit glänzte. Rücktritt und Krankheit von Randolph Churchill beseitigten den einzigen intellektuellen Unruhestifter, und Zwangsgesetze für Irland verschafften dem Land eine Ruhepause, ohne die zugrundeliegenden Probleme zu lösen. Nachdem Gladstone 1892 nach einem matten Wahlsieg zum letzten Mal eine Home-Rule-Vorlage einbrachte und damit die Liberale Partei zerstörte, schien die konservative Vorherrschaft weit über das Jahrhundert hinaus gesichert. Das dritte Kabinett Salisbury war das letzte Adelskabinett vor dem Anbruch des demokratischen Zeitalters.

Doch die »dröhnenden 90er Jahre« waren ein schlechter Resonanzboden für diese Adelsherrschaft. Die konservative Vorherrschaft sollte den Wechsel des Jahrhunderts nicht lange überdauern.

Salisburys vorrangiges Ziel in dieser rauher gewordenen Welt waren Frieden und Sicherheit. »Krieg ist das größte Übel, das zweitgrößte ein offensichtlicher diplomatischer Triumph, da er jede spätere Wiederannäherung der darin verwickelten Mächte schwerer macht.«

Salisbury war weder Nationalist noch Imperialist, und es ist eine Ironie der Geschichte, daß das britische Weltreich in diesen Jahren um 100 Millionen Menschen und 600 Millionen Quadratmeilen wuchs. Salisburys Sorge galt dem europäischen Bruderkrieg, der über dem Horizont der Jahrhundertwende heraufzog. »Ein föderiertes Europa ist unsere einzige Hoffnung, der dauernden Drohung des Krieges zu entkommen wie dem dauernden Druck der Bürde des bewaffneten Friedens, die den Geist jeder Nation niederdrücken und ihre Zukunft in diesem Teil der Welt verdunkeln. Die Föderation Europas ist die einzige Hoffnung, die wir haben.«

Doch diese Einsicht wurde verdrängt von der insularen Furcht vor dauerhaften Allianzen. Salisbury verschloß sich in den letzten Jahren seiner Regierungszeit dem deutschen Wunsch nach einem Bündnis, in der Hoffnung, daß England auch künftig bei einer Bedrohung des europäischen Gleichgewichts ein Festlandsdegen zur Verfügung stehen werde.

Salisbury wollte die englische Politik nicht an Wilhelm II. binden, den er für falsch hielt. Nach der Faschoda-Krise, in der England sich die Kap-Kairo-Route sicherte, wurde sein Mißtrauen gegen Deutschland stärker. Schon im Jahre 1864 hatte er seine Landsleute gewarnt, daß Deutschland, »wenn es ihm gelänge, die gegenwärtige Unterteilung, die seine Kräfte neutralisiert, abzuschütteln, eines der mächtigsten Reiche der Welt werden würde«. Fast prophetisch klingt der Satz: »Falls durch eine furchtsame Sprache und eine falsche Friedensliebe Deutschland ermutigt wird zu glauben, daß es Verträge straflos verletzen kann, wird ein europäischer Krieg entstehen, in dem es für England fast unmöglich sein wird, nicht daran teilzunehmen.« Nach der französischen Niederlage von 1871 hatte er eine Intervention zugunsten Frankreichs gefordert, um die Abtrennung Elsaß-Lothringens zu verhindern. Seine Sorge: »Die französische Jugend wird von zahllosen Lehrern dazu angehalten werden, die verlorenen Provinzen wiederzugewinnen und ihre Wiedereroberung zur ersten nationalen Pflicht zu machen. Frankreich wird Preußen nicht noch einmal allein angreifen, doch die Zeit wird kommen, wenn die ehrgeizigen Träume der Deutschen den Pfad einer anderen Macht kreuzen, die stark genug ist, ihnen zu widerstehen. Dieser Tag wird für Frankreich Wiederherstellung und Revanche sein.«

Niemand wird Salisbury absprechen, daß er in diesen prophetischen Warnungen die Zukunft des 20. Jahrhunderts vorhergeschaut hat.

Die letzten Jahre Salisburys waren überschattet von geistigem wie körperlichem Verfall. Er erkannte weder seinen Sohn noch seine Kabinettsmitglieder und verwechselte häufig die auf offiziellen Empfängen erschienenen Persönlichkeiten.

Sein Rücktritt im Jahre 1902 kam für ihn wie für die konservative Partei zu spät. Sein Neffe Balfour vermochte den Verfall des Kabinetts im Streit um die Schutzzollfrage nicht aufzuhalten, und der Triumph der Liberalen im Jahre 1905 war die logische Konsequenz einer verbrauchten Herrschaft.

Doch Salisburys Einfluß als konservativer Denker reichte weiter als die Wirkung des Politikers und Staatsmannes. Salisbury war von der Macht des Wortes überzeugt: »Die Macht der radikalen Partei liegt in der Tatsache, daß sie einen großen Einfluß auf die Klasse hat, die die öffentliche Meinung macht – die Journalisten, die Literaten, die Professoren und die Intellektuellen.«

Salisburys Konservativismus war ein typisch englischer, empirisch-pragmatischer Konservativismus. Nüchtern analysierte er den Klassenantagonismus und brachte ihn auf fast marxistische Begriffe. Zugleich war er von der Notwendigkeit einer aristokratischen Vorherrschaft und der Aufrechterhaltung der dazu erforderlichen Privilegien überzeugt. Die Herrschaft weniger verursachte ihm kein schlechtes Gewissen, doch befürchtete sein angeborener Pessimismus, daß ihr keine lange Dauer mehr bestimmt sei. In der Innen- wie in der Außenpolitik setzte er auf das Gleichgewicht der Kräfte und die Sicherung der bestehenden Ordnung. Seine pragmatische Einstellung machte ihn mißtrauisch gegenüber den logischen Deduktionen selbsternannter Experten, seine Neigung zur experimentellen Wissenschaft ließ ihn allem Metaphysischen gegenüber skeptisch bleiben. Er strebte nach Klarheit und exakter Analyse. Er verabscheute Ungenauigkeit und Doppeldeutigkeit. Die Erfahrung war für ihn der empirische Beweis für die Wahrheit, die Grundlage sicheren Wissens und richtigen Urteils. Nicht müßige Spekulationen, sondern Rationalität auf der Grundlage der bestehenden Ordnung waren der Maßstab seines Denkens und Handelns. Allein sein Christentum hinterfragte er nicht. Es war ihm Grundlage seines Seins wie seines Tuns.

Einem klugen und vorurteilsfreien Beobachter konnte nicht entgehen, daß die alte Auseinandersetzung zwischen Krone und Aristokratie, zwischen Anglikanern und Dissentern, zwischen Tories und Whigs von der Auseinandersetzung zwischen Kapital und Arbeit ins historische Abseits gedrängt worden war:

»Der Kampf um die Macht in unseren Tagen ist kein Kampf zwischen Krone und Volk oder zwischen einer Adelskaste und der Bourgeoisie, sondern zwischen den Klassen, die Eigentum haben, und den Klassen, die keines haben. Dieser Kampf zwischen Besitzenden und Nichtbesitzenden war die tödliche Krankheit der freien Gemeinschaften in der Antike; er wurde überdeckt durch religiöse Probleme seit der Reformation und verdrängt durch Spannungen innerhalb der besitzenden Klasse, doch erhebt er sich jetzt mit neuer Kraft.«

Sein politisches Ziel, das er schließlich auch erreichte, war die Spaltung der Liberalen. Er wollte die landbesitzenden Whigs von den besitzlosen Radikalen trennen und so der Partei der Ordnung neue Kräfte zuführen. Er hielt die Liberale Partei für geschichtlich überholt, ein Bündnis unvereinbarer Klassenstandpunkte, und er hoffte, daß der besitzende Teil der Liberalen vor den Forderungen der Radikalen Zuflucht bei den Konservativen suchen würde.

Salisburys großes Thema war die Abwehr der Demokratie als der Regierungsform, die jedem, unabhängig von Besitz und Bildung, den gleichen politischen Einfluß garantiert:

»Politische Gleichheit ist nicht nur eine Torheit, sondern ein Traum. Es ist müßig zu erörtern, ob sie existieren solle, denn sie kann nie existieren. Was immer der geschriebene Text der Verfassung sein mag, die Menge wird immer Führer haben, die sie sich nicht selbst gewählt hat. Wenn die Menschen wollen, mögen sie den Anschein politischer Gleichheit verfechten, aber die einzige Folge wird sein, daß sie schlechte Führer haben werden. Jede Gemeinschaft hat ihre natürlichen Führer, die sie instinktiv an die Spitze stellt, wenn sie nicht durch die unsinnige Leidenschaft für Gleichheit mißleitet ist. Wohlstand, in manchen Ländern Geburt, in allen geistige Kraft und Kultur kennzeichnen die Männer, denen eine Gemeinschaft, wenn sie gesund ist, ihre Regierung anvertraut. Sie haben die Muße für solche Aufgaben, und sie können ihnen die sorgfältige Aufmerksamkeit und das vorbereitende Studium widmen, das sie erfordern. Vermögen ermöglicht es ihnen, unentgeltlich tätig zu sein, so daß die Kämpfe des Ehrgeizes nicht besudelt werden durch den Makel düsterer Gier (...).«

Das Volk als handelnde und entscheidende Autorität hielt Salisbury für einen Mythos. Der Abtritt der Bildungs- und Besitzelite würde nicht das Volk, sondern den Funktionär und Berufspolitiker an die Macht bringen und die von Salisbury verachtete Parteienherrschaft begründen.

Seine Erfahrungen im Wahlkampf hat er so offen geschildert, wie dies kein demokratischer Politiker heute wagen würde: »Die Tage und Wochen des aufgesetzten Lächelns und der bemühten Höflichkeit, die falsche Freundlichkeit, der herzhafte Druck einer schmutzigen Hand, die grinsende Antwort, die man auf einen rohen Scherz bereit haben muß, das verachtungsvoll herausgewürgte

Kompliment, das man der schrecklichen Frau und der schlampigen Tochter machen muß, die unverzichtbare Schmeichelei für die übelsten religiösen Vorurteile und die vielen heuchlerischen Versprechungen (...).«

Salisbury wollte den Massen die Teilhabe an der politischen Macht nicht vorenthalten, doch er wehrte sich gegen das Prinzip ›Ein Mann eine Stimme‹, da er fürchtete, daß dieses Prinzip zu Konfiskationen des Eigentums durch Besteuerung und zur Unterdrückung von Minderheiten führen würde. In der Demokratie – so seine Sorge – würden die Reichen die Steuern zahlen und die Armen die Gesetze machen. Andererseits hielt er es für die Pflicht einer regierenden Elite, durch soziale Gesetzgebung die Armut zu beheben und die schlechten Wohnverhältnisse zu beseitigen. Patriarchalische Fürsorge statt symmetrische Zuteilung von Lebenschancen waren das Ziel der Salisburyschen Sozialpolitik.

Salisbury verachtete den gnadenlosen Klassenegoismus der »Baumwoll-Lords«, die die Idee einer Bildungs- und Besitzelite in ihr Gegenteil verkehrten, und sein tiefer Pessimismus wurzelte in der Beobachtung, daß das Bürgertum wie die Angehörigen seiner eigenen Klasse so wenig dem Bild einer Elite entsprachen. »Ich habe seit vielen Jahren die feste Überzeugung, daß wir vor die Hunde gehen, und ich habe mich allmählich an diese Erwartung gewöhnt.«

Nur sein persönlicher Glaube verhinderte, daß dieser Pessimismus zur lähmenden Depression wurde: »Der Christ muß handeln und das Ergebnis Gott anheimstellen.«

Salisbury glaubte so wenig an den gesellschaftlichen Fortschritt wie an die individuelle Emanzipation. Er hatte eine so geringe Meinung von der menschlichen Natur, daß er Gesellschaft und Zivilisation nur für eine dünne Kruste über der wölfischen Natur des Menschen hielt.

Er befürchtete daher von den Reformbemühungen nur die Desintegration der Gesellschaft und die Auflösung der politischen Institutionen im Verteilungskampf der materiellen Interessen. Nachdem Krone und Aristokratie immer mehr Macht an die gewählte Volksvertretung abtreten mußten, sah er eine Diktatur des Unterhauses ohne »checks and balances« voraus. Trotz dieses Pessimismus war Salisbury kein Reaktionär. Er wollte die Demokratie nicht abschaffen und Reformen nicht rückgängig machen.

»Nun, da die Auseinandersetzung beendet und die Entscheidung getroffen ist, muß das einzige Ziel der Konservativen sein, in der Praxis zu beweisen, daß ihre Befürchtungen grundlos waren und das Vertrauen ihrer liberalen Gegner weise.«

Der gesellschaftliche Konflikt war für ihn ein Lebensgesetz. »Es gibt keine Endgültigkeit in der Politik.«

Alles, was man erreichen konnte, war ein vorübergehendes Gleichgewicht der gesellschaftlichen Kräfte und eine Ruhepause vor dem erneuten Ansturm radikalen Reformgeistes.

»Solange die gesellschaftliche Aktivität nicht paralysiert ist und die Nation nicht ihre Lebenskraft verloren hat, wird dieser Kampf weiter toben. In diesem Sinne ist die Frage der Reform, das heißt die Frage der relativen Klassenherrschaft niemals endgültig gelöst.«

Salisbury erwartete daher von einer konservativen Politik auch keine Lösung der großen Fragen, sondern allenfalls einen Waffenstillstand im Klassenkampf.

Seine Skepsis gegenüber politischem Handeln war nur ein Ausfluß seiner Skepsis allem menschlichen Tun gegenüber. Als ihn ein junger Verwandter bei seiner Berufswahl um Rat fragte und in diesem Zusammenhang darauf hinwies, wieviel Gutes er tun könne, erwiderte Salisbury, zu diesem Gesichtspunkt sei kein Mensch berechtigt. Und auf den Einwand des jungen Mannes, schließlich werde doch manches Gute in der Welt getan, entgegnete Salisbury: »Ja, aber nicht durch Sie, niemals durch Sie: erlauben Sie sich nie, das einen Augenblick zu glauben.«

Es ist kaum verwunderlich, daß eine solche politische Philosophie ihren Schöpfer nicht überdauert hat. Erst heute, nach den großen Katastrophen des 20. Jahrhunderts und dem Zusammenbruch mancher Fortschrittshoffnungen werden wir uns wieder bewußt, wieviel Weisheit in Lord Salisburys politischem Denken verborgen liegt.

Arthur James Balfour
1848-1930

Arthur James Balfour lebt in den Geschichtsbüchern heute nur noch als Urheber der Balfour-Deklaration von 1917, die den Grundstein für einen jüdischen Staat in Palästina legte. Und je nachdem, ob man Israel als Heil oder Unheil betrachtet, fällt auch das Urteil über Balfour aus. Dabei ist die Namensgebung fast zufällig. Denn die Erklärung, die die Errichtung einer nationalen Heimstatt für das jüdische Volk in Palästina ins Auge faßte, war ein Kabinettsbeschluß, den der Außenminister kraft Zuständigkeit unterzeichnete.

Balfour bestimmte in dieser Zeit nicht mehr die Geschicke seines Landes; der Krieg war nicht die Stunde Balfours. Er hatte den rücksichtslosen Kämpfernaturen, den Lloyd George und Winston Churchill Platz gemacht, für die Streit und Kampf eine Lebensnotwendigkeit waren.

Doch Balfours Zeit war schon vor dem Ersten Weltkrieg abgelaufen, sie war vorbei, noch während er die Macht als Premierminister in den Händen hielt. Die Pariser Zeitung *Le Temps* schrieb aus Anlaß von Salisburys Rücktritt im Jahre 1902: »Was heute mit dem Rücktritt Lord Salisburys zu Ende geht, ist eine ganze geschichtliche Epoche. Es ist eine Ironie des Schicksals, daß das, was er weitergibt, ein demokratisiertes, imperialisiertes, kolonialisiertes und vulgäres England ist – also in jeder Beziehung das Gegenteil dessen, was die Tories, die aristokratische Tradition und die Hochkirche, deren lebendiger Ausdruck er war, beinhalten. Es ist das England Mr. Chamberlains und, ungeachtet der nominellen Führung, nicht das Mr. Balfours.« Die konservative Partei widerstand diesen Wandlungen noch einige Zeit, doch schon Balfours Nachfolger waren der Stahlkaufmann Bonar Law und der Eisenhüttenbesitzer Stanley Baldwin. Als Balfour Salisburys Nachfolge antrat, hatten Englands relativer wirtschaftlicher Niedergang und seine Wettbewerbseinbußen gegenüber Deutschland und den Vereinigten Staaten den politischen Kampf zwischen Freihändlern und Schutzzöllnern ausgelöst. Mit der Wiedereinführung von Zöllen hofften ihre Befürworter den Export zu stützen, das Empire zu stärken und Geld für die Modernisierung der Flotte und soziale Wohltaten in die Staatskasse zu leiten. Balfour hatte keine ausgeprägten Überzeugungen. Er vermochte nur die Partei zusammenzuhalten, nicht sie zu führen. Seine subtile Dialektik konnte den Mangel an neuen Ideen nicht verdecken. Nach der vernichtenden Niederlage der Tories im Jahre 1905 stiegen die politischen Temperaturen im Land. Gewalttätigkeit und Hysterie vergifteten das politische Klima und machten auch vor dem Parlament nicht halt. Während militante Suffragetten sich an die Gitter des Buckingham-Palastes ketteten, konservative Politiker in Nordirland eine protestantische Aufstandsbewegung unterstützten und die Liberalen die Verfassung zur Disposition stellten, versuchte Balfour, auch das neue Unterhaus in den Bann seiner funkelnden Rhetorik zu ziehen. Doch seine Intellektualität entsprach nicht mehr der Stimmung des Hauses. So konnte ihm der neue Premierminister Campbell-Bannerman unwidersprochen zurufen: »Der Gentleman ist wie die Bourbonen. Er hat nichts gelernt. Er kommt zurück mit der gleichen leichtfertigen Anmut, der gleichen subtilen Dialektik, der gleichen nachlässigen und frivolen Art, ernste Dinge zu behandeln. Er weiß wenig von der Stimmung des neuen Unterhauses, wenn er glaubt, mit diesen Mitteln Erfolg zu haben. Der Gentleman hat einige Fragen gestellt, die ihm schwierig dünkten. Ich habe darauf keine Antwort zu geben. Sie sind äußerst unnütz, unsinnig und irreführend. Ich sage: Schluß mit dieser Narretei!«

Balfours Haltung blieb auch in der Verfassungskrise ambivalent. Zwar bekämpften die Tories Lloyd Georges radikales Budget und die Entmachtung des Oberhauses, doch vor der Drohung des Peersschubs wich Balfour zurück und spaltete damit die Tories tiefer, als es die Zollfrage getan hatte. Balfours Rückzug von der Parteiführung nach dem Ende der Verfassungskrise bezeichnet auch das Ende der aristokratischen Vorherrschaft. Das »Hotel Cecil« – wie man Salisburys und Balfours Kabinett spöttisch nannte – mußte einem Geschäftshaus weichen.

Arthur James Balfour war das typische Produkt einer Spätzeit, eine Fin-de-siècle-Gestalt, die man den Figuren Prousts zugesellen könnte. »Prinz Arthur«, wie er von seinen Freunden genannt wurde, hatte mehr Ähnlichkeiten mit Prousts Charlus als mit seinem Onkel Salisbury. Er war ein in die Politik verschlagener Ästhet, dem die Vielen fast körperlich zuwider waren. Aus den Bildern Sargents tritt uns eine elegante schlanke Gestalt mit einem fast überschmalen feinen Gesicht entgegen, durchgeistigt und mit einem melancholisch-müden Zug der Vergeblichkeit um den

Mund. Balfour hatte nichts von der so viktorianisch wirkenden körperlichen Robustheit seines Onkels. Schon als Kind war er delikat und leicht ermüdet. In Cambridge war er berühmt für seinen erlesenen Geschmack, seine Sammlung chinesischen Porzellans und seine Gewohnheit, spät aufzustehen. Seine Liebe galt der Musik – besonders Händel, über den er einen klugen Essay geschrieben hat – und der Philosophie. Von bezauberndem Wesen, ein kluger Gesprächspartner, war Balfour der Mittelpunkt eines Kreises von Aristokraten, genannt die Seelen, der sich die Ästhetisierung des öffentlichen Lebens zum Ziel gesetzt hatte. Dahinter stand die Vorstellung einer Rechtfertigung von Herrschaft durch Anmut. Daß diese Herrschaft von der Aristokratie ausgeübt werden müsse, war ihm nie zweifelhaft. Balfour ruhte in der langen Tradition von Stabilität und Sicherheit. Auf sein Verhältnis zu dem zwölf Jahre älteren Chamberlain angesprochen, entgegnete er einmal: »Der Unterschied zwischen Joe und mir ist der Unterschied zwischen der Jugend und dem Alter. Ich gehöre zu den Alten.« Balfour war frei von politischen Leidenschaften und vermochte sie auch bei anderen zwar mit Interesse zu betrachten, aber nicht zu verstehen. Churchill sah die Ursache für seine unerschütterliche Ruhe, die viele für Pose hielten, darin, daß ihn »die Dinge, um die es geht, nicht wirklich berührten oder daß er glaubt, das Glück der Menschheit sei nicht davon abhängig, ob die Ereignisse nun diesen oder jenen Verlauf nehmen«. Oder wie es Austen Chamberlain einmal ausdrückte: »Er weiß, daß es einmal eine Eiszeit gegeben hat und daß es wieder eine geben wird.« Balfours Gelassenheit erschien vielen als Gefühlskälte. Nach dem frühen Verlust seiner Verlobten Mary Lyttelton war seine Bindungsfähigkeit erschöpft, und auf den Vorwurf von Margot Asquith, daß es ihm nichts ausmache, wenn sie und eine andere von Balfours Freundinnen stürben, entgegnete er: »Doch, mir würde es etwas ausmachen, wenn ihr beide am gleichen Tag sterben würdet.« Der verbitterte George Curzon urteilte über Balfours Gefühlskälte: »Die Wahrheit ist, daß Balfour mit seiner funkelnden Intellektualität keine Tiefe des Gefühls, keine grundlegenden Überzeugungen und keine wirkliche Zuneigung verband. Wir wußten alle, daß er uns im Notfall fallenlassen, uns ohne Gewissensbisse opfern würde. Wenn einer von uns plötzlich stürbe, würde er an diesem Abend ungerührt auswärts dinieren, und in den Gesprächs- oder Bridgepausen könnte man ihn murmeln hören: armer alter George.«

Balfours skeptische Distanziertheit tritt uns auch aus seinen beiden philosophischen Büchern *A Defence of Philosophical Doubt* und *The Foundations of Belief* entgegen. Sie waren der Versuch, den Glauben seiner Jugend vor den Zerstörungen durch den Darwinismus zu bewahren, indem er Zweifel an der materiellen Realität wie an der menschlichen Vernunft anmeldete. Sein Hauptanliegen war es zu zeigen, daß die Wissenschaft nicht mehr Anspruch auf eine rationale Begründung hat als andere Glaubenswelten auch. An Hand verschiedener naturwissenschaftlicher Phänomene versuchte er zu beweisen, daß die normale menschliche Beobachtungs- und Vorstellungskraft letztlich nicht ausreicht, wissenschaftliche Zusammenhänge zweifelsfrei zu begründen. Diese Vermutung ist später durch Einsteins Relativitätstheorie erhärtet worden und gehört heute zum Kanon moderner naturwissenschaftlicher Forschung. Doch was für die reale Welt gilt, gilt für die Welt des Glaubens in gleicher Weise. Balfours Schlüsselsatz: »Wenn die Religion in dieser Hinsicht auf der gleichen Ebene mit den Wissenschaften steht, dann müssen die gleichen Beobachtungen – mutatis mutandis – auch auf sie angewandt werden. Die Religion ist jedenfalls nicht schlechter dran als die Wissenschaften, was die Frage der Beweisbarkeit angeht.« Man ist geneigt hinzuzufügen: aber auch nicht besser, was heißt, daß für den Glauben mit Vernunftgründen nicht zu streiten ist. Es bleibt also bei Pascals Maxime, daß das Herz Gründe hat, die der Verstand nicht kennt. Balfours Skepsis gegenüber dem menschlichen Verstand bleibt für die Begründung des Glaubens letztlich unfruchtbar. Kiplings ironischer Kommentar zu Balfours philosophischen Bemühungen enthält mehr als ein Körnchen Wahrheit:

> The Foundations of Philosophic Doubt
> Are based on this single permiss
> Shall I be able to get out
> To Wimbledon in time for tennis?

Balfours politische Karriere beginnt in dem Parlament, das auf Disraelis Sturz folgte. Er verdiente sich die ersten rhetorischen Lorbeeren als Mitglied der sogenannten vierten Partei, einer Gruppe jüngerer konservativer Abgeordneter um Randolph Churchill, die unter der Losung »Tory Democracy« von ihrer Parteiführung so weit entfernt waren wie von Gladstones liberaler Regierung. Balfour stand Churchills Traum vom Bündnis zwischen Adel und Arbeiterschaft durch soziale Zugeständnisse allerdings distanziert gegenüber, da er ahnte, daß Fortschritt und Gewinn einer gesellschaftlichen Gruppe niemals ohne Verluste bei anderen Gruppen erzielt werden können. Als Balfour 1887 im Kabinett Salisbury Irland-Minister wurde, begegnete dies zuerst ungläubigem Staunen: Es erscheint wie das Zerbrechen eines Schmetterlings, Mr. Balfour auf die Folterbank der irischen Politik zu spannen, war die landläufige Meinung, und die Iren drohten: »Wir haben Forster getötet, Beach geblendet und Trevelyan zerstört – was sollen wir mit diesem Weichling tun?« Es wurde Balfours erfolgreichste Zeit. Sein Regierungsgrundsatz: »Ich werde so rücksichtslos wie Cromwell Gehorsam gegenüber dem Gesetz erzwingen und gleichzeitig so radikal wie irgendein Reformer auf die Beseitigung von Mißständen dringen«, gewann Irland eine Ruhepause und ihm parlamentarische Popularität. Die Agrarunruhen unterdrückte er mit neuen Ausnahmegesetzen und politischer Unterstützung für die Polizei, ihre Ursachen versuchte er durch ein Gesetz zu beseitigen, das irische Pächter vor willkürlichen Vertreibungen sicherte und ihnen die Möglichkeit des Landkaufs eröffnete. Seine Erfolge qualifizierten ihn für die Nachfolge Salisburys. 1891 wurde er Führer des Unterhauses, 1902 Premierminister. Doch die »dröhnenden neunziger Jahre« waren ihm wenig gemäß, denn Balfour war eher ein Mann des 18. als des anbrechenden 20. Jahrhunderts.

Bleibende Erfolge waren ihm nur auf dem Gebiet der Außen- und Verteidigungspolitik beschert. Balfour hob das »Dreadnought«-Programm zur Modernisierung der Royal Navy aus der Taufe, schuf mit dem »Committee of Imperial Defence« ein Instrument zur Überholung der Gesamtstrategie und begründete die Entente Cordiale mit Frankreich. Mit diesen Maßnahmen sicherte Balfour England den Sieg über Deutschland im Ersten Weltkrieg. Seine außenpolitischen Visionen griffen seiner Zeit weit voraus. Balfour erspürte bereits im ersten Jahrzehnt unseres Jahrhunderts die Verletzlichkeit und den Niedergang des britischen Empires. Er fürchtete die jungen Staaten Rußland, Deutschland und Japan und beschwor eine angelsächsische Weltzivilisation, in der Amerika mit England föderiert die Last des durch eine Schutzzollmauer geeinten Empires übernehmen könnte. Seine Überlegungen, die er Präsident Theodore Roosevelt überreichen ließ, nehmen die historische Entwicklung der Jahre 1941/42 vorweg und sind ein glänzendes Beispiel für konstruktives außenpolitisches Denken.

Nach Balfours Rücktritt von der Führung der Konservativen Partei im Jahre 1911 rückte er allmählich in die Rolle des elder statesman auf, der vom Beginn des Kriegs bis zum Jahre 1930 fast allen liberalen, konservativen oder Koalitionskabinetten angehörte. »Er bewegte sich« – um mit Churchill zu sprechen – »von einem Kabinett zum anderen, von dem Premierminister, der sein Gönner war, zu dem Premierminister, der sein schärfster Kritiker war, wie eine mächtige Katze, die vorsichtig, und ohne sich zu beschmutzen, eine schlammige Straße überquert.« Schon vor dem Krieg wurde Balfour Mitglied des »Committee of Imperial Defence«, danach Mitglied des Kriegsrats und noch unter Asquith im Jahre 1915 der Nachfolger Churchills als Erster Lord der Admiralität. In Lloyd Georges Koalitionsregierungen war er zuerst Außenminister, später Präsident des Staatsrates, ein Amt, daß er mit einer kurzen Unterbrechung nach dem Auseinanderfallen der Koalition bis fast zu seinem Tode innehatte. In dieser Eigenschaft besuchte er kurz nach dem Kriegseintritt als erster prominenter englischer Politiker Amerika mit großem Erfolg, unterzeichnete die Balfour-Erklärung über eine jüdische Heimstatt in Palästina und fand auf der Dominion- und Commonwealth Konferenz im Jahre 1926 jene verfassungsrechtlich höchst widersprüchliche Formel von den Dominions als gleichberechtigten Staaten, die allein durch ihre Loyalität zur Krone verbunden sind, die bis zur Unabhängigkeit Indiens Gültigkeit hatte. Nur noch einmal, nach dem Rücktritt Bonar Laws im Jahre 1923, bestimmte Balfour den Lauf der Dinge, als er dem König die Berufung Curzons mit der Begründung ausredete, daß ein Premierminister künftig nur noch aus dem Unterhaus kommen könne.

Balfours politische Philosophie läßt sich auf die Formel bringen: Kampf für Prinzipien, solange wie möglich – verbunden mit Konzessionen, wo es nicht anders geht. Man kann nicht immer verhindern, daß die Dinge zum Teufel gehen, aber man kann den Gang verlangsamen, vielleicht den Kurs ändern und so das Schlimmste vermeiden. Balfours Handeln war bestimmt von einem pessimistischen Gradualismus. Er glaubte an soziale Reformen durch die Entwicklung von Industrie und Wissenschaft und beklagte zugleich den Übergang eines Weltreichs aus den Händen der Aristokratie in die Verantwortung der Massen. Er versuchte durch

Verbesserung des Bildungs- und Erziehungssystems, die neuen Wähler auf die Aufgabe des Regierens vorzubereiten, doch wußte er von Burke, daß Herkommen, Gewohnheiten und Traditionen wichtiger sind als Vernunft und Bildung. Er fürchtete die Demokratie und hielt sie doch für unvermeidlich. Im Unterschied zu seinem Onkel Lord Salisbury hielt er sich für einen Liberalen, doch bekämpfte er mit gleichem Nachdruck die Umverteilung von oben nach unten. Sein politisches Credo findet sich in einer Rede aus dem Jahre 1924 über den Sozialismus: »Es ist sehr einfach, die Reichen arm zu machen. Doch die wirkliche Frage ist – unter welchem gesellschaftlichen System erreichen wir die besten Resultate für das Wohlergehen der breiten Masse? Unser System bringt eine gewisse Anzahl reicher Leute hervor. Doch die Frage bleibt: Würde irgendein anderes System die Zahl der Armen verringern? Es ist sehr einfach, Angleichung nach unten zu schaffen. Das Problem des Staatsmanns ist es, alles für eine Angleichung nach oben zu tun.«

Dem Politiker, der die Politik verachtete, dem skeptischen Verteidiger des Glaubens, dem Logiker, der mit dem Spiritualismus flirtete, dem Philosophen, der den Ideen mißtraute, war es nicht gegeben, in den Kämpfen seiner Zeit siegreich zu sein. Er vermochte den Prozeß der sozialen Degeneration, der England seit der Jahrhundertwende ergriffen hatte, nicht aufzuhalten. Er hat diesen Prozeß im Jahre 1908 in einer Vorlesung in Cambridge zu Ehren seines Lehrers, des Moralphilosophen Henry Sidgwick beschrieben. Dekadenz, so formulierte er damals, tritt auf, wenn sich in einem alten und noch mächtigen Staat eine Stimmung der Enttäuschung breitmacht, wenn die Reaktionsfähigkeit auf gesellschaftliche Übel schwächer wird, wenn das Staatsschiff immer weniger kräftig von den andrängenden Wellen nach oben getragen wird, wenn Wissen und Gelehrsamkeit erschlaffen, der Unternehmungsgeist zurückgeht und die Lebenskraft einer Gesellschaft verebbt. Es war die Beschreibung von Balfours England, eine kluge Einsicht in nationale Schwächen und ein tiefer – wenn auch unbewußter – Blick in die eigene Seele.

Lord Randolph Churchill
1849-1895

Es ist für uns Deutsche mit unserer an Brüchen, Diskontinuitäten und Verwerfungen reichen Geschichte immer wieder erstaunlich zu sehen, wie Probleme und politische Konstellationen bei unseren Nachbarvölkern konstant bleiben.

Schauen wir auf das England von vor einhundert Jahren, so haben wir die gleichen Fragen vor uns, die heute die englische Politik bewegen: Irland, wirtschaftlicher Niedergang, Geldmengenpolitik, Verteidigungsfähigkeit und die Parteienstruktur.

Und wie vor einhundert Jahren sind die Parteien in diesen Fragen gespalten. Der durch den Falklandkonflikt nur verdeckte Riß in der konservativen Partei verweist auf einen grundsätzlichen seit Peel und Disraeli bestehenden Dissens: Ist die konservative Partei eine Partei der liberalen Marktwirtschaft oder eine Partei der sozialen Gerechtigkeit?

»Jung-England« und »Tory-Democracy« sind die Schlachtrufe, mit denen diese Auseinandersetzung auch heute noch geführt wird; und anders als in Deutschland haben die Angehörigen der politischen Klasse Englands noch einen Bezug zu den historischen Wurzeln dieser Begriffe.

»Tory-Democracy« ist für immer mit Persönlichkeit und Wirken von Lord Randolph Churchill, dem Vater des großen Kriegspremiers, verbunden. Es ist heute schwierig, diesem Mann gerecht zu werden und seine Bedeutung für die politische Ideengeschichte Englands abzuschätzen. Drei Faktoren erschweren diese Aufgabe in besonderer Weise.

Da ist einmal das Bild seines Sohnes, des großen Winston Churchill, dessen Figur vor dem Hintergrund des Zweiten Weltkriegs einen so kräftigen Schatten auf die englische Geschichte wirft, daß in diesem Schatten das Bild seines Vaters kaum noch zu erkennen ist. Und da Winston Churchill ein großer Schriftsteller war und diese Fähigkeit ausgerechnet mit einer Biographie seines Vaters zum ersten Mal unter Beweis stellte, hat er selbst auch noch dazu beigetragen, die Persönlichkeit Randolph Churchills der kritischen Nachforschung zu entziehen.

Seine Biographie ist die Kanonisierung des Vaters, es ist die späte Rechtfertigung eines im Grunde gescheiterten Politikers durch seinen großen Sohn.

Und noch ein dritter Umstand erschwert uns heute ein gerechtes Urteil über Randolph Churchill.

Seine politischen Ideen, seine Philosophie sind in Reden und Interviews enthalten, deren Charme das gesprochene Wort war und die beim Nachlesen viel von jenem Glanz eingebüßt haben, die sie einst zu den großen Ereignissen des britischen Parlamentarismus gemacht haben. Ätzende Sarkasmen, wie das berühmte »Marshall and Snelgrove« oder »vineries and pineries«[18] für die neue kommerzielle Mittelklasse haben heute ihren herausfordernden Klang eingebüßt. Was damals in England von Mund zu Mund ging und Leuten auf der Straße spöttisch nachgerufen wurde, vermag heute nicht mehr zu verletzen.

Doch nur wenn man sich diese Fähigkeit Randolph Churchills, gesellschaftliche Entwicklungen auf Kurzformeln zu bringen, immer wieder vor Augen führt, kann man seine Bedeutung für die achtziger Jahre des vorigen Jahrhunderts ermessen. Die politische und gesellschaftliche Situation Englands war damals wie heute eine des Umbruchs. Gladstone hatte in den Jahren 1868-1874 die großen Institutionen des Landes – Armee, Justiz und Universitäten – in liberalem Geiste refomiert. Das darauf folgende Kabinett Disraeli hatte in den siebziger Jahren die ersten großen Sozialreformen durchgeführt:

Die Rechte der Gewerkschaften waren erweitert worden, die Arbeitszeit auf 56 Stunden herabgesetzt und der Verkauf von Nahrungs- und Arzneimitteln war neu geregelt worden. Mit einem Gesetz zur Errichtung von Handwerkerwohnungen hatte man versucht, das Wohnungsproblem in Angriff zu nehmen. Disraeli hatte die Partei getreu seinen Überzeugungen, daß allein das Bündnis von Adel und Arbeiterschaft die konservative Partei an der Macht halten könne, in seinem Sinne erzogen. Dennoch mußte auch Disraeli sehen, daß das bürgerliche, das kommerzielle Element in der Partei immer stärker wurde.

Und nach der Wahlniederlage von 1880 bestimmte dieses Element in zunehmendem Maße die Politik der konservativen Partei.

Dem neuen Führer, Sir Stafford Northcote, einem ehemaligen Privatsekretär Gladstones, waren Disraelis Gedanken von der Wiedervereinigung der »zwei Nationen« völlig fremd. Er war ein Vertreter der Klassen- und Interessenpolitik; seine Devise hieß: keine Reformen und keine Demokratie.

Englands erste große Wirtschaftskrise hatte den Vertretern der kommerziellen Interessen Angst eingejagt. Die konservative Partei des Jahres 1880 wußte auf den wirtschaftlichen Niedergang des Landes und den dadurch ausgelösten Druck der Massen keine überzeugende Antwort. Sie klammerte sich an die großen Institutionen des Landes und setzte auf Krone, Oberhaus und anglikanische Kirche als Wahrer des Status quo.

Diese Politik war schon deshalb zum Scheitern verurteilt, weil durch die letzte große Wahlrechtsreform im Jahre 1884 die Wählerschaft des Vereinigten Königreiches von drei Millionen auf fünf Millionen angestiegen war. 79 Städte mit weniger als 15 000 Einwohnern verloren ihre parlamentarische Vertretung. Im übrigen wurde das Land, bis auf wenige Ausnahmen, in Wahlkreise mit nur einem einzigen Abgeordneten aufgeteilt. Die zahlenmäßige Überlegenheit der ärmeren Schichten konnte sich nunmehr voll auswirken.

Diese noch von Gladstone durchgesetzte Wahlreform traf aber nicht nur das konservative Establishment. Auch die liberale Partei spaltete sich nun endgültig in die landbesitzenden Whigs und radikale Neulinge, wie Joseph Chamberlain, den Schraubenfabrikanten aus Birmingham. Die Ein-Mann-Wahlkreise setzten dem alten Brauch, einen Whig und einen Radikalen zusammenzuspannen, ein Ende. Fast jeder volljährige Mann hatte nun das Wahlrecht, und die großen Parteien waren gezwungen, dieser Entwicklung programmatisch Rechnung zu tragen. In der konservativen Partei bildete sich, noch bevor Disraeli im Jahre 1881 starb, eine Gruppe junger Abgeordneter, die man später die »4. Partei« nannte. Sie zeichneten sich durch Aggressivität, soziales Engagement und die Fähigkeit, die neuen Arbeiterwähler anzusprechen, aus.

Von den vier Namen, die damals Schlagzeilen machten – Gorst, Wolff, Balfour und Randolph Churchill – sollten nur die letzten beiden in den kommenden Jahren eine entscheidende Rolle spielen.

Gorst war ein Anwalt mit großen intellektuellen Fähigkeiten, Wolff ein Karrierediplomat mit intimer Kenntnis Ägyptens und Indiens, und Balfour war der Neffe Lord Salisburys aus dem Hause Cecil. Die farbigste dieser vier Persönlichkeiten war jedoch zweifellos Randolph Churchill, der jüngere Sohn des siebten Herzogs von Marlborough.

Es ist heute fast unmöglich, sich ein Bild von der Persönlichkeit

Randolph Churchills zu machen, einer Figur, die einem Balzac-
schen Roman oder einem Roman von Trollope entstiegen sein
könnte. Verheiratet mit einer der schönsten Frauen Englands, der
Amerikanerin Jenny Jerome, war Randolph Churchill trotz seiner
hohen Abkunft nicht mit einem goldenen Löffel im Mund geboren
worden. Finanzielle Schwierigkeiten verfolgten ihn sein ganzes Leben. Die Marlboroughs waren durch Mißwirtschaft verarmt, und
Churchill mußte erleben, wie die wertvollen Sammlungen, die der
erste Herzog zusammengetragen hatte, u. a. die berühmte Sunder-
land-Bibliothek, verschleudert wurden, um einen angemessenen
Lebensstandard aufrecht zu erhalten. Als jüngerer Sohn war er
von den Resten des Vermögens praktisch ausgeschlossen und deshalb frühzeitig gezwungen, in der Politik einen Lebensunterhalt zu
finden.

Randolph Churchill war eine seltsame Mischung aus Liebenswürdigkeit und Brutalität, er war ein witziger geistvoller Unterhal-
ter und mitreißender Redner und konnte doch politische Freunde
wie Gegner in einem Maße verletzen, wie das selbst in dem rauhen
politischen Klima des viktorianischen England nicht üblich war.
Ein glänzender Parteiführer – sein Freund und politischer Gegner
Lord Rosebery hat ihn einmal mit Bolingbroke und Disraeli verglichen –, konnte er doch seine politischen Freunde durch seine Sarkasmen und die ätzende Schärfe seiner Formulierungen zur Ver-
zweiflung bringen. Ein Einzelgänger, brillant im parlamentarischen Angriff, war er zu Teamarbeit wie zu Kabinettsdisziplin
nicht fähig. Eine bereits früh auftretende schwere Krankheit, die
Paralyse, verstärkte noch die Unausgeglichenheit seines Charakters. Phasen heftiger Tätigkeit und das Land begeisternder Parla-
mentsauftritte wechselten mit solchen tiefer Depression.

Hinzu kam, daß Randolph Churchill frühzeitig ein sozialer Außenseiter geworden war. Eine damals berühmte Skandalaffäre
verbannte ihn für lange Zeit aus den Landhäusern der britischen
Aristokratie.

Auch diese Affäre ist typisch für die Unbeherrschtheit, die seine
großen Fähigkeiten immer wieder beeinträchtigte. Sein Bruder,
der Marquis of Blandford, war als Zeuge in eine Scheidungsaffäre
der Hocharistokratie verwickelt. Die Dame hatte jedoch auch ein
allgemein bekanntes Verhältnis mit dem Prince of Wales, dem späteren Eduard VII., gehabt. Um seinem Bruder aus dieser Angelegenheit herauszuhelfen, versuchte Churchill, die Princess of Wales

mit der Veröffentlichung der Briefe ihres Mannes an die betreffende Dame zu bedrohen. Der Skandal war ungeheuerlich, das Königshaus empfing keinen Churchill mehr.

Diese Erfahrung brachte Churchill aber auch eine Erweiterung seines geistigen Horizontes. Nicht nur, daß er in aller Eile als Privatsekretär seines Vaters, den Disraeli zum Vizekönig von Irland gemacht hatte, nach Dublin ging, er mußte sich auch neue Freunde im Bereich von Kunst und Hochfinanz suchen, da die alten ihm die Türen verschlossen hatten. Dies brachte ihn über die traditionelle Ausbildung in Eton und Oxford hinaus in ernsthaften Kontakt mit den Problemen Irlands wie mit den wirtschaftlichen Schwierigkeiten Englands in den Jahren der ersten Wirtschaftskrise. Er wuchs über den brillanten Feuerkopf, den Gentleman-Politiker hinaus.

Er wurde zum Führer einer Partei, die Ideen dringend brauchte, und er begriff, daß diese Ideen den irischen Pächtern wie den englischen Landarbeitern etwas geben mußten, wenn die konservative Partei überleben wollte. Seine Vorstellungen, die er in den Jahren von 1880 bis zu einem Rücktritt 1886 entwickelte, beruhen auf der Grundlage einer Wiederbelebung des Bündnisses zwischen den neuen Arbeiterwählern und den alten landbesitzenden Klassen, die das Rückgrat der konservativen Partei bildeten. Seine Ideen waren durchaus antiliberal und antibürgerlich.

Die besitzenden Klassen sollten durch eine, wenn auch nur mäßige, Umverteilung einen Beitrag zur Wohlfahrt der armen Klassen leisten. In einer berühmt gewordenen Rede in Dartford im Jahre 1886 forderte er von seiner eigenen Partei eine demokratische Gemeindeverwaltung mit echten Rechten, eine freie Grundschulerziehung, die allmähliche Einführung von Erbschaftssteuern und ein Investitionsprogramm zur Schaffung neuer Arbeitsplätze in England und Irland. Ähnliche Vorstellungen fanden sich in einem Interview aus dem Jahre 1884, in dem er öffentliche Investitionen in Arbeiterwohnungen und staatliche Investitionen zur Schaffung neuer Industrien forderte.

Nach seinem Rücktritt als Schatzkanzler der Regierung Salisbury ging er in einer Rede in Walsall im Jahre 1889 so weit, die Aufteilung großer schlecht bewirtschafteter Güter unter Klein-Eigentümer zu fordern, und schlug ein von den Gemeindeverwaltungen zu verwirklichendes Arbeiterwohnungsprogramm vor.

Churchill verband diese sozialen Überlegungen zur Integration der Industriearbeiterschaft mit der Verteidigung der alten traditionellen Institutionen Englands. Dazu gehörte für ihn auch das Oberhaus und der politische Einfluß des Adels. Arbeiter, die Eigentümer werden sollten, so Churchills Vorstellungen, würden diese feudalen Institutionen gegen den liberalen Agnostizismus der Mittelklassen verteidigen.

Es war die konsequente Fortentwicklung von Disraelis Ideen, verbunden mit ersten Überlegungen einer Abkehr vom Freihandel und einer imperialen Schutzzollpolitik. Churchill war sich wohl bewußt, daß die landbesitzende Klasse Englands an Einfluß verlor, und es ist in der Tat interessant zu sehen, daß die großen britischen Parlamentarier dieser Epoche noch einmal und zum letzten Mal alle Angehörige eben dieser landbesitzenden Schicht waren. Das gilt für den Iren Parnell wie für Lord Rosebery, das gilt für Balfour wie für Churchill.

Churchill glaubte nicht daran, daß man allein durch Reformverweigerung die politische Kultur Englands retten könne. Für ihn war eine konservative Politik der Verweigerung gleichbedeutend mit Selbstaufgabe. Er sah, daß Politik, die die Zustimmung der Massen finden sollte, künftig anders aussehen müsse, als jene enge Klassen- und Interessenpolitik, für die z. B. die Cecils standen.

Politische Freunde wie politische Gegner haben aus diesen Ideen Churchills geschlossen, daß er, wie der junge Disraeli, ein »Radikaler« war, ein Mann, der die gesellschaftliche Pyramide umkehren und das Land vollständig demokratisieren wollte.

Rosebery wiederum nimmt ihn in seinem berühmten Essay als Liberalen in Anspruch und vergleicht ihn mit den großen liberalen Reformern Canning und Peel.

Hiergegen spricht, daß Randolph Churchill am Ende seines Lebens sogar die Labour-Partei noch begrüßte und kollektivistischen gesellschaftlichen Lösungen nicht abgeneigt war, wenn davon die großen politischen Institutionen des Landes unberührt blieben. Zwar ist es schwer vorstellbar, wie sich Sozialismus und das Vetorecht des erblichen Adels im Oberhaus miteinander vertragen sollten, doch eben dies war Churchills Vorstellung.

Die Wirtschaftskrise Ende der siebziger, Anfang der achtziger Jahre hatte seinen Glauben an die liberale Marktwirtschaft erschüttert, und er suchte nach Wegen, das alte, das konservative England mit Hilfe des vierten Standes, der nun mitzubestimmen hatte, zu retten. Ob dies ein Weg gewesen wäre, muß offen bleiben, da Churchill zu früh starb, um seine Vorstellungen in politische Taten umzusetzen. Die immer wieder geäußerten Zweifel, ob dies alles nicht bloßer Opportunismus war, um die eigene politische Karriere zu fördern, können letztlich nicht ausgeräumt werden. Denn zumindest in einer Frage, die alle politischen Diskussionen in England in diesen Jahren überschatten sollte, ist der Vorwurf des Opportunismus nicht ganz unberechtigt.

Randolph Churchill hatte als Privatsekretär seines Vaters Kenntnisse und Erfahrungen in irischen Angelegenheiten gewonnen, und er hatte gleich zu Beginn seiner politischen Karriere Verständnis für die Probleme der irischen Pächter gezeigt. Die Union mit England hatte den Iren keine Erleichterung gebracht. Die parlamentarische Repräsentanz und die Entstaatlichung der protestantischen Kirche in Irland wie auch die Katholikenemanzipation hatten das wirtschaftliche Grundübel des Landes, eine überholte Agrarstruktur, nicht beseitigen können. Von der Wirtschaftskrise hart getroffen, waren immer weniger irische Pächter in der Lage, ihre Pachtzinsen an die englischen Grundherren zu zahlen. Vertreibung und Verarmung waren die Folgen.

Das wirtschaftliche Elend der irischen Pächter verband sich mit der politischen Forderung nach Selbstverwaltung zu einer explosiven Mischung. Wie heute auch wurde Mord zum Mittel der Politik.

Da die irische Landliga ihr Ziel, die wucherischen Pachtsätze zu senken und den Bauern zu Grundeigentum zu verhelfen, nicht erreichen konnte, griffen die Iren zum Mittel des Terrors. Von ihrem Land vertriebene Pächter verbrannten Scheunen und Höfe und ermordeten Verwalter und Grundbesitzer. Der irische Politiker Parnell hatte dazu aufgerufen, jeden, der seine Pächter vertrieb, wie einen Leprakranken zu isolieren. Der erste, dem dies geschah, war ein gewisser Kapitän Boycott. Sein Name wurde zum Begriff für eine neue Methode.

Die Behörden waren nicht in der Lage, die Ordnung im Lande aufrechtzuerhalten. Allein das Jahr 1882 sah 26 Morde und 58 versuchte Morde. Ganze Familien wurden bei lebendigem Leib verbrannt.

Gladstone ließ daraufhin ein Gesetz mit Zwangsmaßnahmen für Irland verabschieden, zugleich aber erfüllte ein neues Bodengesetz die Forderungen der Iren nach gerechten Pachtzinsen, nach Pachtschutz und freiem Verkauf ihrer Produkte.

Doch die Iren waren mit dieser Lösung nicht zufrieden, da die neue gesetzliche Regelung nur für diejenigen galt, die ihre Pachtzinsen bezahlt hatten. Rückständige Pachtzinsen wurden nach wie vor gewaltsam eingetrieben. Als die Regierung auch in dieser Frage nachgab, verhinderte der Mord im Phoenixpark zu Dublin an dem Unterstaatssekretär für Irland und dem Sekretär des Vizekönigs eine Beruhigung. Gladstone war nunmehr davon überzeugt, daß allein Home-Rule für Irland bei Wahrung einer einheitlichen Verteidigungs-, Außen- und Zollpolitik dem Land Frieden geben könne.

Auch Randolph Churchill hatte sich in Irland solchen Ideen genähert und dem Führer der irischen Nationalisten, Parnell, zumindest die Aufhebung aller Zwangsgesetze durch die Konservativen versprochen. Ob er auch weitergehende, Home-Rule sehr nahekommende Zugeständnisse gemacht hatte, wird wohl immer im Dunkel der Geschichte bleiben. Churchill hat dies bestritten. Der Vizekönig von Irland, Lord Carnarvon, Mitglied des ersten konservativen Kabinetts Salisbury, hat es später zugegeben und die Liberalen haben es immer behauptet.

Jedenfalls waren die Zusagen an die Iren so konkret, daß Parnell bei den im Jahre 1885 notwendig gewordenen Wahlen die Iren in England aufforderte, konservativ zu wählen. Dies bescherte den Tories fünfzig zusätzliche Sitze. Zusammen mit den sechsundachtzig irischen Nationalisten hatten sie damit genauso viele Sitze wie die Liberalen. Als in diesem Moment Gladstone sich öffentlich zu Home-Rule für Irland bekannte, war Randolph Churchill der erste, der dies als Gelegenheit begriff, die Liberalen von der Macht zu verdrängen. Im Gegensatz zu seiner bisherigen Haltung rief er das protestantisch-irische Element im Norden des Landes zum Widerstand gegen Gladstones Home-Rule-Gesetzgebung auf, und seine Aggressivität ging so weit, Gesetzesverletzungen anzukündigen, falls Home-Rule Wirklichkeit werden sollte.

Es ist unter Historikern oft darüber gestritten worden, ob dies blanker Opportunismus war oder die tiefe Einsicht, daß auch Home-Rule für Irland die Frage des protestantischen Nordens nicht zu lösen vermochte. Die Geschichte Irlands in diesem Jahrhundert hat die Richtigkeit dieser Einsicht bestätigt. Ob Randolph Churchill sie wirklich gehabt oder nur aus Gründen politischer Taktik und Opportunität gehandelt hat, wird wohl immer ein Geheimnis bleiben. Sein Sohn hat ihn vom Vorwurf des Opportunismus freigesprochen. Sein Freund und politischer Gegner, Lord Rosebery, ebenso. Die Historiker sind kritischer mit ihm ins Gericht gegangen.

Das Ergebnis ist bekannt: Gladstone erreichte für seine Vorlage keine Mehrheit, die liberale Partei spaltete sich, die »liberalen Unionisten« und die Konservativen erhielten in den fälligen Neuwahlen eine Mehrheit, die Herrschaft der konservativen Partei war für die nächsten zwanzig Jahre gesichert.

Das Ende ist schnell erzählt. Randolph Churchill wurde für seine Verdienste um diesen konservativen Sieg Schatzkanzler in der zweiten Regierung Salisbury. Sein erster Haushalt war ein Etat des knappen Geldes, der Steuersenkungen und Ausgabenreduzierungen vorsah. In der Auseinandersetzung mit dem Verteidigungsminister über die Höhe der Ausgaben für Flotte und Armee bot er seinen Rücktritt an, der von Salisbury erleichtert angenommen wurde.

Randolph Churchill hatte keine Freunde, am wenigsten in einem konservativen Kabinett.

Die letzten Jahre seines Lebens waren geprägt von seiner schweren Krankheit und einem schnellen Verfall seiner Kräfte. 1895 starb er erst 46jährig.

Churchill ist von Lord Rosebery einmal »a brilliant failure« genannt worden, und diese Formulierung kommt der Wahrheit wohl am nächsten. Die konservative Philosophie Randolph Churchills hat Rosebery als Humbug, als Betrug am Wähler, als reinen Opportunismus bezeichnet. Dies wird der Persönlichkeit Lord Randolphs nicht gerecht.

Selbst wenn man nicht seinem Sohn folgt, der ihn zu einem der bedeutendsten Denker in der konservativen Partei stilisiert hat, so bleibt doch die Tatsache, daß mit seinem Abgang die konservative Partei zu einer Partei der Verteidigung des Besitzes wurde, die Reformen so lange vor sich herschob, bis sie die Macht im Jahre 1905 an die Liberalen verlor.

Eine Generation später brachte das liberale Kabinett Asquith-Lloyd George schließlich zustande, was Churchill vorausgesehen hatte: die Abschaffung des Vetos der Lords.

Niemand kann heute sagen, ob die Entwicklung Englands anders verlaufen wäre, wenn Lord Randolph länger gelebt hätte. Doch hat diese Entwicklung zumindest bewiesen, daß die konservative Partei ohne ihn nicht in der Lage war, das Volk für die Verteidigung der alten Verfassung zu gewinnen. Im Gegenteil: Was Randolph Churchill immer gefürchtet hatte, daß das Volk in der konservativen Partei und im Oberhaus feindliche, gegen seine Interessen gerichtete Institutionen sehen würde, wurde 1910/11 Wirklichkeit.

Mit seinem Tode war die letzte Chance einer konservativen Philosophie für die neuen Wähler vertan. Die konservative Partei kehrte erst nach dem Weltkrieg an die Macht zurück. Inzwischen hatte sich das gesellschaftliche Gleichgewicht – nicht zuletzt durch das Versagen der Konservativen – derart zuungunsten der alten Institutionen verschoben, daß die landbesitzende Klasse Englands nicht mehr in der Lage war, die Politik des Landes entscheidend mitzubestimmen.

Herbert Henry Asquith
1852-1928

Die Jahre vor dem Ersten Weltkrieg haben den Glanz von Spätsommertagen. Alle, die sich nach dem großen Krieg, der in Europa die Lichter ausgehen ließ, an diese »Welt von gestern« erinnerten, waren erfüllt von wehmütiger Sehnsucht nach jenen Tagen, in denen materielle Sicherheit mit geistigem Aufbruch, Komfort mit Grazie einherzugehen schien. Der klassische Repräsentant dieses in England nach Eduard VII. benannten »edwardianischen Zeitalters« war Herbert Henry Asquith, der liberale Premier, der letzte aus der klassischen Tradition der englischen Staatsmänner. Der letzte der Römer, wie ihn schon seine Zeitgenossen nannten, war kein Aristokrat wie Balfour oder Grey. Sein Familienhintergrund war eher bescheiden, sein Vater ein kleiner Unternehmer im Wollhandel von Yorkshire. Nach dem frühen Tod des Vaters sorgten Verwandte für die Erziehung des Jungen. Seine erste Begegnung mit London war ein kleines Zimmer in Pimlico. Von hier aus ging er täglich in die Schule der City of London, wo er die Grundlage für seine klassische Bildung legte. Asquith ergriff mit Eifer die ihm gebotene Möglichkeit, seinen engen puritanischen Hintergrund abzustreifen und mit einem Stipendium für das vornehme Oxforder Balliol College eine juristische Karriere zu beginnen. Seine politischen Anfänge fallen in die Spätphase Gladstones und sind von den Auseinandersetzungen innerhalb der Liberalen Partei um Home Rule geprägt. Niemand hätte in jenen Jahren konservativer Dominanz in der englischen Politik geglaubt, daß dieser junge, glänzend begabte Anwalt seine Partei noch einmal auf den Gipfel absoluter Macht führen würde, dem dann in wenigen Jahren ein tiefer Abstieg folgen sollte.

Die Jahre vor dem Ersten Weltkrieg zeigen dem heutigen Betrachter ein Janusgesicht. Auf der einen Seite erscheinen sie als eine Zeit der Stabilität und Sicherheit, der festen Gründung in Macht und Reichtum des britischen Empires. Die liberalen Mandarine Whitehalls schienen unangefochten, Konservative und Sozialisten waren gesellschaftliche Randerscheinungen. Die Atmosphäre dieser Zeit hat am besten Oscar Wilde in seinen Gesellschaftskomödien eingefangen, obwohl diese alle noch in der Regierungszeit der Königin Viktoria entstanden sind. Vita Sackville-West hat in ihrem Roman *The Edwardians* den gesellschaftlichen Glanz, den Luxus und das Wohlleben der Aristokratie, aber auch die Hohlheit ihres Treibens und die ersten Sprünge in der scheinbar so fest gefügten Ordnung mit einfühlsamer Sensibilität beschrieben. Nach dem Untergang dieser Welt in den Schützengräben Flanderns erinnerte man sich nur noch des schönen Scheins und verdrängte, daß diese Jahre auch eine Zeit sozialer Unruhe, zunehmender Gewalttätigkeit, leidenschaftlicher politischer Auseinandersetzungen und drohender Kriegs- und Bürgerkriegsgefahr war. England erlebte eine Welle von Gewalttätigkeit und Gesetzesbrüchen. Viele gesellschaftliche Gruppen waren bereit, ihre Ziele gewaltsam durchzusetzen. Die ersten großen Streiks in den Kohlegruben, der Eisenbahner und Seeleute drohten mehrmals das ganze Land lahmzulegen. Auseinandersetzungen zwischen Polizei und Armee auf der einen und Streikenden auf der anderen Seite waren keine Seltenheit. In Irland begann jene Serie von Gewalttaten, die heute noch andauert, und selbst der Führer der Konservativen Partei, Bonar Law, rief die Protestanten in Ulster offen zu Verfassungsbruch und Bürgerkrieg auf.

Waffen wurden verteilt und Bürgerkriegsarmeen entstanden im Süden und Norden der grünen Insel. In London und anderen großen Städten kämpften die Suffragetten um das Frauenwahlrecht. Dafür ließen sie sich an die Gitter von Buckingham Palace ketten, schlugen die Scheiben von Downing Street Nr. 10 ein und griffen führende Politiker mit Hundepeitschen an. Schulen und Eisenbahnstationen, Boots- und Lagerhäuser gingen in Flammen auf. Der Verfassungskampf um das Vetorecht des Oberhauses wurde von den verfeindeten Parteien mit einer bis dahin im öffentlichen Leben nicht gekannten Heftigkeit geführt. Der Premierminister wurde im Unterhaus am Sprechen gehindert und bei den Krönungsfeierlichkeiten für Georg V. von aufgebrachten Aristokraten bespuckt und beschimpft. Die Armee verweigerte in Irland den Gehorsam, und der Marconi-Skandal[19] trieb auch in England häßliche antisemitische Sumpfblüten. Nur mit Mühe konnten die traditionellen Institutionen des Landes gegen Gesetzesbrecher von links und rechts verteidigt werden. In England breitete sich eine nach Entladung drängende Endzeitstimmung aus, wie sie uns aus den letzten Kapiteln des *Radetzkymarsches* von Joseph Roth oder des *Zauberbergs* von Thomas Mann entgegenschlägt. Das Land hatte teil an der allgemeinen europäischen Unrast. Die »splendid isolation« war längst zur Selbsttäuschung geworden.

In dieser Zeit der Auflösung traditioneller Werte und Bindungen wurde England von Asquith mehr repräsentiert denn geführt. Asquith war ein politischer Liberaler, der Toleranz und zivilisierte Umgangsformen höher schätzte als den Manchesterliberalismus. Er verkörperte das Beste der Gladstoneschen liberalen Tradition. Nicht Markt und Macht, sondern eine Bildungselite sollte das Land regieren. Daß er diese Elite in seinen Freunden Grey und Haldane besser verkörpert sah als in den konservativen Bourgeois Bonar Law und Chamberlain, war nicht einmal eine parteipolitische Verengung. Denn nach dem Sturz des Hauses Cecil und der Abdankung Balfours war der Geist wieder mit den Liberalen und die Tory-Partei zur Repräsentantin eines geistlosen bürgerlichen Materialismus verkommen.

Asquith wurde 1886 Mitglied des Unterhauses für einen schottischen Wahlkreis. Die Wahl brachte eine vernichtende Niederlage für die Liberalen, die sich über Gladstones Home-Rule-Vorlage so zerstritten hatten, daß Lord Salisbury sechs Jahre unangefochten regieren konnte. Erst die Wahlen von 1892 gaben Gladstone noch einmal eine Chance. Asquith wurde mit vierzig Jahren Innenminister in einer von Zerrissenheit und Zerfall gekennzeichneten liberalen Regierung. Gladstones zweite Home-Rule-Vorlage wurde vom Oberhaus verworfen, doch die Stimmung im Lande rebellierte gegen dieses Veto nicht. Irland hatte die englische Politik und die liberale Partei erschöpft. Über der irischen Frage hatte sie ihr politisches Programm vernachlässigt, und ihre Wähler interessierten sich mehr für wohlfahrtsstaatliche Maßnahmen als für die Lösung des irischen Problems.

Als Rosebery das Erbe Gladstones 1894 antrat, löste er die liberale Regierung aus ihrer Verpflichtung für Home Rule und beschleunigte damit ihren Zerfall. In diesem glanzlosen Kabinett zeichnete sich Asquith als Innenminister durch eine kluge Mischung von Gelassenheit und Härte aus. Seine erste Tat war eine vernünftige, noch heute geltende Regelung für Demonstrationen auf dem Trafalgar Square. Härte bewies er bei der Verteidigung des Einsatzes von Truppen gegen Plünderer, der zum Tode zweier Arbeiter führte. Als ihm in späteren Jahren liberale wie sozialistische Abgeordnete immer wieder die Frage stellten: »Warum haben Sie die Grubenarbeiter in Featherstone im Jahre 92 umgebracht?«, war Asquiths ebenso berühmte wie charakteristische

Antwort: »Das war nicht 92, das war 93.« Der erfolgreiche Innenminister einer zerfallenden Regierung gewann neues Selbstbewußtsein aus seiner Ehe mit Margot Tennant. Margot Tennant war berühmt für ihre Schönheit, ihre Intellektualität und ihre Scharfzüngigkeit. Sie war ein Mitglied der Souls, jener Gruppe aufgeklärter Aristokraten, die sich eine geistige Erneuerung des englischen Adels zum Ziel gesetzt hatte. Margot Tennant war das genaue Gegenteil des disziplinierten, intellektuell kühlen liberalen Innenministers. Sie trug das Herz auf der Zunge, war indiskret, mit Künstlern befreundet und hatte um sich eine eigene Welt aus Bohème und Aristokratie geschaffen. Viele Jahre später hat sie sehr offenherzige Erinnerungen veröffentlicht, wofür sie sich nicht nur von der *Times*, sondern auch von vielen Freunden herben Tadel zuzog. Ihre Partnerschaft mit Asquith hat diesen auch über bittere Enttäuschungen und die Tiefpunkte seines politischen Lebens hinweggetragen.

Das private Glück des liberalen Innenministers stand im krassen Gegensatz zur politischen Glücklosigkeit der Regierung. Als der Führer der Liberalen im Unterhaus, Harcourt, auf die Mahnung seines Parteiführers zu Einigkeit und kollegialer Zusammenarbeit kühl erklärte: »Wie Sie wissen, bin ich kein Anhänger der gegenwärtigen Regierung«, war offensichtlich, daß die Liberalen regierungsunfähig geworden waren. Die Wahlen von 1895 brachten eine Katastrophe. Die Liberalen wurden von 274 Sitzen auf 177 Sitze dezimiert. Die Mehrheit Lord Salisburys betrug 152 Sitze. Zehn Jahre lang dauerte die Herrschaft der Konservativen, der die zerstrittene liberale Parei kein Programm der Erneuerung entgegenzusetzen vermochte. Erst als Chamberlain zu Beginn des neuen Jahrhunderts die Schutzzollfrage wieder aufgriff und damit die Entscheidung Peels von 1846 rückgängig zu machen versuchte, begann die konservative Herrschaft zu bröckeln. Die Neuwahlen von 1905/06 brachten eine Umkehrung der Verhältnisse. Die jetzt um den Freihandel geeinigte Liberale Partei gewann 377 Unterhaussitze, 53 fielen an die neue Labour-Partei und 157 an die Konservativen.

Das erste Mal seit 1832 hatte die Liberale Partei eine Mehrheit von 132 Sitzen vor allen anderen Parteien. Der neue liberale Premierminister Campbell-Bannerman war entschlossen, die wohlfahrtsstaatlichen Forderungen aus dem Gladstoneschen Erbe zu erfüllen. Doch die geschlagenen Tories verfügten nach wie vor über die Mehrheit im Oberhaus und hatten den festen Willen, sie zur Blockierung liberaler Gesetzesvorhaben zu nutzen. Nach der Wahl erklärte Balfour: »Die große konservative Partei wird immer, ob an der Macht oder in Opposition, die Geschicke dieses Reiches bestimmen.«

Im neuen Unterhaus saßen nicht nur 53 Arbeitervertreter, sondern auch viele radikale Liberale, die nicht mit einem goldenen Löffel im Munde geboren worden waren. Die bisher dominierende Schicht Englands fürchtete um ihre Privilegien. Aber sie traute den neuen Männern auch nicht die Erfahrung und die Klugheit zu, das Land zu regieren. Die Liberalen waren keine Radikalen. Doch sie hatten ihren Wählern Altersrenten und eine nationale Gesundheitsversicherung versprochen, Maßnahmen, die nur durch die Besteuerung der Wohlhabenden zu finanzieren waren und deshalb auf den erbitterten Widerstand der besitzenden Klasse stoßen mußten. Die ersten gesetzlichen Maßnahmen – ein neues Erziehungsgesetz, eine Wahlrechtsreform und eine Regelung für Streikschäden – wurden vom Oberhaus bis zur Unkenntlichkeit verändert. Auch ein Prohibitionsgesetz wurde von den Lords verworfen. Asquith legte als Schatzkanzler den ersten Stein zum Wohlfahrtsstaat. Sein dritter Haushalt enthielt die geringe Summe von 1 200 000 Pfund für die erste Altersrentenregelung in der englischen Geschichte. 1908 starb Campbell-Bannerman, und Asquith wurde Premierminister. Sein Nachfolger als Schatzkanzler wurde Lloyd George, dessen erstes Budget eine Steuer auf Landbesitz enthielt, die von den Lords als Herausforderung angesehen wurde. Damit begann der Verfassungskampf. Denn was seit 250 Jahren ungeschriebene Regel der britischen Verfassung war, daß das Oberhaus Steuergesetze, die von der gewählten zweiten Kammer beschlossen worden waren, passieren lassen mußte, wurde von den Lords nicht mehr akzeptiert. Das Oberhaus verwarf den Haushalt, worauf das Unterhaus auf Vorschlag der Regierung eine Resolution annahm, die das Verhalten der Lords für verfassungswidrig erklärte. Die ausgeschriebenen Neuwahlen brachten den Liberalen zwar Verluste, zusammen mit der Labour Partei und den irischen Nationalisten verfügten sie aber weiter über eine komfortable Mehrheit. Es war ihr drittbestes Ergebnis nach 1832 und 1906. Zwar nahm das Oberhaus jetzt den Haushalt an, doch dies war für die Liberalen nicht mehr ausreichend, da sie den Verfassungsgrundsatz der Unantastbarkeit von Steuerbeschlüssen des

Unterhauses gesetzlich festschreiben wollten. Da die Lords ihrer Entmachtung nicht zustimmen wollten, konnte nur ein Pairsschub, zumindest aber die Drohung mit einem solchen, das Verfassungspatt auflösen. Eduard VII. zögerte mit einer Zusage. Im Mai 1910 starb der König, der dem Zeitalter seinen Namen gegeben hatte. Sein Nachfolger Georg V. war ein unerfahrener und scheuer Monarch, dessen Beschränktheit und mangelnde Erfahrung die Aufgabe der Regierung noch schwieriger machte. Da die Regierung dem neuen Monarchen die Zusage eines Pairsschubs nicht als erste Regierungshandlung zumuten wollte, willigte sie in eine Verfassungskonferenz ein, die auf 21 Sitzungen in fünf Monaten versuchte, den Knoten zu lösen, und am Ende doch scheiterte. Die Streitfrage blieb, welche Rechte das Oberhaus im Konfliktfall behalten sollte. Nach dem Scheitern der Verfassungskonferenz forderte Asquith vom König für die nun unumgänglich gewordenen Neuwahlen die Garantie eines Pairsschubs. Der König gab seine Zustimmung zögernd, nachdem sein Privatsekretär – was erst Jahre später der Öffentlichkeit bekannt werden sollte – ein Angebot des Oppositionsführers Balfour, die Regierung zu bilden und Neuwahlen auszuschreiben, dem König verschwiegen hatte.

Nach der Krönung Georgs V. wurde das Unterhaus im gleichen Jahr 1910 zum zweiten Mal aufgelöst. Das Wahlergebnis war unverändert. Die Regierung brachte erneut einen Gesetzesvorschlag ein, wonach das Oberhaus künftig Finanzgesetze passieren lassen mußte und alle übrigen Gesetze nach zweimaliger Beschlußfassung durch das Unterhaus in zwei Sitzungsperioden auch ohne Zustimmung der 2. Kammer Gesetz wurden. Im Oberhaus rangen die Gemäßigten und die Radikalen miteinander. Während die einen das Gesetz annehmen und den Pairsschub vermeiden wollten, waren die anderen entschlossen, mit wehenden Fahnen unterzugehen. Die »die-hards« – wie man diese radikale Gruppe nannte – wurden von einem Sohn Salisburys, die Gemäßigten von Curzon geführt. Das Gesetz wurde schließlich mit 131 zu 114 Stimmen angenommen. 29 konservative Lords, die Erzbischöfe und die meisten Bischöfe stimmten mit der Regierung. Es war die entscheidende Verfassungsänderung in diesem Jahrhundert. Die Aristokratie, die trotz der Wahlrechtsreform von 1832 das ganze 19. Jahrhundert hindurch England regiert hatte, war auf einem von ihr selbst gewählten Schlachtfeld geschlagen worden. Dabei hatten sich die Liberalen als die besseren Propagandisten erwiesen. Sie hatten den Verfassungskampf als einen Kampf des Volkes gegen die Aristokratie, als einen Kampf der Habenichtse gegen die Besitzenden dargestellt. Lord Balfours Pudel – wie Lloyd George das Oberhaus nannte – hatte sich parteipolitisch mißbrauchen lassen und damit den Verfassungsbau zum Einsturz gebracht. Dennoch muß man im nachhinein bedauern, daß mit der Entmachtung der 2. Kammer das Gleichgewicht der englischen Verfassung nachdrücklich zerstört wurde.

Ein Land, das keine Verfassungsgerichtsbarkeit kennt und dessen Krone weitgehend auf repräsentative Aufgaben beschränkt ist, hat einen Korrekturmechanismus gegenüber wilden, vom Mehrheitswahlrecht noch verstärkten Pendelschlägen einer kurzlebigen Volksstimmung nötig. Manche Fehlentwicklungen in diesem Jahrhundert lassen sich auf diesen Gleichgewichtsverlust zurückführen.

Für Asquith war der Verfassungskampf ein Erfolg. Sein Ansehen als kluger Manager einer Reformregierung erreichte den Höhepunkt. Ein Gesetz über die gesetzliche Krankenversicherung schloß das liberale Reformwerk im Jahre 1911 ab.

1912 entschlossen sich die Liberalen zu einer neuen – der dritten – Home-Rule-Vorlage für Irland. Diesmal war es nicht der Widerstand des Oberhauses – das die Vorlage ablehnte –, sondern die bis heute andauernde Auseinandersetzung zwischen den Protestanten in Ulster und der Mehrheit der Katholiken, die die Vorlage zu Fall brachte. Ulster wollte nicht von Dublin aus regiert werden, und die Konservativen suchten nach vielen Mißerfolgen eine Möglichkeit, die liberale Regierung zu stürzen. Sie riefen offen zu Gesetzesbruch und Boykott auf. Im Juli 1912 erklärte der konservative Parteiführer Bonar Law: »Ich kann mir keine Art des Widerstandes vorstellen, den Ulster leisten will, der nicht von der überwiegenden Mehrheit des britischen Volkes unterstützt wird.« Da der König schwankend und die Armee unzuverlässig war – Offiziere aus Ulster gaben reihenweise ihre Patente zurück –, versuchte die Regierung im Rahmen einer Verfassungskonferenz Kompromißmöglichkeiten auszuloten. Die überwiegend protestantischen Grafschaften sollten für einen gewissen Zeitraum von der irischen Selbstverwaltung ausgenommen bleiben. Doch zwischen den Forderungen der irischen Nationalisten auf der einen und den konservativen Ulster-Protestanten auf der anderen Seite gab es kaum einen Kompromiß. Nachdem illegale Freiwilligenver-

bände Waffenlager überfielen und sich auf den Bürgerkrieg vorbe-
reiteten, wurde das Irland-Problem bei Ausbruch des Krieges vertagt, was 1916 zum Osteraufstand und 1921 schließlich zur
Loslösung Irlands von England führte.

In den Jahren vor dem Krieg waren die beiden englischen Parteien so stark in die Innenpolitik verstrickt, daß sie sich nur wenig
um die heraufziehenden außenpolitischen Wolken kümmerten.
Noch nach der Ermordung des österreichischen Thronfolgers in
Sarajewo war die irische Frage für die englische Politik wichtiger
als das österreichische Ultimatum an Serbien. Der Beginn des
Weltkriegs war für Asquith eine Zäsur, deren Bedeutung er erst
später begreifen sollte. Sozialreform und Freihandel, Abrüstung
und ein vages humanitäres Ideal konnten Leitsterne einer erfolgreichen Friedenspolitik sein, im Krieg, noch dazu in diesem mörde-
rischen Krieg, waren sie unbrauchbar. Nachdem die erste Begeisterung verraucht, die Fronten festgefahren waren und die Ver-
lustzahlen täglich höher wurden, breitete sich Ende 1914 Miß-
stimmung im Lande aus. Die Truppen hatten zu wenig Munition,
da niemand sich den Krieg als einen Stellungskrieg mit ununter-
brochenem Artilleriebeschuß vorgestellt hatte. 1915 versuchte
Churchill den Stellungskrieg im Westen durch einen Vorstoß in
den weichen Unterleib der Mittelmächte in Bewegung zu bringen.
Die Dardanellenexpedition[20] war strategisch klug angelegt, aber
miserabel ausgeführt.

Die Erfolglosigkeit stürzte Churchill und zwang Asquith, eine
nationale Regierung mit den Konservativen zu bilden. Asquith be-
ging dabei schwere psychologische Fehler. Statt auf den ihm persönlich unangenehmen Bonar Law setzte er auf Balfour, dessen
aristokratische Neigungen er teilte. Indem er Bonar Law, den er
zum Kolonialminister machte, vor den Kopf stieß, legte er den
Grund zu einer Entfremdung, die ihm einen wichtigen Verbündeten raubte, als Lloyd George die Auseinandersetzungen um die
Einführung der Wehrpflicht und den Osteraufstand in Irland
nutzte, sich selbst als neuen nationalen Führer zu empfehlen. In
der folgenden Palastrevolution spielte ein Mann die Hauptrolle,
dessen Politik wie Charakter in den englischen Geschichtsbüchern
umstritten sind. Lloyd George, der Sohn eines walisischen Dorf-
schullehrers, war der Prototyp des sozialen Aufsteigers. Geschickt
bis gerissen, ohne moralische Skrupel, gilt er den einen als der Sieger im Weltkrieg, dessen Tatkraft und Führungskunst den West-

mächten in den schweren Jahren von 1917 bis 1918 den Sieg brachten. Den anderen ist er der Zerstörer der Liberalen Partei, dessen Ehrgeiz die Partei an die Tories und die konservative Presse verriet und der damit zum Totengräber der Liberalen Partei wurde. Lloyd George hat die im 19. Jahrhundert in Verruf geratene Korruption wieder in die englische Politik eingeführt. Seine hemmungslose Ämterpatronage, der Verkauf von Titeln für bares Geld hat schließlich auch seine Verbündeten im Kampf gegen Asquith verstört. Der Mann, der 1918 den stiernackigen John Bull repräsentierte, wurde bald zum verlassenen Einzelgänger, den seine eigenen politischen Sünden einholten.

Asquith war kein großer Kriegsführer, er konnte die Massen nicht mitreißen, sie nicht zum Durchhalten gegen Deutschland begeistern. Zudem griff eine konservative Massenpresse den liberalen Führer gnadenlos an. Angebliche Begünstigung der Deutschen, Wohlleben und die Freundschaft mit dem literarischen Nachlaßverwalter von Oscar Wilde machten ihn in den Augen vieler seiner Landsleute zu einem Sicherheitsrisiko. Daneben gab es objektive Gründe. Der politische Entscheidungsprozeß war schwerfällig. Ein inneres Kriegskabinett war für die täglich zu treffenden Entscheidungen notwendig. Lloyd George machte die Einrichtung eines solchen Gremiums mit ihm selbst an der Spitze zur Bedingung seines Verbleibens in der Koalitionsregierung. Dabei spielte er geschickt die ihm wegen seiner radikalen Vergangenheit nicht unbedingt gewogenen Konservativen gegen Asquith aus. Denn während er offiziell nur Asquith im täglichen Entscheidungsprozeß entlasten wollte – was so unvernünftig nicht war –, wollte er in Wirklichkeit die ganze Macht. Als Asquith das Spiel durchschaute, war es zu spät. Die Konservativen hatten sich von Lloyd George an die Kette legen lassen, und dem Premierminister blieb nur der Rücktritt. Sein zu spät unternommener Versuch, den Verräter zu entfernen, fand ihn ohne Mehrheit im Kabinett. Die letzten Jahre sind Jahre eines traurigen Abstiegs. Die neue Regierung war überwiegend konservativ. Doch die Liberalen stellten mit Lloyd George den Premierminister. Asquith saß zugleich auf der Regierungsbank und in der Opposition. Er mußte die nationale Regierung in ihren Kriegsanstrengungen unterstützen und konnte doch die Methoden des innerparteilichen Konkurrenten nicht gutheißen.

Mit der berühmten »Khaki-Wahl« im Jahre 1918 vollendete

Lloyd George die Zerstörung der Liberalen Partei. Statt eines Wahlkampfes zwischen Parteien fand ein Wahlkampf zwischen Siegern und Besiegten, zwischen kompromißlosen Gegnern und angeblichen Freunden des geschlagenen Deutschland statt. Die Konservativen gewannen 318 Sitze, die Liberalen Lloyd Georges 136, die klassischen Liberalen 26 und Labour 59. Asquith selbst verlor seinen seit 32 Jahren innegehabten Sitz. Doch Lloyd George sollte sich dieses Siegs nicht lange freuen. Schon 1922 revoltierten die Konservativen gegen Lloyd George und ließen ihn fallen. Dem konservativen Wahlsieg von 1922 folgte 1923 nach Stanley Baldwins Wendung zum Schutzzoll die erste Labour-Regierung, die Asquith einige Monate im Amt hielt. Es war das letzte Mal, daß die Liberalen eine echte Kraft waren. Obwohl es einen Burgfrieden zwischen Lloyd George und Asquith gegeben hatte, gewannen sie nur 158 Sitze gegenüber 191 der Labour-Partei. Die Konservativen, die mit 285 Sitzen die Opposition bildeten, sollten ein Jahr später erneut ein stabile Mehrheit gewinnen. Es war das Ende eines Zeitalters. Das Mehrheitswahlrecht begünstigte jetzt die Labour-Partei, wie es früher die Liberalen begünstigt hatte. Der vom König 1924 zum Earl of Oxford erhobene Asquith erlebte noch den Untergang seiner Partei. Als er 1928 starb, ging mit ihm die klassische Tradition der englischen Politik zu Ende. Nie wieder sollte es einen Premierminister geben, der zwischen schwierigen Kabinettssitzungen Zeit fand, Kant und Dickens zu lesen. Der politische Liberalismus, der Machtwillen mit reformerischer Radikalität verband, war tot. Was blieb, war eine Partei, die in den keltischen Randgebieten getreue Anhänger behielt, ohne jemals wieder zur Formulierung eines glaubwürdigen Regierungsprogramms oder gar zur Gewinnung einer Mehrheit in England in der Lage zu sein.

The Souls

Am 10. Juli 1889 gab der junge George Curzon in seinem Club eine Dinner-Party für seine engsten Freunde. Es war ein Abschiedsessen, da Curzon eine Entdeckungs- und Bildungsreise nach Persien plante, die bei den Verkehrsverhältnissen der damaligen Zeit mehrere Monate in Anspruch nahm.

Dieses für die Londoner Saison so typische gesellschaftliche Ereignis wurde später als eine Art Gründungsversammlung der Souls gedeutet, was ihm nachträglich eine Bedeutung verlieh, die keiner der Gäste vorausgeahnt hatte.

Curzons Freunde waren alle Angehörige der englischen Oberklasse, die im Jahre 1889 aus ungefähr 1500 Familien bestand.

Trotz der Wahlrechtsreformen von 1830 und 1867 beherrschte die englische Aristokratie noch immer das öffentliche Leben des Landes und war tonangebend in Politik und Gesellschaft.

Von den 670 Unterhausmitgliedern des Jahres 1895 waren 420 Adelige, Landedelleute, Offiziere und Rechtsanwälte. Darunter waren 23 älteste Söhne von Peers sowie eine große Zahl jüngerer adeliger Söhne. Die wirtschaftliche Machtstellung dieser Klasse war ungebrochen.

In England gab es zu dieser Zeit 115 Personen, die mehr als 20000 ha Land besaßen, davon 45 mit über 40000 ha. Das jährliche Einkommen aus dem Grundbesitz lag zwischen 50000 und mehr als 100000 Pfund, eine Zahl, die man mit 25 multiplizieren muß, um eine Vorstellung von der Kaufkraft in heutiger Währung zu erhalten.

In ganz Großbritannien gab es bei einer Gesamtbevölkerungszahl von 44,5 Mio. ungefähr 2500 Großgrundbesitzer, von dem jeder mehr als 1200 ha Land besaß und ein Pachtaufkommen von über 3000 Pfund hatte.

1894 hatte der liberale Schatzkanzler Harcourt zum ersten Mal die Erbschaftssteuer eingeführt, die von 1% für eine Erbschaft von 500 Pfund bis zu 8% bei Nachlässen von mehr als 1 Mio. Pfund ansteigen konnte.

Zwar waren die Pachten zwischen 1874 und 1898 um ein Viertel gefallen, doch war Landbesitz noch immer die fast ausschließliche Quelle gesellschaftlichen und politischen Einflusses.

Selbst der von der Aristokratie in seinen späteren Jahren gehaßte Gladstone war davon überzeugt, daß die Gesellschaft auf den Einfluß der territorialen Aristokratie nicht verzichten könne.

Gladstone besaß ein Gut von 2800 ha in Hawarden, auf dem ca. 2500 Pächter lebten und das zwischen 10000 und 15000 Pfund an Pacht einbrachte.

In einem Brief schrieb Gladstone einmal an seinen Enkel und Erben, daß er es als eine Pflicht ansehen solle, jene Teile des Besitzes, die frühere Generationen verloren hatten, zurückzukaufen und Hawarden in seiner früheren Größe als »einflußreiche Kraft« des Landes wiedererstehen zu lassen.

Die Rolle der Aristokratie im politischen Leben kommt am überzeugendsten in der Zusammensetzung des dritten Kabinetts Salisbury zum Ausdruck, das 1895 nach einem großen konservativen Wahlsieg die Geschicke des britischen Weltreiches leitete.

Barbara Tuchman hat in ihrem Porträt der Welt vor dem Ersten Weltkrieg den sozialen Hintergrund dieser Regierung wie folgt beschrieben:

»Der Premierminister war ein Marquis und stammte in direkter Linie von den beiden Ministern ab, die der Königin Elisabeth I. und dem König James I. gedient hatten. Der Kriegsminister – ebenfalls ein Marquis – entstammte einer Familie, die bereits seit 1181 den erblichen Titel des Barons führte; sein Großvater hatte unter drei verschiedenen Herrschern in sechs verschiedenen Kabinetten amtiert.

Der Präsident des Geheimen Staatsrates – ein Herzog – entstammte einer Familie, die seit dem 14. Jahrhundert im Dienste der englischen Krone stand. Er selbst war 34 Jahre Mitglied des Unterhauses gewesen und hatte dreimal die Berufung zum Premierminister abgelehnt. Die Familie des Staatssekretärs für Indien hatte ihren Stammsitz 1315 von Robert Bruce zum Lehen erhalten. Der Staatssekretär selbst war der Sohn eines Herzogs, und seine vier Söhne saßen ebenfalls allesamt im Parlament.

Der Präsident des Local Government Board war ein sehr bekannter Landedelmann, der einen Herzog zum Schwager und einen Marquis zum Schwiegersohn hatte.

Die Vorfahren des Lordkanzlers waren im normannischen Gefolge von Wilhelm dem Eroberer nach England gekommen, und der Name der Familie hatte sich über acht Jahrhunderte ohne irgendwelche zusätzlichen Titel erhalten.

Der Vizekönig für Irland – ein Earl – war ein Großneffe des

Herzogs von Wellington und bekleidete das erbliche Amt eines Kurators des Britischen Museums.

Außerdem gehörten dem Kabinett ein Viscount, drei Barone und zwei Baronets an.

Von den sechs nichtadeligen Kabinettsmitgliedern war einer, der gleichzeitig als Führer des Unterhauses fungierte, der Neffe des Premierministers und zukünftiger Erbe eines Besitzes in Schottland im Werte von vier Millionen Pfund.«

Doch der wirtschaftlichen und politischen Macht der Aristokratie entsprach ihr intellektueller Einfluß nicht.

Die führende Schicht Englands hatte ihre geistig prägende Kraft verloren, und der Frühsozialismus der Präraffaeliten wie der Fabier kündigte den Einbruch der Demokratie an.

Die Aristokratie hatte sich vom Ideal des gebildeten elisabethanischen Edelmannes ebenso weit entfernt wie von der intellektuellen Brillanz der »Whiggery«, die sich an der Wende vom 18. zum 19. Jahrhundert um Holland House und Devonshire House gebildet hatte.

Ausgedehnte Jagdpartien, die in regelrechte Schlächtereien ausarteten, Pferderennen, Alkohol und Kartenspiel bestimmten den Tageslauf einer Schicht, die das gesellschaftliche Vorbild eines ein Viertel der Erde umfassenden Weltreiches war.

Ihre Stellung an der Spitze der sozialen Pyramide war aber nur dann gerechtfertigt, wenn der politischen und wirtschaftlichen Macht auch eine kulturelle Überlegenheit entsprach.

Wirtschaftliche Depression, soziales Elend, Frauenwahlrecht und Gewerkschaftsbildung waren Herausforderungen, die nicht nur eine politische, sondern auch eine moralische Antwort erforderlich machten.

Der Führer der Tories, Lord Salisbury, war ein Intellektueller, voller Mißtrauen gegen die Masse. Er glaubte nicht an den Grundsatz der politischen Gleichheit. Für ihn gab es die führerlose Masse auf der einen Seite und die geborenen Führer auf der anderen.

Deshalb bekämpfte er alle Versuche, die darauf abzielten, das politische Gewicht der Masse zu vergrößern.

Lord Randolph Churchill dagegen wollte durch ein Bündnis von Adel und Arbeiterschaft die Herrschaft der Aristokratie durch soziale Zugeständnisse sichern.

Doch beide hatten keine Antwort auf die Frage, warum die englischen Massen den traditionellen Führern weiter folgen sollten.

An dieser Stelle tritt eine Gruppe von Menschen in den Vordergrund, die bewußt oder unbewußt die stilbildende Kraft der Aristokratie erneuern wollte.

Sie setzten sich von der viktorianischen Orthodoxie ebenso ab wie von dem »Marlborough House Set« um den Prinzen von Wales, dessen zügellose Völlerei diesen Kreis in Verruf gebracht hatte.

In den Landhäusern der Souls waren Henry James und Oscar Wilde zu Gast, man ließ sich von Burne-Jones, Sargent, Watts und Whistler porträtieren und kaufte die Bücher der Kelmscott Press von William Morris.

Dahinter stand die Vorstellung einer Erneuerung des Lebens aus der Kunst und der Rechtfertigung von Herrschaft durch Anmut. Das aristokratische Ideal mochte in dem berühmten Porträt Lord Ribblesdales, genannt »Der Ahnherr«, von Sargent bestehen — einer unnachahmlichen Personifizierung des Gentleman-Ideals, den durchsichtigen Frauenporträts Sargents und Whistlers oder den melancholisch-archaischen Figuren des Präraffaeliten Burne-Jones, es mußte sichtbar und für die Gesellschaft einsichtig sein.

Der Freundeskreis der Souls bildete sich Mitte der achtziger Jahre um den liberal-konservativen Politiker Alfred Lyttelton und seine Frau Laura Tennant, die nach nur einjähriger Ehe im Kindbett starb.

Beide galten ihren Zeitgenossen als die Verkörperung eines Ideals: der Einheit von Geist, Seele und Körper.

Der Tod der jungen Frau führte ihre Freunde enger zueinander. Für die Entstehung der Bezeichnung Souls für diesen Freundeskreis gibt es zwei Versionen.

Die eine führt sie auf die eingangs erwähnte Dinner-Party Curzons zurück, der in einem Gedicht auf die Anwesenden den Begriff mehrmals verwendete und mit dem Wunsche schloß: »Flow spirit and soul.«

Die andere findet sich in einem Leserbrief an die *Times* vom 21. Januar 1929, in dem ein früheres Mitglied der Souls die Kritik des liberalen Kriegsministers, Lord Haldane, an der Exklusivität der Gruppe zurückwies.

Danach geht die Bezeichnung auf eine Bemerkung Lord Beresfords zurück, der auf einer Einladung erklärte: »Ihr sitzt hier alle und redet über eure Seelen — ich werde euch künftig die Seelen nennen.«

Zu den Souls gehörten nur wenige aristokratische Familien: die Herzogin von Rutland, Lady Desborough, Harry und Nina Cust – die Erben der Brownlow-Baronie –, die Wyndhams, Lord und Lady Elcho und die großbürgerliche Familie Tennant. Zum ersten Mal seit dem Regierungsantritt der Königin Viktoria spielten die Frauen wieder eine entscheidende Rolle. Die vier Tennant-Schwestern, von denen die jüngste später den liberalen Premier Asquith heiraten sollte, und die von Sargent 1899 gemalten Wyndham-Schwestern bildeten den Mittelpunkt des Kreises. Die Männer der Souls waren fast alle konservativ. George Wyndham, der Verfasser eines Buches über französische Dichtkunst, war zuerst parlamentarischer Privatsekretär Balfours, später Unterstaatssekretär im Kriegsministerium und schließlich Staatssekretär für Irland. Alfred Lyttelton wurde in Balfours Kabinett Staatssekretär für die Kolonien, und Cust war eine Zeitlang Herausgeber der *Pall-Mall-Gazette*. Die Führung dieser Gruppe lag bei dem Neffen Salisburys, dem späteren konservativen Premierminister Arthur James Balfour, und dem zukünftigen Vizekönig von Indien, George Curzon.

Treffpunkt der Souls waren ihre Landhäuser in England und Schottland, von denen heute nur noch das in den Cotswolds gelegene Stanway die Erinnerung an die Zusammenkünfte dieses Kreises bewahrt. Mit seinem Inigo-Jones-Torhaus und seinen alten Klostergebäuden aus goldenem Cotswold-Stein verkörpert dieses Haus der Elchos in besonderer Weise die klassische Heiterkeit des ländlichen England. Auf dem dunkelgrünen Rasenteppich unter den breiten Kronen der Libanonzedern fanden jene klassischen Teezeremonien statt, die die Souls zwar nicht erfunden, aber doch berühmt gemacht haben. »Es gibt nur wenige Stunden im Leben, die angenehmer sind als die der Zeremonie des Nachmittagstees geweihte Stunde.« Mit diesen Worten beginnt Henry James, ein häufiger Gast auf Stanway, seinen klassischen Roman *The Portrait of a Lady,* in dem er diese kultische Handlung ausführlich beschrieben hat. Aus den Bildern der Souls, gleichgültig ob von künstlerischer oder dilettierender Hand geschaffen, blicken uns melancholische, durchgeistigte Gesichter an, deren Hauptzug, eine unerklärliche Schwäche, sie in die Nähe der Figuren Keyserlings rückt. Es ist ein schmerzlicher Zug um ihren Mund, ein »Dennoch« in ihrem Blick, der den Nachgeborenen nichts Gutes verheißt. Die Souls waren anders als die durchschnittlichen sport- und jagdbegeisterten Aristokraten. Sie waren gebildeter und toleranter. Sie führten in der spätviktorianischen Gesellschaft die Kunst der intelligenten Konversation wieder ein. Dank ihres Einflusses wurde es unelegant, langweilig zu sein. Der Einfluß der Souls war zugleich befreiend und zivilisierend. Sie lüfteten die viktorianischen Salons und ließen das Licht des englischen und französischen Impressionismus herein. Es war ein Versuch, die Gesellschaft mit den Mitteln der Kunst ästhetisch zu befreien. Dabei war ihre politische Haltung durchaus konservativ.

Ihr Christentum war nicht das der vorherrschenden evangelikalen Orthodoxie, es war ein heiteres, vom Wunsch nach Lebensgenuß und Schönheit durchglühtes Christentum. Die Souls waren patriotisch und empirebegeistert, doch nicht auf die vulgäre Weise, die den »dröhnenden neunziger Jahren« eigen war. Sie identifizierten sich mit Kipling, nicht aber mit dem aggressiven Vulgär-Imperialismus des Jameson-Raids und Cecil Rhodes. Curzon verstand die Bürde des weißen Mannes in Indien als einen immerwährenden Kampf gegen Ungerechtigkeit und Ausbeutung. Dies brachte ihn in Gegensatz zu vielen seiner Landsleute, die der ungerechten Behandlung eines Eingeborenen bestenfalls mit Gleichgültigkeit gegenüberstanden. »Ich liebe Indien, sein Volk, seine Geschichte, seine Regierung«, in dieser schlichten Feststellung drückte sich für Curzon ein Programm aus – die patriarchalische Fürsorge des christlichen Gentleman für die ihm Anvertrauten. Fünfzig Jahre später bemerkte Nehru einmal: »Wenn jeder andere Vizekönig vergessen sein wird, wird man sich an Curzon erinnern, weil er all das gepflegt und wiederhergestellt hat, was schön in Indien war« – ein später Tribut an eine ästhetisch inspirierte Machtpolitik. Das politische Interesse am Wohlergehen des Empire unterschied die Souls von der jüngeren Bloomsbury-Gruppe, mit der sie häufig verglichen werden. Bloomsbury war gleichfalls eine Absage an Kunst und Lebensart der Viktorianer, doch war es eine Absage, die sich auf pazifistische und sozialistische Gedanken berief und keinen Sinn für die Idee einer angelsächsischen Weltzivilisation hatte. Als 1942 Singapur fast ohne Kampf fiel, schrieb Harold Nicolson in sein Tagebuch: »Wir Intellektuellen müssen uns eingestehen, daß wir in all den Jahren die Prinzipien lächerlich gemacht haben, die die Grundlage unseres Empires bildeten. Wir haben das Vertrauen in unsere eigene Lebensform zerstört. Die Intellektuellen von 1780 taten das gleiche.«

Es war der Preis, den England für den intellektuellen Pazifismus des Kreises um Virginia Woolf, Lytton Strachey, T. S. Eliot und D. H. Lawrence zu zählen hatte. Die überragende Bedeutung der Bloomsbury-Gruppe im geistigen Leben Englands haben Einfluß und Wirken der Souls in den Schatten des Vergessens gerückt. Die Urteile über die geistige und gesellschaftliche Wirksamkeit dieses Kreises reichen von Balfours selbstgewisser Feststellung, »daß keine Geschichte unserer Zeit vollständig sein wird ohne eine genaue und unvoreingenommene Darstellung des Einflusses der Souls auf die Gesellschaft«, bis hin zu dem Urteil des Historikers und Schriftstellers Piers Brendon: »Man hat die Souls oft als Vorgänger der Bloomsbury-Gruppe bezeichnet. Doch sie haben nichts von dauerhaftem Wert im Bereich der Kunst, der Literatur oder der Ideen geschaffen.« Daß dieses Urteil ungerecht ist, belegen nicht nur das Tadsch Mahal[21] und Balfours Bücher, sondern auch das wiedererwachte literarische Interesse in England an der Wirkungsgeschichte der Souls. Doch ist es bestimmt richtig, daß dem Wirken der Souls etwas Ephemeres, etwas vom Bau funkelnder Luftschlösser anhaftet und daß die meisten ihrer Karrieren unter das berühmte Urteil Lord Roseberys über Randolph Churchill fallen: A brilliant failure.

Das gilt – mit Einschränkung – auch für die beiden intellektuellen Führer der Gruppe, Balfour und Curzon.

Arthur James Balfour, der Neffe Salisburys, war in Cambridge berühmt für seinen erlesenen Geschmack, seine Sammlung chinesischen Porzellans und seine Gewohnheit, spät aufzustehen. »König Arthur« oder »die angebetete Gazelle«, wie ihn seine Souls-Freunde nannten, war ein Politiker, der die Politik verachtete, ein skeptischer Verteidiger des christlichen Glaubens und ein Philosoph, der den Ideen mißtraute. Leidenschaftslos analysierte er die Argumente seiner politischen Gegner, was ihm den Vorwurf der Abstraktheit eintrug. Balfour konnte auf der Treppe seines Londoner Hauses stehen und seine Freunde mit der Bemerkung irritieren: »Es gibt absolut keinen logischen Grund, warum man auf der einen oder anderen Seite hinuntergehen soll. Was soll ich tun?« Seine beiden Bücher *A Defence of Philosophical Doubt* und *The Foundations of Belief* waren der philosophische Versuch, Religion und Wissenschaft zu versöhnen, indem er Zweifel an der materiellen Realität wie an der menschlichen Vernunft anmeldete. Keynes kommentierte diese Methode, die Balfour von seinem Lehrer, dem Moralphilosophen Henry Sidgwick, übernommen hatte, mit der

Bemerkung, daß dieser sich unablässig für die Wahrheit des Christentums interessiere, beweise, daß es nicht wahr sei, und hoffe, daß es doch wahr ist. Balfours emotionale Gleichgültigkeit war sprichwörtlich und auch nicht durch Anforderungen an sein Mitgefühl zu erschüttern. Churchill sah die Ursache für seine unerschütterliche Ruhe, die viele für Pose hielten, darin, daß ihn »die Dinge, um die es geht, nicht wirklich berühren, oder daß er glaubt, das Glück der Menschheit sei nicht davon abhängig, ob die Ereignisse nun diesen oder jenen Verlauf nehmen«.

Mit dieser Einstellung konnte man allenfalls ein Erbe verwalten, nicht aber die geistige Führung in einer Zeit des Umbruchs erringen. Balfour war ein unerwartet erfolgreicher Minister für Irland in Salisburys zweitem Kabinett und ein konservativer Premierminister, dem es mit subtiler Dialektik gelang, das Zerbrechen der konservativen Partei über der Schutzzollfrage zu verhindern. Nach der vernichtenden Niederlage der Tories im Jahre 1905, die viel mit dem Mangel an neuen Ideen zu tun hatte, rückte er allmählich in die Rolle des elder statesman auf, der vom Beginn des Krieges bis zum Jahre 1930 fast allen liberalen, konservativen oder Koalitionskabinetten angehörte. Doch sein wirklicher Einfluß auf die weiteren Ereignisse blieb gering. »Sein Charme, seine außerordentliche intellektuelle Brillanz, seine scheinbare Gleichgültigkeit gegenüber den unwichtigen Dingen, seine dialektischen Fähigkeiten und seine lange und ehrenvolle öffentliche Karriere haben alle, außer die, die interne Kenntnisse hatten, blind gemacht für seine bedauernswerte Unwissenheit, seine Gleichgültigkeit und seine Nachlässigkeit. Er studierte nie die Akten, kannte die Tatsachen nicht und hatte selten die Telegramme des Auswärtigen Amtes gelesen. ... Die Wahrheit ist, daß Balfour mit seiner funkelnden Intellektualität keine Tiefe des Gefühls, keine grundlegenden Überzeugungen und keine wirkliche Zuneigung verband. Wir wußten alle, daß er uns im Notfall fallenlassen, uns ohne Gewissensbisse opfern würde. Wenn einer von uns plötzlich stürbe, würde er an diesem Abend ungerührt auswärts dinieren, und in den Gesprächs- oder Bridgepausen könnte man ihn murmeln hören: armer alter George.«

Als Curzon dieses niederschrieb, war er ein verbitterter Mann. Balfour hatte ihn weder in Indien politisch unterstützt noch nach seinem Rücktritt als Vizekönig die übliche Erhebung in den Adelsstand beantragt. Demütigende Jahre in der politischen Wildnis hatten Curzon hellsichtig für die Schwächen des Führers der Souls gemacht. Nach dem liberalen Wahlsieg und der Entmachtung des Oberhauses in den Jahren 1910/11 zerfiel mit der aristokratischen Vorherrschaft auch der Freundeskreis der Souls. Die Parteileidenschaften zwischen Konservativen und Liberalen, aber auch zwischen denen, die lieber das Oberhaus opfern als eine Beschneidung seiner Befugnisse hinnehmen wollten, trieben die Souls in verschiedene Lager und zerstörten ihren intellektuellen Führungsanspruch.

Die nächste Generation des Kreises — bekanntgeworden unter der Bezeichnung »corrupt coterie« — machte weder durch politische noch durch intellektuelle Führungseigenschaften von sich reden, sondern durch alkoholische Ausschweifungen, wie sie uns Evelyn Waugh in *Brideshead Revisited* überliefert hat. Die meisten von ihnen starben voller Lebensekel in den Schützengräben Flanderns. Als Curzon nach dem Rücktritt Bonar Laws im Jahre 1923 Premierminister werden sollte, war es Balfour, der dem König diese Berufung mit der Begründung ausredete, daß ein Premierminister künftig nur noch aus dem Unterhaus kommen könne. Nach seiner Rückkehr aus dem Palast wurde der Führer der Souls auf einer Party, auf der viele der alten Freunde versammelt waren, gefragt: »Und, wird der liebe George es werden?« – »Nein«, antwortete Balfour heiter, »der liebe George wird es nicht werden!« Es war ein knapper, fast zynischer Abgesang auf das aristokratische England und seinen Versuch, Macht und Privilegien durch geistige Führung und intellektuelle Überlegenheit zu verteidigen. Daß dieser Versuch mißlang, hatte nicht nur wirtschaftliche Gründe und kann auch nicht allein den gesellschaftlichen Veränderungen durch den Krieg angelastet werden. Die englische Aristokratie hatte sich innerlich längst vor der Jahrhundertwende von der ritterlichen Libertas oboedientiae der kollektiven Elite gelöst. Sie folgte nicht mehr dem berühmten Wort des Prinzen Eugen: »Am Gehorsam ist nichts herumzudeuten — si nous obéissons, nous nous approchons toujours de la volonté de Dieu, ce qui est la meilleure des libertés.«

Doch ein Aristokrat — so Carl Jacob Burckhardt in seiner Betrachtung über den Honnête Homme —, der sich von diesem Prinzip loslöst, kann als Figur faszinierend sein, wie uns das 18. Jahrhundert in unzähligen Beispielen zeigt, er kann auch als Persönlichkeit die größten Maße erreichen, als Aristokrat hat er nur noch ästhetische, keine ethische Berechtigung mehr. Es war der Irrtum der Souls, daß sie die aristokratische Vorherrschaft mit Mitteln verteidigen wollten, deren Erfolgs- und Wertmaßstab bereits die bürgerliche, auf den Egoismus des einzelnen setzende Gesellschaft war. Die Souls waren nach ihrer inneren Einstellung wie ihrem intellektuellen Zuschnitt nach bürgerliche Individualisten, ihr Aristokratismus war ein äußerlicher, ästhetischer; er war zu schwach, den wirtschaftlichen und gesellschaftlichen Veränderungen Widerstand zu leisten. Lord Ribblesdale hatte das erkannt, als er für seine Erinnerungen das Wort Chateaubriands als Motto wählte: »Ich habe jene große Liebe für die Freiheit gehegt, wie sie einer Aristokratie eigen ist, deren letzte Stunde geschlagen hat.«

Stanley Baldwin
1867-1947

Edith Eucken-Erdsiek, die keine gute Kennerin der englischen Politik, aber eine kluge Beobachterin war, hat einmal über die englischen Staatsmänner der Zwischenkriegszeit bemerkt: »Auf den
Cricket-Plätzen von Cambridge und Oxford konnte man sehen,
daß dieses Land seine Kraft eingebüßt hatte.«

Diese zugespitzte Formulierung enthält einen wahren Kern. Die
führenden Staatsmänner der Zwischenkriegszeit sind für uns
heute graue Figuren ohne Ausstrahlung, ohne ästhetischen Reiz.
MacDonald, Baldwin, Hoare, Halifax, Neville Chamberlain und
Austen Chamberlain wirken gedrückt und mißmutig, man würde
sie eher für kleinbürgerliche Geschäftsleute denn für Repräsentanten eines Weltreiches halten.

Der erste Labour-Premier, MacDonald, beschließt das Ende seiner Tage in Downing Street als seniler Greis, der kaum noch ein
paar Sätze zusammenhängend formulieren kann. Er hat sein Ge-
dächtnis verloren und wird zur Witzfigur im Kabinett wie im Unterhaus. Samuel Hoare wird auch von seinen politischen Freunden
als engstirnig, hochmütig und phantasielos bezeichnet. In dem berüchtigten Hoare-Laval-Abkommen stimmt er der Zerschlagung
Abessiniens zu, ohne sich der Auswirkungen wirklich bewußt zu
werden. Von Ohnmachtsanfällen geplagt, tritt er vor das Unterhaus.

Über Lord Halifax schrieb selbst der pazifistische *Daily Herald*
bei seiner Ernennung zum Außenminister: »An der Schönheit seines moralischen Innenlebens wird das Britische Reich zugrunde
gehen.« Auf die Frage, wer im Falle einer gelungenen Invasion der
Deutschen 1940 in England die Rolle Pétains und Lavals gespielt
hätte, gab Harold Nicolson in seinen Tagebüchern die Antwort:
Halifax und Hoare.

Neville Chamberlain ist für uns so sehr zum Symbol der ge-
schmähten Appeasement-Politik geworden, daß es uns kaum
wundert zu erfahren, daß er in der zweiten Regierung Baldwin lieber Gesundheitsminister bleiben als Schatzkanzler und Stellvertre-
ter des Premierministers werden wollte.

Austen Chamberlain schließlich war die schlechte Kopie seines
kraftvollen Vaters: hölzern, unbeweglich, voller Vorurteile und

ohne inneres Feuer, schon zu Lebzeiten eine Mumie, die die berühmte weiße Chrysantheme Joseph Chamberlains zur Erinnerung an bessere Tage trug.

Aus diesem Reigen grauer Gestalten fallen nur die Persönlichkeiten heraus, die schon vor 1914 eine Rolle spielten: Balfour, Curzon, Lloyd George und Churchill.

Doch Balfour und Curzon waren alt und krank, Lloyd George und Churchill in der politischen Wildnis.

Das England der Zwischenkriegszeit spiegelt sich in jener Geschichte, die man sich von dem ersten Kriegsminister einer Labour-Regierung, Tom Shaw, erzählte: Als einer seiner Beamten die Zustimmung des Ministers zu einer dringenden Maßnahme im Gefolge der Unterdrückung von Unruhen in Palästina einholen wollte, entgegnete sein Privatsekretär am Telefon: »Tom Shaw ist ein Pazifist und wünscht nicht, irgend etwas mit Krieg oder militärischen Operationen zu tun zu haben.«

Zu dieser Stimmungslage paßt der berühmte Beschluß der Oxford Union aus dem Jahre 1933: »Dieses Haus wird unter keinen Umständen für König und Vaterland kämpfen.«

Fünf Monate später verwandelte sich bei einer Nachwahl in East Fulham eine konservative Mehrheit von 14521 Stimmen in eine Labourmehrheit von 4840 Stimmen. Das erstaunliche Resultat wurde damals wie heute darauf zurückgeführt, daß der konservative Kandidat für die Wiederaufrüstung eintrat und sein Gegenspieler ihm Kriegstreiberei vorwarf.

Die beherrschende Persönlichkeit dieser wenig glanzvollen Epoche britischer Geschichte war Stanley Baldwin.

Wie Margaret Thatcher war er dreimal Preminierminister und die herausragende politische Figur der Tory-Partei zwischen 1924 und 1937. Auf Stanley Baldwins Erbe haben sich später »RAB« Butler und Edward Heath berufen. Margaret Thatchers dritter Wahlsieg hat Baldwins Erbe in der Konservativen Partei endgültig getilgt. Baldwin verkörperte all das, was Margaret Thatcher leidenschaftlich bekämpft. Er war ein Mann des Konsenses, ein Mann des Friedens, der die politische wie seine persönliche Ruhe liebte.

Stanley Baldwin war ein patriarchalischer Unternehmer, der sich als Landedelmann verstand. Aufrechterhaltung der althergebrachten Ordnung, maßvolle Umverteilung und Sicherung der britischen Verfassung waren seine politischen Ziele. Die nach dem

Krieg einsetzende innen- wie außenpolitische Dramatik war ihm zutiefst zuwider.

Seine ausgedehnten Urlaubsreisen in Südfrankreich unterbrach er auch in Krisenzeiten höchst ungern.

Seinen Vorgänger Bonar Law schockierte er einmal mit der Feststellung, daß ein Mann, der in kurzer Zeit 1 Mio. Pfund verdient habe, nicht in das Oberhaus, sondern in das Gefängnis gehöre. Seine Vorstellungen von England hat er im Jahre 1924 in Worte gekleidet, die sich noch heute in englischen Schulbüchern finden: »Die Klänge Englands: der Hammerschlag auf dem Amboß in der Dorfschmiede, das Dreschen des Korns an einem taufrischen Morgen, das Geräusch von Sense und Wetzstein sowie der Anblick des Pflugs, der langsam über den Kamm des Hügels kommt, dies alles war in England zu Hause, seit es hier Menschen gab, und es wird fortdauern, lange nachdem das Empire verschwunden ist und alle Fabriken aufgehört haben zu arbeiten. Dies immerwährende, ewige England.«

Heute, sechzig Jahre später, da das Empire vergangen ist und viele Fabriken geschlossen wurden, wird man vergeblich nach jenem Pflug über dem Hügelkamm suchen. Die englische Landwirtschaft ist heute hochtechnisiert und der beste Produktionszweig des Landes. Die Zerstörung des traditionellen Landlebens ist in Stanley Baldwins Regierungszeit schneller vorangekommen als in jeder anderen Zeit zuvor oder danach. 1924 war Hardys England noch fast unberührt, 1937 hatten die Vorstädte und das Auto schon tiefe Schneisen in das Land geschlagen. Die Veränderung war nicht Baldwins Schuld. Doch die Selbsttäuschung ist typisch für eine bestimmte Art konservativen Denkens, der Margaret Thatcher den Kampf angesagt hat.

Die reaktive Hinnahme des Unvermeidlichen, die Steuerung des Niedergangs statt politischer Innovation und schließlich Appeasement statt kraftvoller Landesverteidigung waren die Zeichen der Zeit, die Stanley Baldwin symbolisierte.

Baldwin hatte kein Programm, er hatte nur ein Ziel: Wie Disraeli, den er sehr verehrte, wünschte er, das Bild eines neuen Konservatismus zu zeichnen – möglichst unscharf und sympathisch.

Drei wichtige Ereignisse standen im Mittelpunkt seines politischen Lebens:

Der Generalstreik von 1926, Englands Abgehen vom Goldstandard im Jahre 1931 und die Abdankung Edwards VIII. im Jahre

1937. Die beiden ersten Ereignisse spiegelten langfristige Entwicklungen der englischen Gesellschaft wider – das Aufkommen der organisierten Arbeiterbewegung und den wirtschaftlichen Niedergang der alten Werkstatt der Welt. Nur die Abdankungskrise war ein insulares Ereignis, und nur ihm war Stanley Baldwin voll gewachsen. Sein Aufstieg begann mit dem Ende der Kriegskoalition von Lloyd George, der er den Todesstoß versetzt hat.

Lloyd George war ein einmaliges Phänomen in der englischen Politik. Rastlos, eitel, kompetent und machtbewußt hat er das Land durch den Krieg geführt, sich dabei seinen politischen Freunden entfremdet und die Liberale Partei zerstört. Der walisische Zauberer hatte weder Achtung vor Traditionen noch Respekt vor politischen Strukturen. Sein Ziel war die persönliche Machterhaltung, weil er sich für den besten Premierminister Englands hielt.

Die Konservative Partei war ihm nur Mittel zum Zweck, die Leiter zum persönlichen Erfolg. Seine Rücksichtslosigkeit bei der Verfolgung politischer Ziele machte vor nichts halt.

Lloyd George verkaufte Adelstitel und Orden gegen Parteispenden. Er förderte die politische Korruption für seine persönlichen Zwecke. Die großen Herzöge der Konservativen Partei, Chamberlain, Birkenhead, Curzon und Balfour, waren von diesem Mann so fasziniert, daß sie nicht bereit waren, die Koalition aufzukündigen. Baldwin beobachtete als Handelsminister in der Koalititonsregierung voller Abscheu Lloyd Georges Machenschaften. Einmal überwand er sein Ruhebedürfnis und forderte im Carlton-Club das gesamte konservative Establishment heraus. Die Mehrheit der konservativen Abgeordneten folgte ihm und brach aus der Koalition mit Lloyd George aus. Doch die Partei verlor dadurch alle Führer mit Ausnahme des schwerkranken Bonar Law, der nur wenige Monate die Zügel in der Hand halten konnte.

Der Wechsel von Bonar Law zu Baldwin gilt als eine der großen Verschwörungen in der englischen Politik des 20. Jahrhunderts. Curzon war der erfahrenere und ältere, Stanley Baldwin fast völlig unbekannt. Doch Curzon hatte sich viele Feinde gemacht, seine Arroganz, seine Rokokoallüren, sein herrenhaftes Gehabe paßten schlecht in die graue Nachkriegszeit. Seine alten Souls-Freunde hatten ihn längst verlassen und dem König die Begründung souffliert, daß ein Mitglied des Oberhauses nicht mehr Premierminister sein könne.

So wurde Stanley Baldwin zu seiner eigenen Überraschung im Mai 1923 Premierminister.

Neun Monate später war die erste Labour-Regierung als Minderheitsregierung im Amt. Baldwin hatte völlig überflüssigerweise Neuwahlen herbeigeführt und die für die Konservativen im 19. wie im 20. Jahrhundert so verhängnisvolle Schutzzoll-Frage wiederbelebt. Mit dem Schlachtruf »Keine Brotzölle« erhielten die Liberalen und die junge Labourpartei eine Mehrheit, ohne daß sie sich auf eine gemeinsame Regierung einigen konnten.

Doch Baldwin tat alles, um dem ersten Labour-Premier MacDonald das Regieren leicht zu machen. Sein Ziel, das er nie aus dem Auge verlor, war die Ablösung der Liberalen Partei im englischen Zwei-Parteien-System durch eine maßvolle Arbeiterpartei. Er hielt die Liberalen – aufgrund ihrer inneren Spannungen – für unfähig, dem Land eine stabile Alternative zu geben, und fürchtete das Entstehen einer neuen Mittelpartei.

Was heute Owen und Steel sind, waren damals Lloyd George und Asquith. Auch sie waren unfähig, den Liberalen in einem geänderten gesellschaftlichen Umfeld eine neue Perspektive zu geben.

Stanley Baldwin war wie Margaret Thatcher an der Aufrechterhaltung des Zwei-Parteien-Systems interessiert. Die zweite Regierung Baldwin dauerte vom Oktober 1924 bis zum Mai 1929. Es war eine kurze Zeit des Atemholens und der Scheinblüte. Der Regierungschef hatte an den wichtigen Entscheidungen kaum Anteil.

Die Wiedereinführung des Goldstandards – in der damaligen wirtschaftlichen Situation eine krasse Fehlentscheidung – war Churchills Werk. Locarno wurde von Außenminister Austen Chamberlain veranwortet, und die berühmte Formel für die Gleichberechtigung der Dominions in einem allmählich zerbröckelnden Weltreich erfand Balfour.

Nur die Überwindung des Generalsstreiks war allein Baldwins Werk, der das erste Mal in der englischen Geschichte für neun Monate staatliche Kohlesubventionen zahlte und damit dem Staat die notwendige Atempause verschaffte, sich auf die große Auseinandersetzung mit der organisierten Arbeiterbewegung vorzubereiten. Der Generalstreik dauerte acht Tage; Baldwins Hauptverdienst war es, daß das Land Ruhe bewahrte, der Gesprächsfaden nie abriß und Churchill nicht Bürgerkrieg spielte.

Mit dem Wahlslogan »safety first«, den man frei mit »keine Experimente« übersetzen kann, verlor Baldwin die Wahl von 1929.

Die Monate bis zur Bildung der nationalen Regierung waren seine schwerste Zeit. Die Partei rüttelte an seiner trägen, visionsarmen Führung. Die großen Presselords Beaverbrook und Rothermere steuerten eine Haßkampagne gegen Baldwin, den sie als Verräter an Britisch-Indien darzustellen versuchten.

Angetrieben von Churchill sollte die Konservative Partei gegen eine allindische Zentralregierung und den Dominionstatus für Indien eingeschworen werden. Mehrere Indienkonferenzen – an einer nahm zum ersten Mal auch Gandhi teil – sorgten für mehr innenpolitischen Sprengstoff als außenpolitische Entlastung.

Der Beginn der Weltwirtschaftskrise verschaffte Baldwin eine Atempause, da sie den Labourpremier MacDonald vor praktisch unlösbare Aufgaben stellte. Niemand – entgegen späteren Behauptungen auch Lord Keynes nicht – wußte einen Ausweg aus der plötzlich auftretenden Kredit- und Nachfragekrise.

Deficit-spending war als mögliche Lösung noch unbekannt und so versuchten MacDonald in England wie Brüning in Deutschland durch eiserne Sparsamkeit, die Ausgaben den schrumpfenden Einnahmen anzupassen. Als im Juli 1931 deutsche Banken ihre Zahlungen einstellten, brach das gesamte Kreditsystem der westlichen Welt zusammen. England konnte in Amerika keine kurzfristigen Kredite mehr erhalten, und der Goldstandard wurde zur monetären Falle für eine falsche Wirtschaftspolitik. Zur Verteidigung des Goldstandards versuchte MacDonald einen ausgeglichenen Haushalt vorzulegen und dabei auch an der Arbeitslosenhilfe zu sparen. Zwar bekam er noch eine knappe Mehrheit im Kabinett, doch die Parlamentsfraktion der Labourpartei verweigerte sich dieser Politik.

MacDonald scheiterte an ähnlichen Gegebenheiten wie der sozialdemokratische Reichskanzler Müller in Deutschland.

Der König schlug als Ausweg eine nationale Regierung vor, die letztlich aus MacDonald, der großen Konservativen Partei und einigen Liberalen bestand.

Baldwin hatte sich bis zuletzt widersetzt, da diese Notstandskoalition eine Wiederauflage der von ihm bekämpften Kriegskoalition unter einem anderen Premierminister war.

Doch Lloyd George und MacDonald waren nicht vergleichbar. Lloyd George besaß die Fähigkeiten und genügend Skrupellosigkeit, um die Konservative Partei zu zerstören; MacDonald zerstörte nur seine eigene Partei und seine persönliche Reputation.

Die nationale Regierung hielt bis zum Jahre 1935 und warf die Labourpartei hinter das Jahr 1918 zurück. Der Goldstandard konnte nicht verteidigt werden, die Arbeitslosigkeit ging wie in den anderen Industrieländern nach 1933 allmählich zurück.

Als MacDonald 1935 noch einmal das Zepter an Baldwin übergab, war dieser ein alter, erschöpfter Mann. Er hatte inzwischen ein fast unstillbares Ruhebedürfnis. Er verbrachte mindestens zwei Monate im Jahr in Südfrankreich und überließ es seinen Ministern, mit den neuen Gefahren, die Hitlers Wiederaufrüstung und Mussolinis Annektionspolitik mit sich brachten, fertig zu werden.

Im Herbst 1936 überraschte er seinen Außenminister Anthony Eden mit der Bitte, er möge ihm die Beschäftigung mit dem Spanischen Bürgerkrieg, seiner Internationalisierung und den sonstigen außenpolitischen Mißhelligkeiten ersparen, bis er die Abdankungsfrage gelöst habe. Diesem Problem galt seine letzte Anstrengung, und es gelang ihm, es ohne Schaden für die Verfassung, für die Monarchie, die Dominions und das Selbstbewußtsein des britischen Volkes zu bewältigen.

Über Edward VIII. und Wallis Simpson ist so viel geschrieben worden, daß es hier nicht lohnt, diese Illustriertengeschichte zu wiederholen.

Deshalb nur zwei Feststellungen:

Der König wurde nicht zum Rücktritt gezwungen, weil er ein Freund Deutschlands war und mit Adolf Hitler liebäugelte. Staat und Gesellschaft Englands, die großen Korporationen, die anglikanische Kirche und die Dominions waren nicht bereit, einen Monarchen zu akzeptieren, der seine Neigung so ausschließlich vor seine Pflicht stellte. Die englische Monarchie ist eine Institution, die immer dann in Gefahr gerät, wenn die individuelle Emanzipation der Mitglieder des regierenden Hauses dem Kollektivbewußtsein der Nation vorauseilt. Dies war der Zustand im Jahre 1936, dies hat Baldwin klar erkannt und deshalb den König zum Rücktritt veranlaßt. Churchills Versuch, eine Partei des Königs zu bilden, war – wie viele seiner Handlungen in Friedenszeiten – unüberlegt und kurzsichtig. Churchills Talent konnte sich erst in der großen weltweiten Auseinandersetzung entfalten. Als Politiker in Zeiten der Ruhe war er ein Debakel.

Als Stanley Baldwin 1937 zurücktrat, wurde er geehrt, ja verehrt. Als er 1947 starb, war er geschmäht, bestenfalls vergessen.

1937 galt er als der große Bewahrer der Konservativen Partei, der Mann, der den Bürgerkrieg vermieden, den Ausgleich zwischen Arm und Reich begonnen und die britische Verfassung an den Aufstieg der organisierten Arbeiterbewegung angepaßt hatte.

Als er 1947 starb, galt er als der Mann, der die Appeasement-Politik begonnen, die Aufrüstung Englands verschlafen und damit das Land fast in die Katastrophe einer deutschen Besetzung geführt hätte.

Zwar wäre Baldwin nicht wie Churchill zweimal zu einem fremden Diktator in ein fremdes Land gefahren, und er hätte auch nicht anschließend Frieden für unsere Zeit verkündet, doch er hätte ebensowenig wie Chamberlain für die Tschechoslowakei gekämpft. Baldwin war kein großer Führer; er hat sich den Stimmungen angepaßt, ihnen nicht widerstanden. Er hat später, als ihn diese Vorwürfe betrübten, gesagt: »Angenommen, ich wäre vor das Land getreten und hätte gesagt: ›Deutschland rüstet wieder auf, und deshalb müssen wir auch aufrüsten‹. Glaubt irgend jemand, daß unsere pazifistische Demokratie in diesem Augenblick einem solchen Ruf gefolgt wäre? Ich kann mir nichts denken, das aus meiner Sicht den Verlust der Wahlen sicherer gemacht hätte.«

Daß Margaret Thatcher dieser konservativen Tradition des Treibenlassens nichts abgewinnen kann, ist verständlich.

Doch schon zu Lebzeiten charakterisierte Austen Chamberlain seinen Chef mit den Worten: »Wir kennen ihn als egozentrisch, selbstsüchtig und müßig, doch auch als einen der geschicktesten Politiker, allerdings ohne eine konstruktive Idee im Kopf und mit einer erstaunlichen Unkenntnis der indischen und auswärtigen Dinge und der wirklichen Werte im politischen Leben.

›Schlau, teuflisch schlau‹ würde meine Kapitelüberschrift lauten, und ›Egoismus und Müßiggang‹ würde ich ihm als die wichtigsten Charakteristika zuschreiben.«

Stanley Baldwin führte 55 Jahre ein unaufregendes politisches Lehrlingsleben, war 14 Jahre Führer und hatte 10 Jahre Zeit, die Folgen seines Tuns oder auch Unterlassens mitzuerleben.

Der Konservativen Partei hat er in schwieriger Zeit das Überleben gesichert, die Überlebensfähigkeit des Landes hätte er beinahe verspielt.

Winston Churchill
1874-1965

Leben und Taten von Winston Churchill sind der gewaltige Nach-
hall einer Epoche, die in den Schützengräben des Ersten Weltkrieges untergegangen ist. Von Churchill gilt, was über den alten
Bismarck gesagt worden ist: »Er war kein Anfang, sondern ein
Ende, ein grandioser Schlußakkord – ein Vollbringer, kein Pro-
phet.« Churchill hat den Nachkommenden keine Botschaft hinterlassen. Er hat die Vergangenheit heraufgerufen, um eine Zukunft
möglich zu machen, an der er nicht teilhatte, die ihn nicht interessierte und für die er keine Visionen hatte. Churchill ist in einem
gewissen Sinne das Ende der britischen Geschichte, wie es uns aus
den Geschichtsbüchern überliefert ist – und er selbst hat den Abschied seines Landes von dieser Geschichte vollendet. Seit der ersten Elisabeth ist England einen anderen Weg als die europäischen
Festlandstaaten gegangen. Bis dahin war es Teil des europäischen
Mittelalters, von da an drängt es hinaus in die Welt. Während die
übrigen europäischen Mächte im Kampf miteinander einen abso-
lutistischen Militärstaat ausbilden, schuf die Freiheit der Meere in
England freiheitliche Institutionen und gewann ihm ein überseei-
sches Reich. Erst mit dem Aufstieg der Flügelmächte Amerika und
Rußland beginnt der Abstieg dieses Reiches, dessen letzter Künder
Winston Churchill war. Mit der zweiten Elisabeth ist England als
Gleicher unter Gleichen in den Kreis der europäischen Staaten zu-
rückgekehrt; seine Vergangenheit hat keine Bedeutung mehr für
seine Zukunft. Churchill ist der Vollender der »Whig-Interpreta-
tion of History«, des englischen Sonderwegs, der der englischen
Rasse, der englischen Nation eine einzigartige Rolle in der Geschichte zuweist.

In dem langen politischen Leben Churchills wird fast jedes
Thema dieses Weges noch einmal angeschlagen, leuchtet fast jede
Problemstellung noch einmal auf, um dann – endgültig – im Dunkel der Geschichte zu verlöschen. Das Verhältnis der beiden Häuser des britischen Parlaments zueinander, das Walpole wie Grey
beschäftigt hatte, sollte auch Churchills Anschauungen prägen.
Die Rolle der Parteien in der englischen Geschichte, der Wechsel
von einer zur anderen und der immer neu unternommene Versuch,
eine nationale Partei zu schaffen, ist für Churchills Weg so bestim-

mend gewesen wie vor ihm für Halifax, Bolingbroke und Canning. Der Kampf zwischen Freihändlern und Schutzzöllnern, der Peels politische Laufbahn beendet und Disraelis Aufstieg möglich gemacht hatte, sollte auch Churchill veranlassen, von den Tories zu den Liberalen zu wechseln. Auch Churchill wird wie Canning die neue Welt aufrufen, das Gleichgewicht in der alten wiederherzustellen, und gleich Chatham wird er das Bündnis der englischsprechenden Völker neu begründen. Im Kampf mit Hitler sollte Churchill die neutrale französische Flotte in Oran zerstören wie Canning und Castlereagh im Kampf gegen Napoleon 1807 die dänische Flotte vernichtet hatten. Und noch der alte Churchill wird am Ende seines Lebens zu der jungen Königin Elisabeth II. ein Verhältnis finden, wie es der alternde Melbourne zu der jungen Königin Viktoria gehabt hat. Churchill konnte an jeder Wegkreuzung seines politischen Lebens auf Vorbilder blicken, die für ihn noch gelebte Wirklichkeit waren, für das England von heute jedoch Geschichte sind.

Churchill hat keine Schule hinterlassen, nur eine historische Dichtung, die Geschichte der englischsprechenden Völker – ein grandioser Schlußakkord zu seinem eigenen Wirken.

Churchills politisches Leben zerfällt in drei Abschnitte, von denen zwei nur Vorbereitung sind für seine größte Stunde – den Kampf mit Hitler.

Churchill wurde als Nachfahre des Herzogs von Marlborough in Blenheim geboren. Als Sohn eines brillanten, aber unsteten Vaters, dessen politische Karriere vorschnell durch Eigensinn und Krankheit ein Ende fand, war Churchill für die Politik bestimmt wie der jüngere Pitt und Fox. Er liebte das Abenteuer wie das Rampenlicht der Öffentlichkeit und wurde deshalb Kavallerieoffizier und Kriegsberichterstatter. In Afghanistan, im Sudan und in Südafrika kämpfte er mit Feder und Mauserpistole für eine politische Karriere. Er nahm an der letzten englischen Kavallerieattacke gegen die Derwische des Mahdi bei Omdurman teil und floh aus einem Kriegsgefangenenlager der Buren. Dadurch wurde er berühmt und konservativer Abgeordneter des Unterhauses. Doch die Tories waren zerstritten und verbraucht, und so wechselte Churchill zu den aufsteigenden Liberalen. Nach dem großen liberalen Wahlsieg von 1906 wurde er zuerst Handelsminister, später Innenminister und Erster Lord der Admiralität. Er gehörte zum radikalen Flügel der Liberalen, kämpfte gemeinsam mit Lloyd George für Sozialreformen und gegen die Machtstellung des Oberhauses. Die Politik war für ihn ein einziges großes Abenteuer – a great fun – wie Stevensons Schatzinsel, die Lieblingslektüre seiner Jugend.

Er betrieb Politik als die Fortsetzung einer Kavallerieattacke mit anderen Mitteln. Verstellung und Tricks waren ihm fremd, offene Aggressivität und frontaler Angriff seine Waffen. Es war ein romantischer Zug in Churchill, eine Offenheit und Großzügigkeit, die Machiavellis politische Handlungsanweisungen Lügen strafte. Sein Ehrgeiz war grenzenlos, doch er machte kein Hehl daraus. Er wollte Macht und Einfluß, aber er behauptete nicht, es ginge ihm nur um das öffentliche Wohl. Er griff seine Gegner mit brutaler Schärfe an, doch sein Hauptvorwurf war nicht, daß sie unrecht hatten, sondern daß sie an der Macht waren oder an die Macht wollten. Churchill ist zeit seines Lebens der jugendliche Abenteurer aus Stevensons *Kidnapped, Catriona* und der *Schatzinsel* geblieben. Zu Beginn des Ersten Weltkrieges wollte er sein Ministeramt abgeben, um an der Spitze englischer Truppen Antwerpen zu verteidigen, 1944 konnte nur der Befehl des Königs den Premierminister Churchill davon abhalten, aus dem ersten Landungsboot an die Küste der Normandie zu stürmen. Als er wenige Tage später in einem Zerstörer den Kanal kreuzte, befahl er – wider alle militärischen Regeln –, die von den Deutschen gehaltene Küste mit Schiffsgeschützen zu beschießen, um doch noch an einem Kampf teilnehmen zu können. Als in Griechenland ein Bürgerkrieg drohte, flog der 70jährige persönlich nach Athen und verhandelte – Pistole im Gürtel – von einem gepanzerten Fahrzeug aus mit den kämpfenden Parteien. Doch Churchills Stärke war zugleich seine Schwäche. Seine Lust an der theatralischen Aktion, am großen Abenteuer mehrte bei Freunden wie Gegnern den Verdacht, daß es ihm nicht um Prinzipien, sondern allein um den Auftritt gehe. Ob Tory oder Liberaler, ob Radikaler oder Reaktionär – Churchills Platz war die Bühne. Eine berühmte Karikatur aus diesen Jahren zeigt ihn an Bord eines Schiffes neben dem zeitunglesenden Premier Asquith. Auf die Frage, ob es zu Hause Neues gäbe, erhält Churchill die Antwort: »Wie denn, wo Sie doch hier sind!« Der Weltkrieg bringt Churchills erste große Niederlage. Die Zeit des Gentleman-Krieges und der Kavallerieattacken ist vorbei – Massenheere schlachten sich zwischen Schützengräben ab, und Churchills Versuch, diesem Krieg durch einen Stoß in den weichen Unterleib der Mittelmächte zu entkommen, endet in der Katastrophe von Gallipoli. Der strategische Gedanke des Dardanellen-durchbruchs war brillant, die eingesetzten Mittel unzureichend, die Durchführung beklagenswert. Churchills Einbildungskraft, sein Glaube an die alles überwindende Kraft der Royal Navy zer-schellte an der Realität des Krieges. Das Landungsunternehmen blieb im Geschützfeuer der türkischen Forts stecken. Churchill mußte zurücktreten. Er sollte den gleichen Fehler 1942 wiederho-len, als er die beiden mächtigsten Schlachtschiffe zur Abschrek-kung Japans in den Fernen Osten schickte, wo sie von japanischen Bombern versenkt wurden.

Die folgenden Jahre waren Jahre des Abstiegs und der Unfrucht-barkeit. Zwar war Churchill in Lloyd Georges Koalitionsregie-rung erst Munitionsminister und später für kurze Zeit Kriegs- und Kolonialminister, doch politische Macht, Einfluß auf den Gang der Dinge hat er nicht gehabt. Nach dem Sturz Lloyd Georges und dem Zerfall der liberalen Partei kehrte er – heimatlos geworden – zu den Tories zurück und wurde Schatzkanzler unter Baldwin.

Doch die Finanzen waren nicht seine Sache und die Nachkriegs-epoche nicht seine Zeit. Das Weltreich hatte noch Bestand, doch seine Tage waren gezählt, und Churchills Temperament war für eine Gesellschaft von Leichenbestattern ungeeignet. Seine an Burke, Gibbon und Macaulay geschulte Rhetorik stammte aus ei-ner anderen Zeit, und seine Abenteuerlust machte den müden Ver-waltern eines niedergehenden Reiches Angst. Churchill wollte die Sowjetmacht mit britischen Truppen stürzen und den General-streik im Bürgerkrieg ersticken. Er liebte den Kampf und verach-tete das Ruhebedürfnis seiner Landsleute. Als die Gefahr Hitlers schon am Horizont sichtbar war, kämpfte er mit romantischem Eigensinn für das britische Indien seiner Jugend und für einen Kö-nig, dessen Affären ihn regierungsunwürdig gemacht hatten. Es war Churchills und Englands Tragik, daß seine Kritiker hier im Recht waren und er im Unrecht. So hatte er seine Glaubwürdigkeit verloren, als er sie am nötigsten gehabt hätte. Erst die Ereignisse von der Rheinlandbesetzung bis zur Annektion der Tschechoslo-wakei brachten ihn wieder in Übereinstimmung mit der öffentli-chen Meinung seines Landes. Als Hitler seinen Krieg begann, gab es nur Churchill, der sein Land führen und diesen Krieg siegreich beenden konnte. Es war seine Stunde, in der, wie es Sebastian Haffner einmal formuliert hat, Churchills Biographie »in die Weltgeschichte einschmilzt; man kann die eine nicht ohne die andere erzählen. Man nehme Churchill aus der Geschichte dieser Entscheidungsjahre heraus – und es ist nicht mehr dieselbe Geschichte.« Ohne Hitlers Krieg wäre Churchill den Weg seines Vaters gegangen: ein glanzvoller Beginn, ein langer trauriger Abstieg und ein schales Ende, »a brilliant failure«, wie Lord Rosebery dieses Leben genannt hat.

Churchill, der seine Kraft und seine Überzeugungen aus dem untergegangenen aristokratischen Zeitalter schöpfte, war der flackernden Genialität des wurzellosen Kleinbürgers gewachsen. Für Churchill war alles einfach. Hier war das protestantische England der ersten Elisabeth, das England seines Vorfahren John Churchill, des großen Herzogs von Marlborough, das England der Whig-Aristokraten mit seinen freiheitlichen Institutionen, und dort war das Deutschland Hitlers, die Tyrannei des Bösen, die Wiederholung Philipps von Spanien und Ludwigs des XIV. in fürchterlicher, amoralischer Gestalt. Da gab es nichts zu bedenken, da gab es nichts zu wägen, da gab es nur Kampf bis zum Sieg, auch wenn dieser Sieg das britische Reich zu Tode erschöpfen und seinen Abschied von der Geschichte bedeuten sollte. Für Churchill konnte es zwischen dem Licht der Freiheit und dem Dunkel der Tyrannei keinen Kompromiß geben. Wenn England die Fackel der Freiheit nicht mehr halten konnte, dann mußte es sie weitergeben an Amerika, die neue Vormacht der angelsächsischen Weltzivilisation. Chamberlain wollte Frieden mit Hitler, weil er den Stafettenwechsel fürchtete, Churchill führte Krieg ohne Furcht, weil er – tragischer Seher – von der Unvermeidlichkeit dieses historischen Prozesses überzeugt war. Churchills historische Stunde dauerte bis zum Kriegseintritt Amerikas, danach war er Juniorpartner, nach dem Krieg ein Überständiger, dem seine Landsleute in den Wahlen von 1945 ihr Geschick aus der Hand nahmen.

Mit Churchill ist aber nicht nur eine Epoche zu Ende gegangen, mit Churchill hat auch die »Whiggery« ihren letzten Repräsentanten verloren. Wir entdecken in ihm die Züge berühmter Vorgänger des aristokratischen England. Churchill war großzügig, offenherzig und seinen persönlichen Freunden ergeben wie Fox. Er liebte ein gutes Gespräch und gute Bücher wie Melbourne, besaß die gleiche romantische Liebe zu den britischen Institutionen wie Burke und war brennend ehrgeizig wie Disraeli. Er war eine Kämpfernatur bis zur puren Rauflust wie Palmerston, zäh in der Niederlage wie der jüngere Pitt, ein Energiebündel im Kriege wie

Chatham und großzügig gegenüber den Besiegten wie Castlereagh. Er war ein ebenso glänzender Stilist wie Disraeli, manchmal opportunistisch, prinzipienlos und zynisch wie Bolingbroke und immer ein Schauspieler auf der Bühne des Parlaments wie der ältere Pitt. Seine prunkende Rhetorik erinnerte an Edmund Burke, sein Kampf gegen den Zeitgeist an Lord Salisbury. Er verband große Fehler mit großen Tugenden, doch beides, Fehler wie Tugenden, hatte teil an der britischen Tradition. Darin unterscheidet sich Churchill von dem anderen großen Kriegsführer Englands in diesem Jahrhundert – Lloyd George. Beide waren einander sehr ähnlich. Beide waren Kämpfernaturen, beide waren Außenseiter im Parteigetriebe ihrer Zeit und Verächter der Orthodoxie. Doch Lloyd George war ein Zerstörer, wo Churchill ein Bewahrer war. Lloyd George kannte nur das Hier und Jetzt und verachtete den schwerfälligen Prunk der britischen Institutionen. Churchill sah sich als Glied einer langen Kette, in einer mythischen Gemeinschaft mit der britischen Nation und ihrer Geschichte. Zwar hatte er keine Botschaft für die Zukunft, doch seine Liebe zur Vergangenheit hat ihm die Zuneigung seiner Landsleute auch dort bewahrt, wo sie ihn nicht verstanden. Churchill starb 1965 und erhielt – als erster nach dem Herzog von Wellington – von der dankbaren Nation ein Staatsbegräbnis. Er liegt neben seinem Vater, Lord Randolph, auf dem kleinen Kirchhof von Bladon begraben in Sichtweite der Türme von Blenheim.

Anmerkungen

1. Landjunker.
2. 1683 wurde eine angebliche Verschwörung zur Ermordung Karls II. in der Nähe von Rye House in Hertfordshire aufgedeckt. Man verhaftete eine Reihe von Whig-Führern und alten Soldaten. Lord William Russell und Algernon Sidney wurden als die angeblichen Häupter der Rye-House-Verschwörung zum Tode verurteilt und hingerichtet.
3. englische Protestanten, die nicht zur anglikanischen Staatskirche gehören.
4. siehe das Kapitel Edmund Burke (S. 52).
5. siehe das Kapitel William Pitt der Jüngere (S. 61).
6. Bis zu diesem Zeitpunkt konnte jeder Minister, gestützt auf die Krone, eine eigene, von der des Premierministers abweichende Politik verfolgen. Das Kabinettsprinzip ist endgültig erst im 19. Jahrhundert britische Verfassungswirklichkeit geworden.
7. Robert Clive, ein junger Angestellter der Ostindischen Kompanie, besiegte bei Arcot und Plassey die Franzosen und die mit ihnen verbündeten indischen Fürsten und gewann für England aus dem Zusammenbruch des Mogul-Reiches u. a. Bengalen und Madras. Am Ende des siebenjährigen Krieges gebot England in Indien über 200 Millionen Menschen.
8. siehe das Kapitel George Canning (S. 87).
9. Der amerikanische Präsident James Monroe stellte in seiner Jahresbotschaft von 1823 den Grundsatz der Nichteinmischung für die westliche Hemisphäre auf. Danach sollte es den europäischen Staaten künftig verwehrt sein, sich in Streitigkeiten zwischen amerikanischen Staaten einzumischen oder amerikanisches Gebiet zu erwerben.
10. siehe Anmerkung 3.
11. Verfassungsrechtliche Möglichkeit des Königs, durch die Schaffung neuer, mit einem Sitz im Oberhaus verbundener Titel die Mehrheiten in der zweiten Kammer zu ändern und damit den Gesetzesvorlagen der Regierung zur Annahme zu verhelfen.
12. englischer Landadel, im umfassenden Sinne auch bürgerliche Gutsbesitzer, Beamte, Gelehrte und Pfarrer im Gegensatz zu den Gewerbetreibenden.
13. Londoner Stadthaus der Herzöge von Devonshire; in der zweiten Hälfte des 18. und zu Beginn des 19. Jahrhunderts gesellschaftlicher Mittelpunkt eines Kreises von Aristokraten, Politikern und Intellektuellen um Georgiana, 4. Herzogin von Devonshire, und Lady Elizabeth Forster, später 5. Herzogin von Devonshire.
14. Seit Peel bürgert sich für die traditionelle Tory-Partei der Begriff Konservative Partei ein. Seitdem wird der Begriff Tory für den romanti-

schen, sozialimperalistischen Konservativen im Unterschied zum nüchternen bürgerlichen Konservativen verwandt.

15. Anhänger der Volks-Charta, die allgemeines Stimmrecht, geheime Abstimmung, jährliche Neuwahl des Unterhauses, Abschaffung des Zensus, Diäten, gleichmäßige Wahlbezirke und eine Sozialgesetzgebung forderte. Die Chartistenbewegung wollte durch parlamentarische Eroberung der Staatsgewalt die Wirtschaftsordnung zugunsten des vierten Stands ändern. Der Höhepunkt der Chartistenbewegung war eine Petition der Nationalen Chartistenassoziation mit mehr als einer Million Unterschriften an das Unterhaus im Jahre 1839.

16. Chauvinismus, Hurrapatriotismus, rührt von einem Lied her, daß die sozialimperalistischen Massen in der zweiten Hälfte des 19. Jahrhunderts sangen: »Wir wünschen nicht zu fechten, doch, bei Jingo, wenn's uns gefällt: Wir haben die Schiffe und die Männer und das Geld.«

17. der in der zweiten Hälfte des 19. Jahrhunderts einsetzende Kampf der europäischen Mächte um die Aufteilung des Schwarzen Kontinents.

18. sarkastische Bezeichnung für die Inhaber von Krämerläden und Vorstadtvillen.

19. liberale Politiker, u. a. der Generalstaatsanwalt Rufus Isaacs und Lloyd George, hatten Aktien der Marconi-Gesellschaft gekauft, kurz bevor diese einen großen staatlichen Auftrag erhielt. Die Öffentlichkeit erhob daraufhin den Vorwurf, daß Regierungsmitglieder ihre Kenntnis staatlicher Entscheidungen zur privaten Bereicherung benutzt hätten.

20. Ein britisch-französisches Expeditionskorps versuchte zwischen März 1915 und Januar 1916 die Durchfahrt durch die Meerengen zu erzwingen und Konstantinopel zu besetzen. Zwar konnten die alliierten Truppen auf der Halbinsel Gallipoli landen, mußten jedoch zu Beginn des Jahres 1916 unter schweren Verlusten wieder räumen.

21. das wohl berühmteste indische Bauwerk; das Mausoleum für einen indischen Fürsten in Agra wurde von Curzon während seiner Zeit als Vizekönig von Indien restauriert und mit kostbaren Geschenken bedacht.

Personenregister

Aberdeen, George Hamilton Gordon, 4. Earl of A. (1784–1860), konservativer Politiker, Premierminister von 1852–1855   125

Adam, Robert (1728–1792), Architekt und Möbeldesigner   12

Adam, James (1732–1794), Architekt und Möbeldesigner   12

Addington, Henry, 1. Viscount Sidmouth seit 1805 (1757–1844), konservativer Politiker, Premierminister 1801–1804   68, 79

Albert, Prinz von Sachsen-Coburg-Gotha (1819–1861), Gemahl von Königin Viktoria   153

Alexander I. (1777–1825), Zar von Rußland   83 f.

Alexandra, Princess of Wales (1844–1925), dän. Prinzessin u. Frau Eduards VII.   174 f.

Anna Stuart (1665–1714), Königin von England, Schottland u. Irland seit 1702   27 ff., 36, 39

Ariost, Ludovico (1474–1533), italienischer Dichter   75

Asquith, Herbert Henry, Earl of Oxford and A. (1852–1928), liberaler Politiker, Premierminister 1908–1916   8, 105, 179, 181–190, 205, 211

Asquith, Joseph Dixon (gest. 1860), Vater von Herbert Henry Asquith   181

Asquith, Margot (1864–1945), Frau von H. H. Asquith   166, 184, 195

Augusta, v. Sachsen-Coburg-Gotha (1719–1772), Prinzessin von Wales, Mutter Georg III.   47

Austen, Jane (1775–1817), englische Schriftstellerin   10, 157

Baillie-Cochrane, Alexander (1818–1892), Erster Baron Lamington, konservativer Politiker   147

Baldwin, Stanley, 1. Earl B. of Bewdley (1867–1947), konservativer Politiker, Premierminister 1923/24, 1924–29, 1935–37   8, 15, 164, 190, 201–208, 212

Balfour, Arthur James, Earl of B. seit 1922 (1848–1930), konservativer Politiker, Premierminister 1902–1905   159, 164–170, 173, 176, 181, 183, 185 ff., 193, 195, 197 ff., 202, 204 f.

Balzac, Honoré de (1799–1850), französischer Romancier   146, 174

Beach, Sir Michael Hicks (1837–1916), Earl of St. Aldwyn seit 1915, konservativer Politiker   168

Beaconsfield, Earl of, s. Disraeli, Benjamin

Beaverbrook, William Maxwell Aitken, Baron (1879–1965), konservativer Politiker und Pressezar   206

Bentham, Jeremy (1748–1832), englischer Philosoph   147, 150

Bentinck, engl. Adelsfamilie holländischen Ursprungs, mit Wilhelm III. nach England gekommen   115

Bentinck, s. Cavendish

Beresford, Lord Charles

(1846–1919), konservativer Politiker 194

Birkenhead, Frederick Edwin Smith, Earl of B. seit 1822 (1872–1930), konservativer Politiker 204

Bismarck, Otto von B.-Schönhausen (1815–1898), preußischer Ministerpräsident und deutscher Reichskanzler 1862–1890 80, 118, 124, 135, 136, 146, 155, 157, 209

Blake, Robert (geb. 1916), englischer Historiker 155

Blandford, Marquis of B., 8. Herzog von Marlborough (1844–1892), Bruder von Randolph Churchill 174

Bolingbroke, Henry Saint John, Viscount seit 1712 (1678–1751), konservativer Politiker und Schriftsteller 27–34, 36, 38, 40, 50, 58, 147, 149, 174, 210, 214

Boycott, Charles Captain (1832–1897), anglo-irischer Landbesitzer 177

Boyle, Richard, 3. Earl of Burlington (1694–1753), Architekt und Sammler 11

Brendon, Piers (geb. 1940), englischer historischer Schriftsteller 197

Bright, John (1811–1889), liberaler Politiker 104, 128, 133, 143

Brougham, Henry Peter Lord, 1. Baron B. and Vaux (1778–1868), liberaler Politiker 80

Brown, Lancelot, gen. Capability Brown (1715–1783), Landschafts- und Gartenarchitekt 10

Brownlow, s. Cust

Bruce, Robert (1274–1329), König von Schottland 1306–1329, schottischer Nationalheld, Sieger von Bannockburn 192

Brüning, Heinrich (1885–1970), Zentrumspolitiker, Reichskanzler 1930–1932 206

Burckhardt, Carl Jacob (1891–1974), Schweizer Diplomat und Schriftsteller 199

Burghley, William Cecil, 1. Baron (1520–1598), führender Staatsmann unter Elisabeth I. von England 155

Burke, Edmund (1729–1797), Staatsphilosoph und Whig-Politiker 10, 14, 27, 32 f., 35, 47 f., 52–60, 62, 66 f., 71, 74, 87, 98 f., 100 f., 117, 139, 149, 153, 170, 212, 213 f., 215

Burlington, s. Boyle, Richard

Burne-Jones, Sir Edward Coley (1833–1898), englischer Maler, Präraffaelit 194

Burns, Robert (1759–1796), schottischer Dichter 75

Butler, Richard Austen, Baron of Saffron Walden seit 1965 (1902–1982), konservativer Politiker 202

Byron, George Gordon Noel Lord (1788–1824), englischer romantischer Dichter 78, 87, 109, 147, 150

Campbell-Bannerman, Sir Henry (1836–1908), liberaler Politiker, Premierminister 1905–1908 165, 184 f.

Canaletto, eigentl. Giovanni Antonio Canal (1697–1768), venezianischer Maler 10

Canning, George (1770–1827), konservativer Politiker, Premierminister 1827 7, 69, 79 ff., 85, 86, 87–95, 100 f., 118, 119, 176, 210, 215

Carnavon, Henry Howard Molyneux Herbert, Earl of (1831–1890), konservativer Politiker 178

Caroline von Braunschweig-Wolfenbüttel (1768–1821), seit 1795 verheiratet mit Georg IV. von England 38, 89, 100

Carrington, engl. Adelsfamilie 115

Carteret, John, s. Granville

Castlereagh, Robert Stewart, Viscount, Marquis of Londonderry (1769–1822), konservativer Politiker, Englands Vertreter auf dem Wiener Kongreß 78–86, 89, 92 f., 100, 118, 210, 214

Cavendish, Lord Frederick (1836–1882), liberaler Politiker 143, 178

Cavendish-Bentinck, Lord William George Frederick, aus dem Haus Portland (1802–1848), konservativer Politiker, Führer der »Schutzzöllner« 150

Cecil, David (geb. 1902), englischer Schriftsteller 115

Cecil, Robert, s. Salisbury

Cecil, William, s. Burghley

Chamberlain, Arthur Neville (1869–1940), konservativer Politiker, Premierminister 1937–1940 201, 204, 208, 213

Chamberlain, Joseph (1836–1914), Bürgermeister von Birmingham, erst liberaler, später konservativer Politiker 143, 164, 166, 173, 183, 184, 201 f.

Chamberlain, Sir Joseph Austen (1863–1937), konservativer Politiker, u. a. Außenminister z. Z. des Locarnovertrags 166, 201 f., 205, 208

Chateaubriand, François René Vicomte de (1768–1848), französischer Diplomat und Schriftsteller 200

Chatham, s. Pitt, William

Chaucer, Geoffrey (1340–1400), englischer Dichter 99

Chesterfield, Philip Dormer Stanhope, 4. Earl of Ch. (1694–1773), Whig-Politiker, Schriftsteller und Moralist 36

Churchill, Randolph Henry Spencer Lord (1849–1895), konservativer Politiker, Vater von Winston Churchill 158, 167 f., 171–180, 193, 197, 210, 213, 214

Churchill, Sir Winston Leonard Spencer (1874–1965), erst liberaler, später konservativer Politiker, mehrmals Minister, Premierminister 1940–1945, 1951–1955 8, 15 f., 29, 61, 124, 164, 169, 171 f., 178 f., 188, 198, 202, 205, 207 f., 209–214

Clive, Robert, Baron C. of Plassey (1725–1774), englischer General, Eroberer Indiens 46, 215

Cobden, Richard (1804–1865), liberaler Politiker 128, 147

Coleridge, Samuel Taylor (1772–1834), englischer romantischer Dichter und Staatsphilosoph 99

Cromwell, Oliver (1599–1658), Lordprotektor der englischen Republik nach der Hinrichtung Karls I. 20, 27, 168

Curzon, George Nathaniel Lord, Marquess of Kedlestone seit 1921 (1859–1925), konservativer Politiker, u. a. Außenminister und Vizekönig von Indien 15 f., 166, 169, 186, 191, 194 ff., 202, 204, 216

Cust, Harry (1861–1917), konservativer Politiker und Journalist 195

Cust, Nina (1867–1955), Frau von Harry Cust, Schriftstellerin und Bildhauerin 195

Danton, Georges Jacques (1759–1794), französischer Revolutionär, Mitglied der Bergpartei 7

Derby, engl. Adelsfamilie 115

Derby, Edward Goeffrey Smith Stanley, 14. Earl of D. (1799–1869), konservativer Politiker, Premierminister 1852, 1858/59, 1866–1868 128, 150 f.

Desborough, Lady (1867–1952), führendes Mitglied der »Souls« 195

Descartes, René (1596–1650), französischer Philosoph, Begründer des Rationalismus 31

Devonshire, Georgiana, 4. Herzogin von D. (1757–1806), liberale Aristokratin, Freundin von Fox 64, 73, 75
Foster, Lady Elizabeth (1759–1824), später 5. Herzogin von Devonshire 109, 215

Dickens, Charles (1812–1870), englischer Romancier 43, 88, 112, 132, 190

Disraeli, Benjamin, Earl of Beaconsfield seit 1876 (1804–1881), konservativer Politiker und Schriftsteller, Premierminister 1868, 1874–1880 7, 27, 33 f., 35, 61, 87, 104, 117, 118, 120 ff., 128, 136, 139, 140 f., 146–154, 155, 157 f., 167, 171, 172 ff., 203, 210, 213 f.

Disraeli, Mary Anne (1792–1872), Frau von Benjamin Disraeli 147

Donoso Cortés, Juan Francisco María de la Salud, Marqués de Valdegamas (1809–1853), spanischer Politiker und Staatsphilosoph 52

Dryden, John (1631–1700), englischer Dichter 24, 75

Durham, John George Lambton, 1. Earl of D. (1792–1840), liberaler Politiker und Diplomat, geistiger Vater des Commonwealth 101

Eden, Sir Robert Anthony, Earl of Avon seit 1961 (1897–1977), konservativer Politiker, mehrmals Außenminister, Premierminister 1955–1957 8, 207

Eduard VII., König seit 1901 (1841–1910), König von Großbritannien, Kaiser von Indien 174 f., 181, 186, 194

Edward VIII., Herzog von Windsor (1894–1972), 1936 König von Großbritannien, Thronverzicht wegen beabsichtigter Ehe mit der Amerikanerin Mrs. Simpson 203 f., 207, 212

Egremont, Lord, 3. Earl of E. (1751–1837), Kunstsammler, Förderer von Turner 109

Einstein, Albert (1879–1955), deutscher Physiker, Erfinder der Relativitätstheorie 167

Elcho, Lady (1861–1937), führendes Mitglied der »Souls« 195

Elcho, Lord, Hugo Charteris, später 11. Earl of Wemyss (1857–1937), konservativer Unterhausabgeordneter 195

Eliot, Thomas Stearns (1888–1965), englischer Dichter, gehörte zum Bloomsbury-Kreis 197

Elisabeth I. (1533–1603), seit 1558 Königin von England 9, 29, 155, 209, 213

Elisabeth II. (geb. 1926), seit 1952 Königin von Großbritannien und Nordirland 209, 210

Eldon, John Scott, 1. Earl of E. seit 1821 (1751–1838), Jurist und Tory-Politiker 61

Erskine, Thomas Lord (1750–1823), liberaler Politiker und Jurist 53, 99

Eucken-Erdsiek, Edith (1896–1985), Schriftstellerin 201

Eugen, Prinz von Savoyen-Carignan (1663–1736), österreichischer Heerführer 28, 199

Euripides (ca. 485–407 v. Chr.), griechischer Dichter 75

Eyck, Erich (1878–1964), Schweizer Historiker und Schriftsteller 77

Fielding, Henry (1707–1754), englischer Schriftsteller, Verfasser von »Tom Jones« 35

Fitzherbert, Maria (1756–1837), heimlich angetraute Ehefrau von Georg IV. 74

Fontane, Theodor (1819–1898), deutscher Schriftsteller 118

Foster, Elizabeth, s. Devonshire

Forster, William Edward (1818–1886), liberaler Politiker 168

Fox, Henry Richard Vassall, 3. Lord Holland (1773–1840), Neffe von Charles James Fox, Whig-Politiker 75

Fox, Charles James (1749–1806), Führer der Whigs 12, 60, 61, 63 ff., 67 ff., 70–77, 79, 97, 98 ff., 107, 108, 109, 110 f., 114, 115, 117, 149, 210, 213

Fox, Lady Caroline, geb. Lennox (1723–1774), Mutter von Charles James Fox, Tochter des 2. Herzogs von Richmond 73

Fox, Henry, seit 1763 1. Lord Holland (1705–1774), Whig-Politiker, Vater von Charles James Fox 40, 45, 71, 73

Friedrich II., der Große (1712–1786), seit 1740 König von Preußen 44

Friedrich, Prinz (1705–1751), Sohn Georgs II. u. Vater Georgs III., Prinz von Wales 32

Gainsborough, Thomas (1727–1788), englischer Maler 61, 88

Gandhi, Mohandas Karamchaud, gen. Mahatma (1869–1948), indischer Politiker, Begründer der Unabhängigkeit Indiens 206

Gay, John (1685–1732), englischer Dichter, Verfasser der »Bettleroper« 33, 35, 40

Georg I. (1660–1727), Kurfürst von Hannover, König von England, Schottland und Irland seit 1714 30

Georg II. (1683–1760), König von England, Schottland und Irland seit 1727 32, 46

Georg III. (1738–1820), König von England, Schottland und Irland seit 1760   46f., 64, 65, 68, 71, 76, 95

Georg IV. (1762–1830), König von England, Schottland und Irland seit 1820   74, 84f., 85, 89, 90, 93, 100f.

Georg V. (1865–1936), König von Großbritannien, Kaiser von Indien seit 1910   169, 182, 186f.

Georg VI. (1895–1952), König von Großbritannien, Kaiser von Indien seit 1936   211

Gibbon, Edward (1737–1794), englischer Historiker, »Niedergang und Fall des Römischen Reiches«   98f., 212

Gladstone, William Ewart (1809–1898), liberaler Politiker, Premierminister 1868–1874, 1880–1885, 1886, 1892–1894   7, 35, 53, 87, 105, 109, 115, 117, 122, 133, 134–145, 146, 147, 151, 152f., 158, 167, 172f., 177ff., 181, 182ff., 192

Godolphin, Sidney, 1. Earl of G. (1645–1712), führender Staatsmann unter Königin Anna   29, 36

Goethe, Johann Wolfgang von (1749–1832), deutscher Dichter   87

Goldsmith, Oliver (1728–1774), englischer Schriftsteller und Politiker   53ff.

Gordon, Charles George (1833–1885), englischer General   142

Gorst, John Eldon (1835–1916), konservativer Politiker   173

Granville, John Carteret, 1. Earl of G. (1690–1763), Whig-Politiker   36, 43f.

Granville, George Leveson-Gower, 2. Earl of G. (1815–1891), liberaler Politiker, u. a. mehrmals Außenminister   136

Grattan, Henry (1746–1820), liberaler irischer Politiker   81

Grenville, George (1712–1770), englischer Politiker, Premierminister 1763–1765, erläßt Stempelsteuer für Amerika   47f.

Greville, Charles (1794–1865), Verfasser eines geheimen Tagebuchs über die Regierungszeit Georgs IV., Wilhelms IV. und die Anfänge Königin Viktorias   125f., 133

Grey, Charles Lord, 2. Earl of G. (1764–1845), Whig-Politiker, Premierminister 1830–1834   7, 96–105, 107, 110f., 181, 183, 209

Grillparzer, Franz (1791–1872), österreichischer Dichter   126

Gründgens, Gustaf (1899–1963), Schauspieler und Regisseur   27

Habermas, Jürgen (geb. 1929), Soziologe und Philosoph   76

Haffner, Sebastian (geb. 1907), Journalist und historischer Schriftsteller   212

Haldane, Richard Burdon, Viscount H. of Cloan seit 1911 (1856–1928), liberaler Politiker, Kriegsminister   183, 194

Halifax, Edward Frederick Lindley Wood (1881–1959), 1. Baron Irwin (seit 1925), 3. Viscount (seit 1934), 1. Earl of H. (seit 1944), konservativer Politiker, u. a. Außenminister   201

Halifax, George Savile, Marquess of H. (1633–1695), Politiker,

Schriftsteller und Moralphilosoph 8, 17–26, 210

Hampden, John (1594–1643), Führer der Parlamentsopposition gegen Karl I. 43

Händel, Georg Friedrich (1685–1759), deutscher Komponist 166

Harcourt, Sir William (1827–1904), liberaler Politiker, u. a. mehrmals Schatzkanzler 184, 191

Hardy, Thomas (1840–1928), englischer Dichter 203

Hardy, Thomas (1752–1832), Schuhmacher und radikaler Agitator 67

Harley, Robert, s. Oxford, Earl of

Hartington, Lord, später 8. Herzog von Devonshire (1833–1908), liberaler Politiker 143

Hastings, Warren (1732–1818), General-Gouverneur von Indien 56, 58

Haynau, Julius Jakob, Freiherr von (1786–1853), österreichischer General 129

Heath, Edward Richard George (geb. 1916), konservativer Politiker, Premierminister 1970–1974 34, 124, 202

Heine, Heinrich (1797–1856), deutscher Dichter 87

Henrich, Dieter (geb. 1927), Professor für Philosophie in München, Columbia und Harvard 58

Herbert, Sidney (1810–1861), liberaler Politiker, u. a. mehrmals Kriegsminister 130

Hitler, Adolf (1889–1945), deutscher Politiker, Reichskanzler 1933–1945 81, 207, 210, 212 f.

Hoare, Samuel, 1. Viscount Templewood of Chelsea (1880–1959), konservativer Politiker, u. a. Außenminister 201

Hobbes, Thomas (1588–1679), englischer Staatsphilosoph, »Leviathan« 18

Holstein, Friedrich von (1837–1909), Diplomat, außenpolitischer Berater mehrerer Reichskanzler 124

Homer (700 v. Chr.), blinder griechischer Sänger und Dichter, »Ilias« u. »Odyssee« 75, 140

Hoppner, John (1758–1810), englischer Maler 61

Hsüan Tsung Tao Kuang (1782–1850), Kaiser von China 127

Hume, David (1711–1776), schottischer Moralphilosoph 24

Isaacs, Rufus Daniel, 1. Marquess of Reading (1860–1935), liberaler Politiker 216

Jakob I. (1566–1625), seit 1567 König von Schottland, seit 1603 auch König von England 155, 192

Jakob II. (1633–1701), König von England, Schottland u. Irland 1685–1688 17, 20 f., 23, 28, 47, 148

Jakob III. (1688–1766), katholischer Kronprätendent »The Old Pretender« 31

James I., s. Jakob I.

James, Henry (1843–1916), angloamerikanischer Schriftsteller 9, 194, 195

Jameson, Leander Starr (1853–1917), südafrikanischer Politiker 196

Jenkins, Robert, Kapitän 39
Jerome, Jenny (1854–1921), Ehe-
    frau von Randolph Chur-
    chill 174
John Bull, Figur aus: »The His-
    tory of John Bull« von John Ar-
    buthnot (1667–1735) 189
Johnson, Samuel (1709–1784),
    Schriftsteller und Lexikograph
    33, 40, 63, 76, 157
Jones, Inigo (1573–1652), engli-
    scher Baumeister und Archi-
    tekt 12, 195

Kant, Immanuel (1724–1804),
    deutscher Philosoph 190
Karl I. (1600–1649), König von
    England, Schottland und Irland
    seit 1625 27, 148
Karl II. (1630–1685), König von
    England, Schottland und Irland
    seit 1660 19 ff., 23, 215
Karl II. (1661–1700), Sohn Phil-
    ipps IV., letzter habsburgischer
    König Spaniens seit 1665 28
Karl, Erzherzog (1685–1740),
    Sohn Kaiser Leopolds I., seit
    1711 als Karl VI. deutscher
    Kaiser 28, 67
Kent, William (1685–1748), engli-
    scher Architekt, Gartenarchitekt
    und Baumeister 11
Keynes, John Maynard, Baron K.
    of Tilton seit 1942
    (1883–1946), englischer Natio-
    nalökonom 197, 206
Keyserling, Eduard Graf von
    (1855–1918), deutscher Schrift-
    steller 195
Kipling, Rudyard (1865–1936),
    englischer Schriftsteller, »Das
    Dschungelbuch« 167, 196
Kissinger, Henry Alfred (geb.
    1923), amerikanischer Außen-

minister unter Präsident Ni-
    xon 79, 84

Lamb, Peniston, 1. Lord Mel-
    bourne (1748–1819), Vater von
    William Lamb 109
Lamb, William Lord, 2. Viscount
    Melbourne (1779–1848), Whig-
    Politiker, Premierminister 1834,
    1835–1841 7, 101, 102,
    106–116, 210, 213
Lamb, Elizabeth, geb. Milbanke,
    1. Viscountess Melbourne
    (1752–1818), Mutter von Wil-
    liam Lamb 109
Laval, Pierre (1883–1945), franzö-
    sischer Politiker, u. a. Minister-
    präsident u. Außenminister,
    1945 wegen Kollaboration zum
    Tode verurteilt und hingerich-
    tet 201
Law, Andrew Bonar (1858–1923),
    konservativer Politiker, Premier-
    minister 1922/23 164, 169,
    182, 183, 187 f., 199, 203 f.
Lawrence, D. H. (1885–1930),
    englischer Schriftsteller 197
Lawrence, Sir Thomas
    (1769–1830), englischer Ma-
    ler 88
Lieven, Christoph, Fürst von L.
    (1777–1839), russischer Di-
    plomat, u. a. Botschafter in
    London 83
Lieven, Dorothea, Fürstin von L.
    (1785–1857), Frau des russi-
    schen Botschafters in London,
    Freundin Metternichs 90
Liverpool, Robert Banks Jenkin-
    son, 2. Earl of L. (seit 1808)
    (1770–1828), konservativer Po-
    litiker, Premierminister
    1812–1827 79, 89, 91, 94 f.,
    117, 119

Lloyd George, David, 1. Earl of
Dwyfor seit 1944 (1863–1945),
liberaler Politiker, Premierminister 1916–1922 8, 15, 164,
165, 169, 179, 185, 187 ff.,
202, 204 ff., 210, 212, 214, 216
Locke, John (1632–1704), Whig-
Politiker und Staatsphilosoph
12, 18, 20, 31, 43
Longhi, Pietro (1702–1785), venezianischer Maler 10
Ludwig II. von Bayern
(1845–1886), seit 1864 König
von Bayern 51
Ludwig XIV., gen. Sonnenkönig
(1638–1715), seit 1643 König
von Frankreich 11, 19 f.,
27 ff., 36, 213
Lukrez (99–55 [?] v. Chr.), römischer Dichter 99
Lyttelton, Alfred (1857–1913),
konservativer Politiker, führendes Mitglied der »Souls« 194 f.
Lyttelton, Mary (gest. 1875),
Schwester von Alfred Lyttelton
166

Macaulay, Thomas Babington,
1. Baron Macaulay of Rothley
seit 1857 (1800–1859), liberaler
Politiker und Geschichtsschrei-
ber 19, 25, 35 f., 45, 47, 54,
62, 127, 148, 212
MacDonald, James Ramsey
(1866–1937), Labour-Politiker,
Premierminister 1924,
1929–1935 201, 205, 206 f.
Machiavelli, Niccolò
(1469–1527), florentinischer
Staatsmann und
Staatsphilosoph 211
Mack, Karl Freiherr von Leiberich
(1752–1828), österreichischer
General 68

Macmillan, Harold (geb. 1894),
konservativer Politiker, Premierminister 1957–1963 8
Mahdi, Al (1844–1885), religiöser
Führer und Revolutionär 142
Maistre, Joseph de (1754–1821),
französischer Staatsphilosoph,
Diplomat im Dienste Sardi-
niens 52
Manchester, Herzogin von M.,
Mittelpunkt eines liberalen politischen Salons 35
Mann, Thomas (1875–1955),
deutscher Schriftsteller 182
Manners, Lord John, seit 1888
Herzog von Rutland
(1818–1906), konservativer Po-
litiker und Schriftsteller 130,
147
Maria Stuart (1542–1587), Köni-
gin von Frankreich und seit
1561 Königin von Schottland
9
Maria II. Stuart (1662–1694),
Tochter von Jakob II., Frau von
Wilhelm III. von Oranien, seit
1688 Königin von England,
Schottland und Irland 23, 124
Maria Theresia (1717–1780), seit
1740 Kaiserin von Österreich,
verh. mit Franz Stephan von
Lothringen, seit 1745 deutscher
Kaiser 45
Marie Antoinette (1755–1793),
Tochter der Maria Theresia,
verh. mit Ludwig XVI., seit
1774 Königin von Frankreich
59
Marlborough, John Churchill,
1. Herzog von M. seit 1702
(1650–1722), englischer Feldherr und Politiker 8, 11, 27 ff.,
36 f., 174, 210, 213
Marlborough, John Winston Spen-

cer Churchill, 7. Herzog von Marlborough (1822–1883), Vater von Randolph Churchill, konservativer Politiker 173, 175, 177

Marlborough, Sarah Jennings, 1. Herzogin von M. (1660–1744), verh. mit dem 1. Herzog von M., Vertraute der Königin Anna 27, 29

Marx, Karl (1818–1883), deutscher Nationalökonom, Journalist und politischer Schriftsteller 135, 156

Massa, Polizeiminister in Neapel 129 f.

Masham, Abigail (gest. 1734), Kammerfrau von Königin Anna 29

Melbourne, s. Lamb, William

Melville, Henry Dundas, 1. Viscount seit 1802 (1742–1911), konservativer schottischer Politiker 68

Metternich, Klemens Lothar Wenzel Graf, Fürst M., Herzog von Portella (1773–1859), österreichischer Staatskanzler u. Außenminister 80, 84, 85 f., 90, 93 f., 94

Mill, John Stuart (1806–1873), englischer Philosoph 147

Milton, John (1608–1674), englischer Dichter 43

Mirabeau, Honoré Gabriel Victor Riquetti, Graf von (1749–1791), führender Kopf der ersten Phase der Revolution von 1789 7, 20

Mocenigo, Tommaso, Doge (1343–1423), Gegner des späteren Dogen Francesco Foscari 94

Monroe, James (1758–1831), 5. Präsident der Vereinigten Staaten von Amerika 1816–1824 93, 215

Montaigne, Michel Eyquem de (1533–1592), französischer Politiker, Schriftsteller und Philosoph, »Essais« 18

Montesquieu, Charles de Secondat, Baron de La Brède et de M. (1689–1755), französischer Schriftsteller und Philosoph, »Vom Geist der Gesetze« 33

Moore, Tom (Thomas) (1779–1852), irischer Dichter 75

Morley, John, Viscount Morley of Blackburn seit 1908 (1838–1923), liberaler Politiker und Schriftsteller, Biograph Gladstones 35

Morris, William (1834–1896), englischer Dichter und Kunsthandwerker 194

Müller, Adam (1779–1829), konservativer Schriftsteller und Staatsphilosoph 52

Müller, Hermann (1876–1931), sozialdemokratischer Politiker, deutscher Reichskanzler 1928–1930 206

Mussolini, Benito (1883–1945), italienischer Politiker, Führer Italiens 1922–1943 207

Napoleon I., eigentl. Napoleone Buonaparte (1769–1821), seit 1799 1. Konsul, seit 1804 Kaiser der Franzosen 13, 78, 81 ff.

Nash, Richard, gen. »Beau Nash« (1674–1762), Lehrer des ›guten Geschmacks‹ in Bath 12

Nehru, Jawaharlal (1889–1964), indischer Politiker, erster Pre-

mierminister des unabhängigen
Indien 196

Nelson, Horatio Viscount seit
1801, Baron of the Nile seit
1798, Herzog von Brontë seit
1800 (1758–1805), englischer
Admiral, Sieger von Abukir und
Trafalgar 61, 68, 69

Newcastle, Thomas Pelham-Holles, Marquess of Clare, 4. Herzog von N. seit 1715
(1694–1768), führender Whig-
Politiker, u. a. Schatzkanzler
und Außenminister 44 ff.,
50

Newton, Isaac, Sir seit 1705
(1643–1727), englischer Physiker 12, 31

Nicolson, Sir Harold George
(1886–1968), englischer Politiker, Diplomat und Schriftsteller
196, 201

Norfolk, Charles Howard,
11. Herzog von N.
(1746–1815), Whig-Politiker
74

North, Frederick Lord, 2. Earl of
Guilford (1733–1792), englischer Politiker, »Freund des Königs«, Premierminister
1770–1782, 1783   40, 49, 56,
63, 71 f., 76

Northcote, Sir Stafford, seit 1885
Earl of Iddelsleigh
(1818–1887), konservativer Politiker 172

Owen, David (geb. 1938), englischer Politiker, u. a. Außenminister, Gründer der SDP 205

Oxford, Robert Harley, 1. Earl of
O. seit 1711 (1661–1724), Tory-Politiker, Premierminister
1710–1714 29 f., 36

Don Pacifico (1784–1854), portugiesischer Kaufmann jüdischen
Glaubens, Anlaß einer britischen Strafaktion gegen Griechenland 128

Palladio, Andrea, eigentl. Andrea
di Pietro (1508–1580), italienischer Architekt und Baumeister 12

Palmerston, Henry John Temple,
3. Viscount P. (1784–1865),
Whig-Politiker, Premierminister
1855–1858, 1859–1865   35,
101, 124–133, 139, 141, 213

Parnell, Charles Stewart
(1846–1891), irischer Politiker
143 f., 176, 177 f.

Pascal, Blaise (1623–1662), französischer Theologe und Philosoph 167

Peel, Sir Robert (1788–1850),
konservativer Politiker, Premierminister 1834/35,
1841–1846   61, 109, 117–123,
136, 139, 147, 149 f., 155, 171,
176, 184, 210, 215

Peel, Robert (1750–1830), Vater
von Robert Peel, Fabrikant und
Gutsbesitzer 118, 123

Peel, Robert Parsley (1723–1795),
Großvater von Robert Peel, Fabrikant 118

Pelham, Henry (1695–1754), englischer Whig-Politiker, u. a.
Schatzkanzler 44 f.

Pelham-Holles, Thomas, s. Newcastle

Perceval, Spencer (1762–1812),
konservativer Politiker,
Premierminister 1809–1812
79

Pétain, Philippe (1856–1951),
französischer Marschall und Politiker, Führer des von Deutsch-

land abhängigen Frankreich 1940–1945 201

Philipp II. (1527–1598), seit 1556 König von Spanien 213

Philipp V. von Bourbon, Herzog von Anjou (1683–1746), Enkel Ludwigs XIV., spanischer König seit 1700 28 ff.

Pitt, William, der Ältere, 1. Earl of Chatham seit 1766 (1708–1778), englischer Politiker, Premierminister 1757–1761, 1766–1768 7, 40, 42–51, 55, 56, 61, 86, 149, 210, 214

Pitt, William, der Jüngere (1759–1806), konservativer Politiker, Premierminister 1783–1801, 1804–1806 7, 15, 37, 61–69, 72, 76, 77, 79, 80 ff., 88, 91, 94, 97, 98 f., 102, 110, 117, 119, 149, 213, 215

Ponsonboy, Caroline, verh. Lamb (1785–1828), Frau des Whig-Premiers, Geliebte Byrons, Malerin und Schriftstellerin 109 f.

Pope, Alexander (1688–1744), englischer Dichter und Essayist 33, 35, 157

Portland, englische Adelsfamilie, s. Cavendish-Bentinck

Portland, William Henry Cavendish-Bentinck, 3. Herzog von P. (1738–1809), liberal-konservativer Politiker, Führer der gemäßigten Whigs, Premierminister 1783, 1807–1809 99, 115

Poussin, Nicolas (1594–1665), französischer Maler 54

John Pratt, Earl of Camden (1759–1840), Onkel von Lord Castlereagh, Lord-Leutnant von Irland, irischer Politiker 80

Priestley, John Boynton (1894–1984), englischer Schriftsteller 78

Proust, Marcel (1870–1922), französischer Schriftsteller 16, 153, 165

Pulteney, William, seit 1742 Graf von Bath (1684–1764), Whig-Politiker 36, 43

Pym, John (1584–1643), englischer Politiker, Führer der parlamentarischen Opposition gegen Karl I. 43

Pym, Francis Leslie (geb. 1922), konservativer Politiker, u. a. Außenminister in der ersten Regierung Thatcher 1982/83 124

Queensberry, englische Adelsfamilie 12

Ranke, Leopold von (1795–1886), deutscher Historiker 18

Repton, Humphrey (1752–1818), englischer Gartenkünstler 10

Rhodes, Cecil (1853–1902), südafrikanischer Politiker 196

Ribblesdale, Thomas Lister, Lord (1854–1926), englischer Aristokrat, Mitglied der »Souls« 194, 200

Richmond, Charles Lennox, 2. Herzog von R. (1701–1750), Onkel Karls II. und der Louise de Kerouaille 73

Richmond, Charles Lennox, 3. Herzog von R. (1735–1806), englischer Whig-Politiker 57

Rockingham, Charles Watson Wentworth, Marquess of R., Whig-Politiker, Premierminister 1765/66, 1782 35, 47 ff., 55 f., 60, 63, 149

Roosevelt, Theodore (1858–1919), amerikanischer Präsident 1901–1909 168

Rosebery, Archibald Philip Primrose, 5. Earl of R., Earl of Midlothian (1847–1929), liberaler Politiker, Premierminister 1894/95 133, 174, 176, 183, 197, 213

Roth, Joseph (1894–1939), österreichischer Schriftsteller 182

Rothermere, Harold Sidney Harmsworth, 1. Viscount R. (1868–1940), konservativer Politiker und Zeitungsmagnat 206

Russell, John Lord, 1. Earl R. (1792–1878), liberaler Politiker, Premierminister 1846–1852, 1865/66 101 f., 105, 115, 125, 151

Russell, William Lord (1639–1683), Whig-Politiker, Führer der Opposition gegen Karl II. 23, 35, 215

Rutland, Herzogin von R. (1856–1937), Schriftstellerin und Malerin, führendes Mitglied der »Souls« 195

Sackville, Thomas, Graf von Dorset (1536–1608), Schriftsteller, Politiker und Diplomat im Dienst Elisabeths I. 9

Sackville-West, Vita (Victoria) (1892–1962), englische Schriftstellerin 9, 181 f.

Salisbury, Robert Cecil, 1. Earl of S. (1563–1612), führender Staatsmann unter Jakob I. von England 155

Salisbury, Robert Arthur Talbot Gascoyne Cecil, 3. Marquess of S. (1830–1903), konservativer Politiker, Premierminister 1885/86, 1886–1892, 1895–1902 79, 155–163, 165,

168, 170, 175, 176, 178 f., 183, 184, 192 f., 198, 214

Salisbury, James Gascoyne-Cecil, 4. Marquess of S. (1861–1947), Sohn des 3. Marquess of S., konservativer Politiker, Führer der Hochtories im Oberhaus 186

Alderson, Georgina, 3. Marchioness of S. (1827–1899), Ehefrau des 3. Marquess of S. 157

Salisbury, James Gascoyne-Cecil, 2. Marquess of S. (1791–1868), konservativer Politiker 157

Sargent, John Singer (1856–1925), anglo-amerikanischer Maler 165, 194 f.

Savile, George, s. Halifax

Scarsdale, Nathaniel Curzon, 1. Baron S. (1726–1804), englischer Politiker, »Freund des Königs« 15

Schwarzenberg, Felix Fürst zu (1800–1852), österreichischer Ministerpräsident 1850–1852 131 f.

Scott, Sir Walter (1771–1832), schottischer Schriftsteller 75

Scribe, Eugène (1791–1861), französischer Schriftsteller 27, 29

Shaftesbury, Anthony Ashley Cooper, 1. Earl of Shaftesbury seit 1672 (1621–1683), Whig-Politiker, Führer der parlamentarischen Opposition gegen Karl II. 20 f.

Shaftesbury, Anthony Ashley Cooper, 3. Earl of Shaftesbury (1671–1713), Philosoph und Schriftsteller 12

Shakespeare, William (1564–1616), englischer Dichter 75

Shaw, Tom (1872–1938), Labour-Politiker, u. a. Kriegsminister 202

Shelburne, William Petty Fitzmaurice Lord, seit 1784 Marquess of Landsdowne (1737–1805), liberal-konservativer Politiker, Premierminister 1782/83 50, 63 f., 74, 76

Shelley, Percy Bysshe (1792–1822), englischer romantischer Dichter 78

Sheridan, Richard Brinsley (1751–1816), Whig-Politiker und Lustspieldichter 99

Sidgwick, Henry (1838–1900), englischer Moralphilosoph 170, 197

Sidmouth, s. Addington

Sidney, Algernon (1622–1683), Whig-Politiker, Mitglied der parlamentarischen Opposition gegen Karl II. 23, 35, 215

Simpson, Wallis (1896–1986), Frau Edwards VIII. 207

Smith, Adam (1723–1790), schottischer Nationalökonom 74

Smythe, George, 7. Viscount Strangford (1818–1857), konservativer Politiker 147

Southey, Robert (1774–1843), englischer Schriftsteller 99

Spinoza, Baruch (1632–1677), Philosoph 31

Stanhope, Lady Hester (1776–1839), Nichte von William Pitt d. J. 68

Steel, David (geb. 1939), englischer Politiker, langjähriger Führer der liberalen Partei 205

Stendhal, eigentl. Marie Henri Beyle (1783–1842), französischer Romancier 146

Stephen, Leslie Sir (1832–1904), englischer Literatur- und Kulturkritiker 33

Stewart, Robert, s. Castlereagh

Stevenson, Robert Louis (1850–1894), schottischer Schriftsteller 211

Strachey, Lytton (1880–1932), englischer Schriftsteller, »Eminent Victorians« 124, 155, 197

Suworow, Alexandr Wassiljewitsch (1729–1800), russischer Feldherr, Marschall 67

Swift, Jonathan (1667–1745), englischer Schriftsteller 33, 35, 157

Talleyrand, Charles Maurice de (1754–1838), Fürst von Benevent seit 1806, Herzog von Talleyrand-Périgord seit 1807, Herzog von Dino seit 1815, französischer Politiker und Diplomat, mehrmals Außenminister 17, 129

Tennant, Margot, s. Asquith, Margot

Tennant, Laura (1862–1886), verheiratet mit Alfred Lyttelton, Mitglied der »Souls« 194 f.

Thatcher, Margaret (geb. 1926), konservative Politikerin, Premierministerin seit 1979 27, 34, 86, 87, 117, 124, 126, 202, 203, 205, 208

Tocqueville, Charles Alexis Henri Clérel de (1805–1859), französischer Politiker und Staatsphilosoph 18

Tooke, John Horne (1736–1822), Geistlicher, Schriftsteller und Politiker 67

Townshend, Charles, 2. Viscount (1674–1738), Whig-Politiker, u. a. Außenminister 36

Townshend, Charles (1725–1767), englischer Politiker, u. a. Schatzkanzler 49

Trevelyan, George Otto (1838–1928), liberaler Politiker 168

Trevelyan, George Macaulay (1876–1962), liberaler Politiker und Historiker 108, 138

Trollope, Anthony (1815–1882), englischer Schriftsteller 174

Tuchman, Barbara (1912–1989), amerikanische historische Schriftstellerin 192

Turner, William (1775–1851), englischer Maler 109

Vanbrugh, John, Sir seit 1714 (1666–1726), Offizier, Baumeister, Architekt und Schriftsteller 11

Vergil (Publius Vergilius Maro) (70–19 v. Chr.), römischer Dichter 75, 99

Viktoria (1819–1901), seit 1837 Königin von Großbritannien und Irland, seit 1877 Kaiserin von Indien 114f., 125, 142, 144, 151, 152f., 181, 195, 210

Voltaire, eigentl. François Marie Arouet (1694–1778), französischer Philosoph und Schriftsteller 33

Walpole, Robert, 1. Earl of Orford (1676–1745), Whig-Politiker, Premierminister 1721–1742 31, 32f., 35–41, 43f., 50, 149, 209

Walpole, Horace, 4. Earl of Orford (1717–1797), Schriftsteller und Kunstsammler 13, 45f.

Watts, George Frederic (1817–1904), englischer Maler 194

Waugh, Evelyn (1903–1966), englischer Schriftsteller 16, 118, 199

Weber, Max (1864–1920), Soziologe und Nationalökonom 18, 135

Wellington, Arthur Wellesley, 1. Herzog von W. seit 1814 (1769–1852), konservativer Politiker und Heerführer, Sieger von Waterloo 61, 81, 95, 100f., 103, 193, 214

Whistler, James Abbot McNeill (1834–1903), anglo-amerikanischer Maler 194

Wilberforce, William (1759–1833), Politiker und Philanthrop 67

Wilde, Oscar Fingal O'Flahertie Wills (1854–1900), Schriftsteller und Dandy 146, 181, 189, 194

Wilhelm I., der Eroberer (1027–1087), Herzog der Normandie, seit 1066 König von England 15, 192

Wilhelm III. von Oranien (1650–1702), Erbstatthalter der Niederlande, seit 1688 König von England, Schottland und Irland 20, 23f., 29, 37, 124

Wilhelm IV. (1765–1837), König von England, Schottland und Irland seit 1830 102, 103f.

Wilhelm II. (1859–1941), seit 1888 dt. Kaiser 159

Wolff, Sir Henry Drummond (1830–1908), konservativer Politiker und Diplomat 173

Woolf, Virginia (1882–1941),
    Schriftstellerin 9, 197
Wyndham, George (1863–1913),
    konservativer Politiker, führen-
    des Mitglied der »Souls« 195

Ziegler, Philip (geb. 1929), engli-
    scher Diplomat und Schriftstel-
    ler, u. a. »Melbourne«,
    »Mountbatten« 113, 115

Geschichte
in den suhrkamp taschenbüchern

Martin Broszat: Zweihundert Jahre deutsche Polenpolitik. st 74

Hans Magnus Enzensberger: Der kurze Sommer der Anarchie. Buenaventura Durrutis Leben und Tod. Roman. st 395

Jacques Gernet: Die chinesische Welt. Die Geschichte Chinas von den Anfängen bis zur Jetztzeit. Aus dem Französischen von Regine Kappeler. st 1505

Dieter Groh: Rußland im Blick Europas. 300 Jahre historische Perspektiven. st 1527

Hermann Korte: Eine Gesellschaft im Aufbruch. Die Bundesrepublik in den sechziger Jahren. st 1471

Die Neue Welt. Chroniken Lateinamerikas von Kolumbus bis zu den Unabhängigkeitskriegen. Herausgegeben und mit einer Einleitung versehen von Emir Rodríguez Monegal. Mit zeitgenössischen Illustrationen. st 811

Ernst Piper: Nationalsozialistische Kunstpolitik. Ernst Barlach und die ›entartete Kunst‹. Eine Dokumentation. st 1458

Wolfgang Schivelbusch: Intellektuellendämmerung. Zur Lage der Frankfurter Intelligenz in den zwanziger Jahren. st 1121

Reinhold Schneider: Das Inselreich. Gesetz und Größe der britischen Macht. st 1413

Dolf Sternberger: Panorama oder Ansichten vom 19. Jahrhundert. st 179

Ingeborg Weber-Kellermann: Die deutsche Familie. Versuch einer Sozialgeschichte. st 185

– Der Kinder neue Kleider. Zweihundert Jahre deutsche Kindermoden in ihrer sozialen Zeichensetzung. Unter Mitarbeit von Dagmar Eikke-Jennemann und Regine Falkenberg. st 1128

263/1/10.88

Literaturwissenschaft
in den suhrkamp taschenbüchern

Herbert Achternbusch. Herausgegeben von Jörg Drews. stm. st 2015

Theodor W. Adorno: Versuch, das Endspiel zu verstehen. Aufsätze zur Literatur des 20. Jahrhunderts I. st 72

Richard Alewyn: Probleme und Gestalten. Essays. st 845

Apokalypse. Weltuntergangsvisionen in der Literatur des 20. Jahrhunderts. Herausgegeben von Gunter E. Grimm, Werner Faulstich und Peter Kuon. stm. st 2067

Hugo Ball: Hermann Hesse. Sein Leben und sein Werk. st 385

Roland Barthes: Fragmente einer Sprache der Liebe. Aus dem Französischen von Hans-Horst Henschen. st 1586

Baudelaires ›Blumen des Bösen‹. Herausgegeben von Hartmut Engelhardt und Dieter Mettler. stm. st 2070

Samuel Beckett. Herausgegeben von Hartmut Engelhardt. stm. st 2044

Quentin Bell: Virginia Woolf. Eine Biographie. Aus dem Englischen von Arnold Fernberg. st 753

Thomas Bernhard. Werkgeschichte. Herausgegeben von Jens Dittmar. stm. st 2002

Pierre Bertaux: Friedrich Hölderlin. st 686
– Hölderlin-Variationen. st 1018
– Vom Spiel. st 1478

Die besten Bücher der »Bestenliste« des SWF-Literaturmagazins. Empfohlen von Mitgliedern der Jury. Herausgegeben von Jürgen Lodemann. st 782

Die »Bestenliste« 1985. Aktuelle Empfehlungen des SWF-Literaturmagazins. Herausgegeben von Rainer Schirra. st 1206

Karl Heinz Bohrer: Ein bißchen Lust am Untergang. Englische Ansichten. st 745

Arbeitsbuch Thomas Brasch. Herausgegeben von Margarete Häßel und Richard Weber. stm. st 2076

Brasilianische Literatur. Herausgegeben von Michi Strausfeld. stm. st 2024

Brechts ›Antigone‹. Herausgegeben von Werner Hecht. stm. st 2075

Brechts ›Aufhaltsamer Aufstieg des Arturo Ui‹. Herausgegeben von Raimund Gerz. stm. st 2029

Brechts ›Dreigroschenoper‹. Herausgegeben von Werner Hecht. stm. st 2056

Brechts ›Gewehre der Frau Carrar‹. Herausgegeben von Klaus Bohnen. stm. st 2017

Brechts ›Guter Mensch von Sezuan‹. Herausgegeben von Jan Knopf. stm. st 2021

Literaturwissenschaft
in den suhrkamp taschenbüchern

Brechts ›Heilige Johanna der Schlachthöfe‹. Herausgegeben von Jan Knopf. stm. st 2049

Brechts ›Herr Puntila und sein Knecht Matti‹. Herausgegeben von Hans Peter Neureuter. stm. st 2064

Brechts ›Kaukasischer Kreidekreis‹. Herausgegeben von Werner Hecht. stm. st 2054

Brechts ›Leben des Galilei‹. Herausgegeben von Werner Hecht. stm. st 2001

Brechts ›Mann ist Mann‹. Herausgegeben von Carl Wege. stm. st 2023

Brechts ›Mutter Courage und ihre Kinder‹. Herausgegeben von Klaus-Detlef Müller. stm. st 2016

Brechts Romane. Herausgegeben von Wolfgang Jeske. stm. st 2042

Brechts ›Tage der Commune‹. Herausgegeben von Wolf Siegert. stm. st 2031

Brechts Theaterarbeit. Seine Inszenierung des ›Kaukasischen Kreide-kreises‹ 1954. Herausgegeben von Werner Hecht. stm. st 2062

Brechts Theorie des Theaters. Herausgegeben von Werner Hecht. stm. st 2074

Hermann Broch. Herausgegeben von Paul Michael Lützeler. stm. st 2065

Brochs theoretisches Werk. Herausgegeben von Paul Michael Lützeler und Michael Kessler. stm. st 2090

Brochs ›Tod des Vergil‹. Herausgegeben von Paul Michael Lützeler. stm. st 2095

Brochs ›Verzauberung‹. Herausgegeben von Paul Michael Lützeler. stm. st 2039

Paul Celan. Herausgegeben von Werner Hamacher und Winfried Men-ninghaus. stm. st 2083

Israel Chalfen: Paul Celan. Eine Biographie seiner Jugend. st 913

Karl Dedecius: Vom Übersetzen. Theorie und Praxis. st 1258

– Von Polens Poeten. st 1479

Die deutsche Kalendergeschichte. Ein Arbeitsbuch von Jan Knopf. stm. st 2030

Deutsche Lyrik nach 1945. Herausgegeben von Dieter Breuer. stm. st 2088

Diskurstheorien und Literaturwissenschaft. Herausgegeben von Jürgen Fohrmann und Harro Müller. stm. st 2091

Dramatik der DDR. Herausgegeben von Ulrich Profitlich. stm. st 2072

Marguerite Duras. Herausgegeben von Ilma Rakusa. stm. st 2096

Literaturwissenschaft
in den suhrkamp taschenbüchern

Richard Ellmann: James Joyce. 2 Bde. Die deutsche Ausgabe betreute Fritz Senn in Zusammenarbeit mit den Übersetzern Albert W. Hess, Klaus und Karl H. Reichert. st 473

Hans Magnus Enzensberger. Herausgegeben von Reinhold Grimm. stm. st 2040

Frederic Ewen: Bertolt Brecht. Sein Leben, sein Werk, seine Zeit. Deutsch von Hans-Peter Baum und Klaus-Dietrich Petersen. st 141

Frauen Literatur Geschichte. Schreibende Frauen vom Mittelalter bis zur Gegenwart. Herausgegeben von Hiltrud Gnüg und Renate Möhrmann. st 1603

Max Frisch. Herausgegeben von Walter Schmitz. stm. st 2059

Frischs ›Andorra‹. Herausgegeben von Walter Schmitz und Ernst Wendt. stm. st 2053

Frischs ›Don Juan oder die Liebe zur Geometrie‹. Herausgegeben von Walter Schmitz. stm. st 2046

Frischs ›Homo faber‹. Herausgegeben von Walter Schmitz. stm. st 2028

Geschichte als Schauspiel. Deutsche Geschichtsdramen. Interpretationen. Herausgegeben von Walter Hinck. stm. st 2006

Geschichte der deutschen Lyrik von Goethe bis zur Gegenwart. Band 1: Von Goethe bis Heine. Von Gerhard Kaiser. stm. st 2087

Stuart Gilbert: Das Rätsel Ulysses. Eine Studie. Ins Deutsche übertragen von George Goyert. st 367

Gründgens Faust. Siegfried Melchinger: Faust für uns. Bilder der Hamburger Aufführung von Rosemarie Clausen. Gustav Gründgens: Meine Begegnung mit Faust. st 838

Gründlich verstehen. Literaturkritik heute. Herausgegeben von Franz Josef Görtz und Gert Ueding. st 1152

Peter Handke. Herausgegeben von Raimund Fellinger. stm. st 2004

Christiaan L. Hart Nibbrig: Ästhetik. Materialien zu ihrer Geschichte. Ein Lesebuch. Unter Mitarbeit von Rudolf Käser, Katharina Utz, Peter Utz. st 491

– Rhetorik des Schweigens. Versuch über den Schatten literarischer Rede. st 693

– Spiegelschrift. Spekulationen über Malerei und Literatur. Mit Abbildungen. st 1464

– Warum lesen? Ein Spielzeug zum Lesen. st 946

Hanno Helbling: Erinnertes Leben. Marcel Prousts »Auf der Suche nach der verlorenen Zeit«. st 1547

Erich Heller: Enterbter Geist. Essays über modernes Dichten und Denken. st 537

259/3/10.88

Literaturwissenschaft
in den suhrkamp taschenbüchern

Erich Heller: Thomas Mann. Der ironische Deutsche. st 243

Walter Hinck: Germanistik als Literaturkritik. Zur Gegenwartslitera-
tur. st 885

– Theater der Hoffnung. Von der Aufklärung bis zur Gegenwart.
st 1495

Friedrich Hölderlin. Studien von Wolfgang Binder. Herausgegeben
von Elisabeth Binder und Klaus Weimar. stm. st 2082

Ludwig Hohl. Herausgegeben von Johannes Beringer. stm. st 2007

Ödön von Horváth. Herausgegeben von Traugott Krischke. stm.
st 2005

Horváth-Chronik. Von Traugott Krischke. stm. st 2089

Traugott Krischke: Horváth. Eine Biographie. st 1537

Horváths Stücke. Herausgegeben von Traugott Krischke. stm. st 2092

Horváths Prosa. Herausgegeben von Traugott Krischke. stm. st 2094

Horváths ›Geschichten aus dem Wiener Wald‹. Herausgegeben von
Traugott Krischke. stm. st 2019

Horváths ›Jugend ohne Gott‹. Herausgegeben von Traugott Krischke.
stm. st 2027

Horváths ›Lehrerin von Regensburg. Der Fall Elly Maldaque‹. Dargestellt und dokumentiert von Jürgen Schröder. stm. st 2014

Adrian Hsia: Hermann Hesse und China. Darstellung, Materialien und
Interpretation. st 673

Peter Huchel. Herausgegeben von Axel Vieregg. stm. st 2048

Jerzy Jarzębski: Zufall und Ordnung. Zum Werk Stanisław Lems. Aus
dem Polnischen von Friedrich Griese. PhB 180. st 1290

Klaus Jeziorkowski: Eine Iphigenie rauchend. Aufsätze und Feuilletons
zur deutschen Tradition. st 1365

Johnsons ›Jahrestage‹. Herausgegeben von Michael Bengel. stm.
st 2057

Uwe Johnson. Herausgegeben von Rainer Gerlach und Matthias Richter. stm. st 2061

Joyces ›Dubliner‹. Herausgegeben von Klaus Reichert, Fritz Senn und
Dieter E. Zimmer. stm. st 2052

Juden in der deutschen Literatur. Ein deutsch-israelisches Symposion.
Herausgegeben von Stéphane Moses und Albrecht Schöne. stm.
st 2063

Der junge Kafka. Herausgegeben von Gerhard Kurz. stm. st 2035

Kafka. Der Schaffensprozeß. Von Hartmut Binder. stm. st 2026

Marie Luise Kaschnitz. Herausgegeben von Uwe Schweikert. stm.
st 2047

259/4/10.88

Literaturwissenschaft
in den suhrkamp taschenbüchern

Gisela Kleine: Zwischen Welt und Zaubergarten. Ninon und Hermann Hesse: Leben im Dialog. st 1384

Alexander Kluge. Herausgegeben von Thomas Böhm-Christl. stm. st 2033

Wolfgang Koeppen. Herausgegeben von Eckart Oehlenschläger. stm. st 2079

Franz Xaver Kroetz. Herausgegeben von Otto Riewoldt. stm. st 2034

Landschaft. Herausgegeben von Manfred Smuda. stm. st 2069

Lateinamerikanische Literatur. Herausgegeben von Michi Strausfeld. stm. st 2041

Einladung, Hermann Lenz zu lesen. Herausgegeben von Rainer Moritz. stm. st 2099

Literarische Klassik. Herausgegeben von Hans-Joachim Simm. stm. st 2084

Literarische Utopie-Entwürfe. Herausgegeben von Hiltrud Gnüg. stm. st 2012

Literaturverfilmungen. Herausgegeben von Volker Roloff und Franz-Josef Albersmeier. stm. st 2093

Paul Michael Lützeler: Hermann Broch. Eine Biographie. st 1578

Robert Mächler: Das Leben Robert Walsers. Eine dokumentarische Biographie. st 321

Franz H. Mautner: Nestroy. Mit 36 Abbildungen und 5 Faksimiles. st 465

Karl May. Herausgegeben von Helmut Schmiedt. stm. st 2025

Hans Mayer: Außenseiter. st 736

– Georg Büchner und seine Zeit. st 58

– Richard Wagner in Bayreuth. 1876-1978. st 480

– Thomas Mann. st 1047

Friederike Mayröcker. Herausgegeben von Siegfried J. Schmidt. stm. st 2043

Siegfried Melchinger: Shakespeare. st 1344

E. Y. Meyer. Herausgegeben von Beatrice von Matt. stm. st 2022

Joseph Mileck: Hermann Hesse. Dichter, Sucher, Bekenner. Biographie. Aus dem Amerikanischen übersetzt von Jutta und Theodor A. Knust. st 1357

Moderne chinesische Literatur. Herausgegeben von Wolfgang Kubin. stm. st 2045

Katharina Mommsen: Goethe und 1001 Nacht. st 674

– Hofmannsthal und Fontane. st 1228

– Kleists Kampf mit Goethe. Mit zehn Textabbildungen. st 513

Adolf Muschg: Gottfried Keller. st 617

259/5/10.88

Literaturwissenschaft
in den suhrkamp taschenbüchern

Adolf Muschg: Herausgegeben von Manfred Dierks. stm. st 2086

Paul Nizon. Herausgegeben von Martin Kilchmann. stm. st 2058

George D. Painter: Marcel Proust. Eine Biographie. 2 Bde. Deutsch von Christian Enzensberger und Ilse Wodtke. st 561

Die Parabel. Parabolische Formen in der deutschen Dichtung des 20. Jahrhunderts. Herausgegeben von Theo Elm und Hans H. Hiebel. stm. st 2060

Plenzdorfs ›Neue Leiden des jungen W.‹ Herausgegeben von Peter J. Brenner. stm. st 2013

Heinz Politzer: Franz Kafka. Der Künstler. st 433

Peter Pütz: Peter Handke. st 854

Maria Razumovsky: Marina Zwetajewa. Eine Biographie. st 1570

Rilkes ›Duineser Elegien‹. Band 1: Selbstzeugnisse. Herausgegeben von Ulrich Fülleborn und Manfred Engel. stm. st 2009

Rilkes ›Duineser Elegien‹. Band 2: Forschungsgeschichte. Herausgegeben von Ulrich Fülleborn und Manfred Engel. stm. st 2010

Rilkes ›Duineser Elegien‹. Band 3: Rezeptionsgeschichte. Herausgegeben von Ulrich Fülleborn und Manfred Engel. stm. st 2011

Rilkes ›Duineser Elegien‹. Drei Bände in Kassette. Herausgegeben von Ulrich Fülleborn und Manfred Engel. stm. st 2009-2011

Günther Rühle: Theater in unserer Zeit. st 325

– Anarchie in der Regie? Theater in unserer Zeit. Zweiter Band. st 862

– Die Büchermacher. Von Autoren, Verlegern, Buchhändlern, Messen und Konzernen. st 1205

Dolf Sternberger: Heinrich Heine und die Abschaffung der Sünde. Mit einem Nachtrag 1975. st 308

Die Strindberg-Fehde. Herausgegeben von Klaus von See. stm. st 2008

Karin Struck. Herausgegeben von Hans Adler und Hans Joachim Schrimpf. stm. st 2038

Superman. Eine Comic-Serie und ihr Ethos. Von Thomas Hausmanninger. stm. st 2100

Über das Klassische. Herausgegeben von Rudolf Bockholdt. stm. st 2077

Gert Ueding: Wilhelm Busch. Das 19. Jahrhundert en miniature. st 1246

Siegfried Unseld: Der Autor und sein Verleger. st 1204

Utopieforschung. Interdisziplinäre Studien zur neuzeitlichen Utopie. 3 Bde. Herausgegeben von Wilhelm Voßkamp. st 1159

Martin Walser. Herausgegeben von Klaus Siblewski. stm. st 2003

259/7/10.88